財産別 相続税の節税対策

準備資料の作成から評価上のポイントまで

公認会計士・税理士 中津幸信・公認会計士・税理士 田中伸治・公認会計士・税理士 伊藤明裕 編著

清文社

はしがき

　平成27年１月から相続税増税が実施されようとしています。相続税の基礎控除の引き下げや最高税率の引き上げなどによって、相続財産・遺産に対する相続税割合は増加することになる見込みです。

　また、相続税基礎控除額の減少と高齢者人口の増加により、相続税納税対象者の大幅な増加が予想されます。加えて、相続税納税対象者でなくても相続税法の特例を受けることにより相続税納税ゼロとなる対象者が増加することにより、納税対象者を含めた相続税申告書提出必要者数は飛躍的に増加することが考えられます。

　相続税を課税するのは、国家の財政需要を満たすため、富の過度の集中の抑制を図るため、被相続人の一生の税の精算を行おうとするためという目的があります。ただし、被相続人と生計をともにした遺族の生活を保障したり、被相続人の遺した財産が誰の所有にも属さない物となってしまうことを防ぐ趣旨もあります。

　特に近年では経済成長の鈍化や個人収入の低迷により、遺族の生活を保障するといった意味合いが特に大きくなってきています。子孫に財産を残してあげたいというのは、親の希望として当然のことではないでしょうか。

　このためますます相続税の節税が避けて通れないものとなりました。

　相続税の節税対策は今に始まったことではなく、古くて新しい課題です。この節税対策を、いつの時代にも対応できるものとして「相続財産別」に解説したものがこの『〈財産別〉相続税の節税対策』です。

　本書第１部では、改正相続税法による相続税・贈与税の改正の概要、相続税・贈与税の計算方法を中心に解説しました。特に、改正相続税法について、改正前と改正後を比較しながら説明し、さらに増税項目・減税項目を種々の図表を用いて比較することで、読者の皆様の理解を進めるように

しました。

　第2部では、「相続税・贈与税の基本節税策」を遺産相続財産の把握時、税額計算時、税額納付時に分けて解説し、また相続税必須の節税対策を例示しています。

　第3部「相続財産別の節税手法」において30種類以上の相続財産に分けて各財産の節税手法を解説しています。節税手法だけでなく、相続財産確定のための準備資料、相続税評価手法、評価手法上のポイント、節税策などを記述し、準備資料・評価上のポイント・節税策などを図表化しています。

　税理士・公認会計士・税務コンサルタントに加え、相続税法の知識の少ない経営者・事業者・一般個人などの相続税申告書の提出が必要な人たちにとって、必要な相続財産の記載部分を読むことによって、必要十分な相続税節税対策を策定できるようにしています。

　最後になりましたが、この本の出版に際し尽力をいただいた株式会社清文社代表取締役社長小泉定裕氏、編集第二部前田美加氏に心から感謝いたします。

平成25年2月

編著者代表
公認会計士
税理士　中津 幸信

目次

第1部 相続税・贈与税

第1章 相続税の計算 ― 2
1. 相続税の現状　2
2. 相続税の計算　5
   - (1) 相続税の計算の流れ　5
   - (2) 相続税の計算方法　7

第2章 贈与税の計算 ― 11
1. 贈与税の基本的な考え方　11
2. 贈与税の計算　11
   - (1) 贈与税の計算の選択　11
   - (2) 贈与税の計算方法　13

第3章 平成25年度税制改正の内容 ― 16
1. 相続増税　16
   - (1) 課税最低限の引き下げ　16
   - (2) 相続税率の変更　18
   - (3) これだけ増える相続税　18
   - (4) 配偶者がいる場合の相続税額　19
   - (5) 配偶者がいない場合の相続税額　21
2. 贈与税　23
   - (1) 直系尊属から成人への贈与　24
   - (2) その他の贈与　27
3. 教育資金の一括贈与に係る贈与税の非課税措置　30
4. 小規模宅地等の要件の緩和　31

5．相続時精算課税制度の適用要件　33
6．非上場株式等に係る相続税・贈与税の納税猶予制度　34
7．その他の改正　36
　(1)　未成年者控除・障害者控除　36
　(2)　相続会社である非上場株式をその発行会社に譲渡した場合のみなし配当課税の特例の改正　36

第2部

相続税・贈与税の基本節税策

第1章　遺産相続財産の把握時の節税策 ── 38
1．非課税財産　39
　(1)　墓所、霊廟、仏壇、仏具並びにこれらに準ずるもの　39
　(2)　公益事業用財産　39
　(3)　個人立の幼稚園等の教育用財産　41
　(4)　心身障害者共済制度に基づく給付金の受給権　41
　(5)　相続人が取得した死亡保険金のうち一定金額　41
　(6)　相続人が取得した死亡退職金のうち一定金額　42
　(7)　弔慰金　43
　(8)　相続財産等を申告期限までに国等に寄付した場合の寄付財産　44
　(9)　相続財産等を申告期限までに特定公益信託に支出した場合の金銭　45
　(10)　相続税申告期限前に災害により被害を受けた相続財産　45
2．小規模宅地等の特例　46
3．債務控除　47
　(1)　債務　47
　(2)　葬式費用　48

第2章　税額計算時の節税策 ── 49
1．配偶者に対する相続税額の軽減　49

(1) 適用要件　*49*
　　(2) 配偶者の税額軽減額　*50*
　2．未成年者に対する相続税額の軽減　*52*
　　(1) 適用要件　*52*
　　(2) 未成年者控除の税額軽減額　*53*
　3．障害者に対する相続税額の軽減　*53*
　　(1) 適用要件　*53*
　　(2) 障害者控除の税額軽減額　*53*

第3章　税額の納付時の節税策 ── *54*
　1．非上場株式の納税猶予の特例　*54*
　2．農地の納税猶予の特例　*54*
　3．山林の納税猶予の特例　*55*

第4章　相続前の節税策 ── *55*
　1．贈与税の配偶者控除　*55*
　　(1) 概要　*55*
　　(2) 贈与税の配偶者控除の計算　*56*
　　(3) 配偶者控除の適用要件と適用上の留意事項　*57*
　　(4) 税務署への提出書類　*59*
　2．相続時精算課税　*59*
　　(1) 概要　*59*
　　(2) 相続時精算課税に係る贈与税の計算　*61*
　　(3) 相続時精算課税の要件と適用上の留意事項　*63*
　　(4) 税務署への提出書類　*64*
　3．住宅取得等資金の贈与　*65*
　　(1) 概要　*65*
　　(2) 住宅取得等資金に係る贈与税額の計算　*66*
　　(3) 住宅取得等資金の贈与特例の要件と適用上の留意事項　*68*
　4．財産所有者の変更　*73*
　　(1) 贈与税の課税財産　*73*
　　(2) 贈与税の非課税財産　*74*
　　(3) 夫婦間・親子間の名義変更　*76*

(4)　財産の名義変更　80
　(5)　法人への財産移転　81

第3部　相続財産別の節税手法

第1章　不動産等（土地）　84
1．基本的評価方法　84
　(1)　評価手順　84
　(2)　財産評価実施上の留意事項　93
　(3)　節税手法　116
2．自宅　118
　(1)　財産評価方法　118
　(2)　評価のポイント　127
　(3)　節税手法　127
3．駐車場　135
　(1)　財産評価方法　135
　(2)　評価のポイント　138
　(3)　節税手法　138
4．貸地　138
　(1)　財産評価方法　138
　(2)　評価のポイント　143
　(3)　節税手法　144
5．借地　144
　(1)　財産評価方法　144
　(2)　評価のポイント　152
6．広大地　152
　(1)　財産評価手法　152
　(2)　評価のポイント　153

(3) 節税手法　*159*
7．農地　*160*
　(1) 財産評価手法　*160*
　(2) 評価のポイント　*169*
　(3) 納税資金対策　*172*
8．山林　*177*
　(1) 財産評価手法　*177*
　(2) 評価のポイント　*184*
　(3) 納税資金対策　*185*
9．雑種地　*188*
　(1) 財産評価手法　*188*
　(2) 評価のポイント　*196*

第2章　不動産（家屋・構築物等） ―― *198*

1．基本的評価方法　*198*
　(1) 評価手順　*198*
　(2) 財産評価実施上の留意事項　*199*
　(3) 節税手法　*200*
2．自家の家屋　*201*
　(1) 財産評価方法　*201*
　(2) 評価のポイント　*203*
3．貸家・借家権　*203*
　(1) 財産評価方法　*203*
　(2) 評価のポイント　*204*
4．附属設備等　*205*
　(1) 財産評価方法　*205*
　(2) 評価のポイント　*207*
5．構築物　*207*
　(1) 財産評価方法　*207*
　(2) 評価のポイント　*208*

第3章　株式等（上場） ―― *208*

1．評価手順　*208*

(5)

(1) 評価対象となる株式等の認識・特定　208
　　(2) 資料・情報の収集　209
　　(3) 評価方法の検討　210
　2．財産評価実施上の留意事項　212
　　(1) 評価時期　212
　　(2) 評価のポイント　218
　3．節税手法　220

第4章　株式、出資金（非上場） ——————— 222
　1．基本的評価方法　222
　　(1) 評価手順　222
　　(2) 財産評価実施上の留意事項　246
　　(3) 節税手法　254
　　(4) 納税資金対策　261
　2．医療法人の出資持分　268
　　(1) 財産評価方法　269
　　(2) 評価のポイント　269
　3．持分会社の出資　272
　　(1) 特例有限会社の株式の評価　272
　　(2) 持分会社の出資の評価　273
　　(3) 農業協同組合等の出資　273
　4．種類株式の評価　274
　　(1) 配当優先株式の評価　274
　　(2) 無議決権株式の評価　277

第5章　その他金融資産 ——————— 279
　1．基本的評価方法　279
　　(1) 評価対象となる金融資産の認識・特定　279
　　(2) 資料・情報の収集　280
　　(3) 評価方法の検討　280
　2．公社債　281
　3．投資信託等　288

第6章 現金及び預金 —————————————— 292
1．評価手順　292
　(1)　評価対象となる現金等の認識・特定　292
　(2)　資料・情報の収集　293
　(3)　評価方法の検討　293
2．財産評価実施上の留意事項　294
3．節税手法　296
　(1)　墓地等の取得　296
　(2)　他の資産の購入　296
　(3)　相続財産の対象範囲を誤らない　297

第7章 死亡保険金 —————————————— 297
1．評価手順　297
　(1)　評価対象となる保険契約の認識・特定　297
　(2)　資料・情報の収集　298
　(3)　評価方法の検討　298
2．財産評価実施上の留意事項　299
　(1)　年金形式で受け取る生命保険金の課税関係の変更　299
　(2)　みなし贈与財産としての保険金　301
　(3)　生命保険金等に関する留意点　302
　(4)　保険料に関する留意点　302
3．節税手法　303
　(1)　生命保険の非課税枠の利用　303
　(2)　一時所得として保険金を取得する方法　304
　(3)　経営者保険の活用　306
4．納税資金対策　307

第8章 生命保険契約に関する権利 —————————————— 308
1．評価手順　308
　(1)　評価対象となる保険契約の認識・特定　308
　(2)　資料・情報の収集　309
　(3)　評価方法の検討　309
2．財産評価実施上の留意事項　309

3．節税手法　*310*

第9章　定期金に関する権利 ―――――― *311*
1．評価手順　*311*
　⑴　評価対象となる定期金の認識・特定　*311*
　⑵　資料・情報の収集　*311*
　⑶　評価方法の検討　*312*
2．財産評価実施上の留意事項　*315*
　⑴　定期金の給付事由が発生しているもの　*315*
　⑵　定期金の給付事由が発生していないもの　*315*

第10章　保証期間付定期金に関する権利 ―――――― *317*
　⑴　財産評価のための準備資料　*317*
　⑵　評価方法手法　*317*
　⑶　評価のポイント　*318*

第11章　退職金 ―――――― *319*
1．評価手順　*319*
　⑴　評価対象となる退職金の認識・特定　*319*
　⑵　資料・情報の収集　*319*
　⑶　評価方法の検討　*320*
2．財産評価実施上の留意事項　*322*
　⑴　退職手当金等の判定　*322*
　⑵　退職手当金等を年金その他の定期金によって取得した場合　*323*
　⑶　同族会社における役員退職金の適正額　*324*
3．節税手法　*325*
　⑴　オーナー会社の場合　*325*
　⑵　非課税となる弔慰金の利用　*325*

第12章　ゴルフ会員権 ―――――― *327*
1．財産評価のための準備資料　*327*
2．財産評価方法　*327*
　⑴　取引相場のある会員権　*328*

(8)

(2) 取引相場のない会員権　*328*
　3．評価のポイント　*329*
　　(1) 追加預託金の支払いがある場合　*329*
　　(2) ゴルフ会員権が分割されている場合　*329*
　4．節税手法　*330*
　　(1) 生前における売却の検討　*330*
　　(2) 評価の方法　*330*

第13章　施設会員権（リゾート会員権）　*331*
　1．財産評価のための準備資料　*331*
　2．財産評価方法　*331*
　3．節税手法　*332*

第14章　貸付金債権等　*333*
　1．財産評価のための準備資料　*333*
　2．財産評価方法　*333*
　3．評価のポイント　*333*
　　(1) 利息について　*333*
　　(2) 回収不能額について　*334*
　4．節税手法　*335*

第15章　一般動産　*336*
　1．財産評価のための準備資料　*336*
　2．財産評価方法　*336*
　　(1) 原則的評価　*336*
　　(2) 売買実例価額等が明らかでない場合　*336*
　3．評価のポイント　*337*
　　(1) 評価単位について　*337*
　　(2) 暖房装置等について　*337*
　4．節税手法　*337*

第16章　棚卸商品等　*338*
　1．財産評価のための準備資料　*338*

(9)

2．財産評価方法　*338*
　⑴　商品　*338*
　⑵　原材料　*338*
　⑶　半製品及び仕掛品　*339*
　⑷　製品及び生産品　*339*
3．評価のポイント　*339*
4．節税手法　*339*

第17章　牛馬等 ───── *340*
1．財産評価のための準備資料　*340*
2．財産評価方法　*340*
　⑴　販売目的で所有する場合　*340*
　⑵　販売目的以外の場合　*340*
3．節税手法　*341*

第18章　書画骨董・貴金属 ───── *341*
1．財産評価のための準備資料　*341*
2．財産評価方法　*341*
　⑴　販売目的で所有する場合　*341*
　⑵　販売目的以外の場合　*341*
3．評価のポイント　*342*
4．節税手法　*342*

第19章　船舶 ───── *342*
1．財産評価のための準備資料　*342*
2．財産評価方法　*343*
3．節税手法　*343*

第20章　受取手形 ───── *344*
1．財産評価のための準備資料　*344*
2．財産評価方法　*344*
　⑴　支払期限が到来している場合　*344*
　⑵　支払期限が未到来の場合　*344*

3．評価のポイント　*344*
　⑴　手形期日について　*344*
　⑵　回収不能額について　*345*
4．節税手法　*345*

第21章　未収法定果実・未収天然果実 ─ *345*
1．財産評価のための準備資料　*346*
2．財産評価方法　*346*
　⑴　未収法定果実の評価　*346*
　⑵　未収天然果実の評価　*346*
3．評価のポイント　*346*
4．節税手法　*346*

第22章　訴訟中の権利 ─ *347*
1．財産評価のための準備資料　*347*
2．財産評価方法　*347*
3．節税手法　*347*

第23章　特許権及びその実施権 ─ *348*
1．財産評価のための準備資料　*348*
2．財産評価方法　*348*
3．評価のポイント　*353*
　⑴　未確定の補償金について　*353*
　⑵　「その権利に基づき将来受ける」期間について　*353*
　⑶　金額が僅少な補償金について　*353*
　⑷　特許権者自ら特許発明を実施する場合　*353*
4．節税手法　*353*

第24章　実用新案権及びその実施権 ─ *354*
1．財産評価のための準備資料　*354*
2．財産評価方法　*354*
3．節税手法　*354*

第25章 意匠権及びその実施権 ─── 355
 1．財産評価のための準備資料　*355*
 2．財産評価方法　*355*
 3．節税手法　*355*

第26章 商標権及びその使用権 ─── 356
 1．財産評価のための準備資料　*356*
 2．財産評価方法　*356*
 3．節税手法　*356*

第27章 著作権 ─── 357
 1．財産評価のための準備資料　*357*
 2．財産評価方法　*357*
  (1)　年平均印税収入の額　*358*
  (2)　評価倍率　*358*
 3．節税手法　*358*

第28章 著作隣接権 ─── 358
 1．財産評価のための準備資料　*359*
 2．財産評価方法　*359*
 3．節税手法　*359*

第29章 営業権 ─── 360
 1．財産評価のための準備資料　*360*
 2．財産評価方法　*360*
  (1)　平均利益金額　*360*
  (2)　標準企業者報酬額　*361*
  (3)　総資産価額　*361*
 3．評価のポイント　*362*
 4．節税手法　*362*

第30章 出版権 ─── 362
 1．財産評価のための準備資料　*363*

2．財産評価方法　*363*
　⑴　出版業を営んでいる場合　*363*
　⑵　出版業を営んでいない場合　*363*
3．節税手法　*363*

第31章　電話加入権 ——————————————— *364*
1．財産評価のための準備資料　*364*
2．財産評価方法　*364*
　⑴　取引相場がある場合　*364*
　⑵　取引相場がない場合　*364*
3．評価のポイント　*364*
4．節税手法　*365*

第32章　果樹等 ——————————————— *365*
1．財産評価のための準備資料　*365*
2．財産評価方法　*365*
　⑴　幼齢樹　*365*
　⑵　成熟樹　*366*
3．評価のポイント　*366*
4．節税手法　*366*

第33章　立竹木の評価 ——————————————— *367*
1．財産評価のための準備資料　*367*
2．財産評価方法　*367*
　⑴　森林の立木　*367*
　⑵　森林以外にある立木　*368*
　⑶　庭園以外にある立木　*368*
　⑷　庭園にある立木及び立竹　*368*
3．節税手法　*368*

おわりに ——————————————— *369*
1．相続にまつわる手続き　*369*
　⑴　相続人調査　*369*

(2) 相続財産内容のおおまかな把握　*370*
  (3) 遺言書・遺産分割協議書　*370*
  (4) 相続放棄・限定承認　*372*
  (5) 準確定申告　*373*
  (6) 相続税の申告　*373*
2．名義変更手続き　*374*
  (1) 不動産の所有権移転登記（不動産の名義変更）　*374*
  (2) 株式・出資・投資信託・債券などの名義変更　*375*
  (3) 預金・貯金の名義変更　*375*
  (4) 生命保険の受取り　*376*
  (5) 遺族年金の受給　*376*

―――――― 凡　例 ――――――

相法……………	相続税法
相令……………	相続税法施行令
相規……………	相続税法施行規則
相基通…………	相続税法基本通達
措法……………	租税特別措置法
措令……………	租税特別措置法施行令
措規……………	租税特別措置法施行規則
措通……………	租税特別措置法関係通達
評基通…………	財産評価基本通達
所法……………	所得税法
所基通…………	所得税基本通達
法法……………	法人税法
法令……………	法人税法施行令
法規……………	法人税法施行規則
使用貸借通達…	使用貸借に係る土地についての相続税及び贈与税の取扱いについて
名義変更通達…	名義変更等が行われた後にその取り消し等があった場合の贈与税の取扱いについて

(注) 本書は平成25年2月1日現在の法令通達によっています。

第1部

相続税・贈与税

第1章 相続税の計算

1．相続税の現状

　相続税は格差是正・富の再分配の観点から、重要な税といわれています。相続税の基礎控除は、バブル期の地価急騰による相続財産の価格上昇に対応した負担調整を行うために引き上げが行われてきました。しかしながら、その後、地価は下落を続けているにもかかわらず、基礎控除の水準は据え置かれています（**図表１参照**）。そのため、相続税は、亡くなられた方の数に対する課税件数の割合が４％程度に低下し（**図表２参照**）、最高税率の引下げを含む税率構造の緩和も行われてきた結果、相続税による再分配機能が低下しています。

　しかしながら、基礎控除以上の相続財産があると思われる場合には、相続税についての知識を得ておく必要があります。例えば、相続人が私（妻）だけであるので、配偶者の税額の軽減を適用し、課税されないと思っても、そのためには相続税の申告書を提出し、必要資料を添付する必要があります。うっかりした勘違いで、その後の税務調査で無申告を指摘されるということもありえます。

　そうならないためにも、相続税の申告についてのある程度の知識を持っておく必要があります。そうすれば、税理士などの専門家に頼まなくても（高い報酬を払わなくても）、税務署に相談しながらスムーズに申告をするということも可能となるでしょう。

第1章 相続税の計算

◎地価公示指数の推移と相続税の改正（図表１）

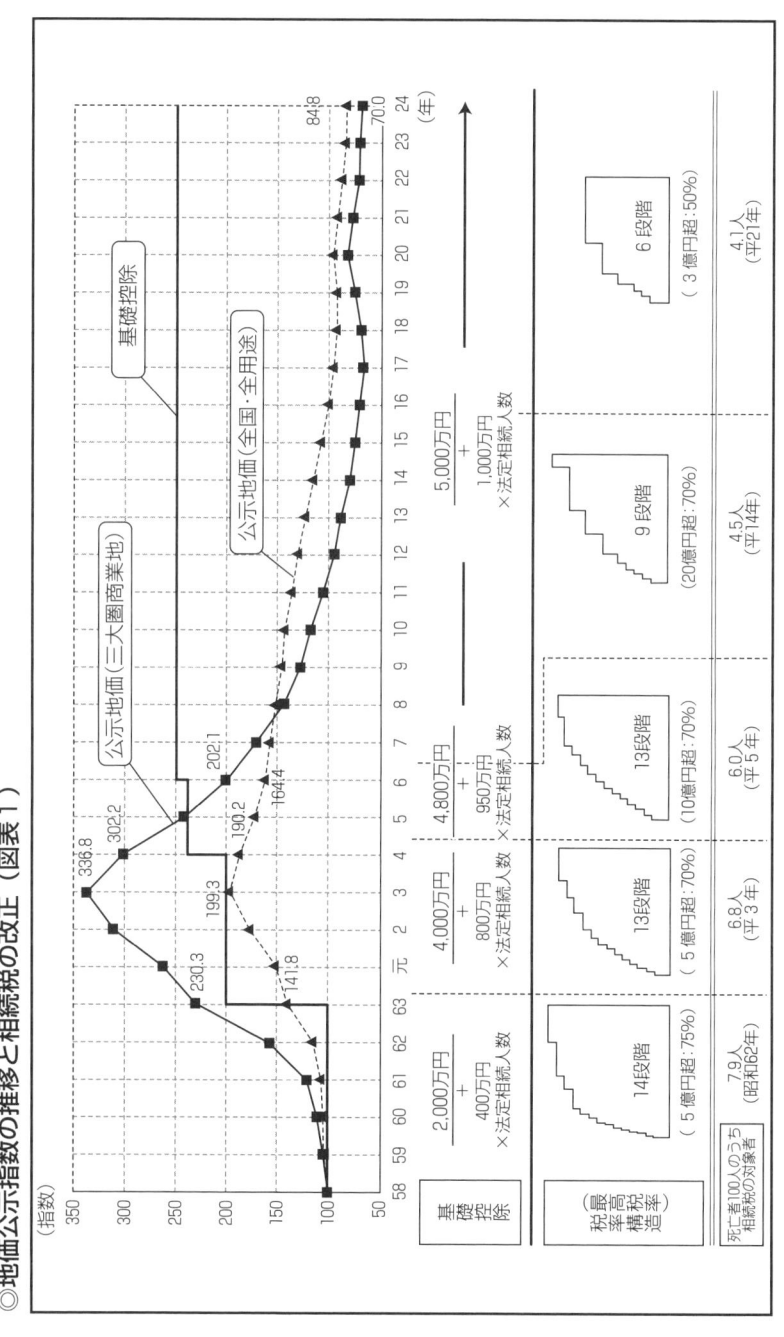

(出典：財務省ホームページ)

第1部 相続税・贈与税

◎相続税の課税割合及び税収の推移（図表2）

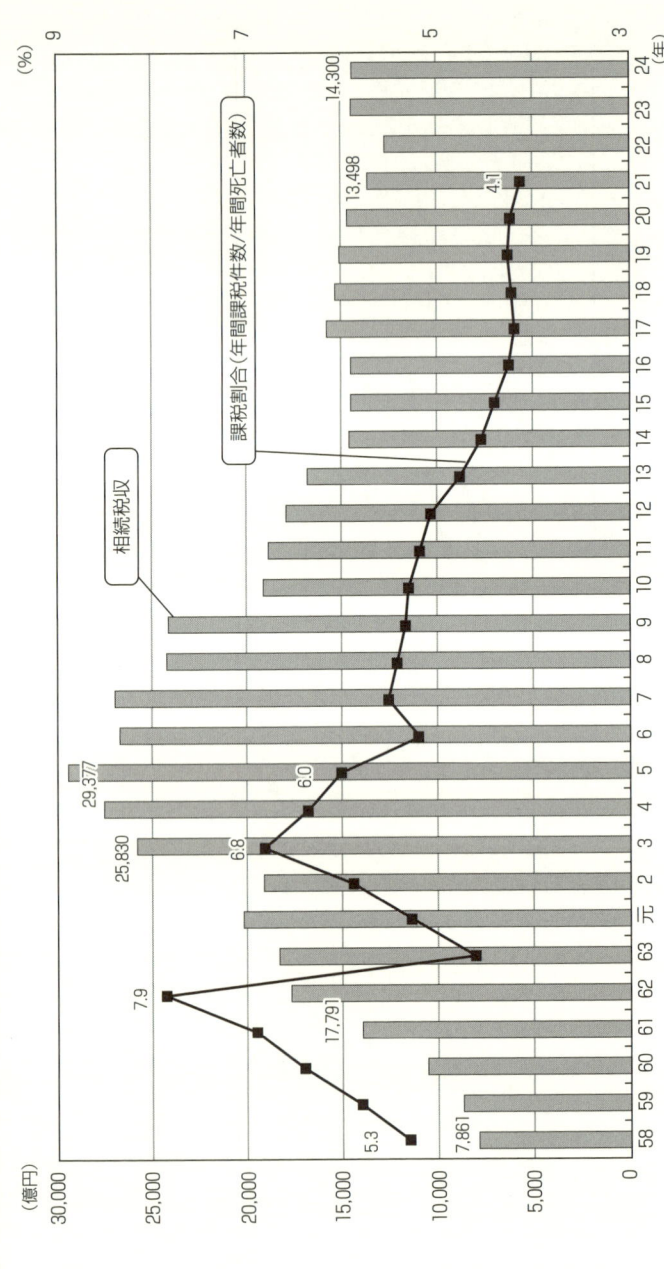

（注1）相続税収は各年度の税収であり、贈与税収を含む（平成22年度以前は決算額、平成23年度及び平成24年度は予算額）。
（注2）課税件数は「国税庁統計年報書」により、死亡者数は「人口動態統計」（厚生労働省）による。

（出典：財務省ホームページ）

4

2．相続税の計算

　まず、最初に知っておくことは、相続の計算方法、すなわち計算の流れです。日本の相続税を計算する仕組は、「遺産課税方式」と「遺産取得税方式」の折衷法でできています。種々の方法を取り入れて新しいものを作るのは日本人のいいところでもありますが、計算方式を混ぜることで、少し計算が複雑になっています。しかし、この計算の流れを理解することは、相続税の全体像を知る上で重要です。これを覚える必要はありませんが、全体像をイメージできれば、これから本書を進めていく際に、内容を理解する上で手助けになるでしょう。

　被相続人の遺産総額から相続人各人の納付税額の計算までの流れを、相続人が配偶者と2人の子の場合について相続税の計算の流れと計算方法を示します。

(1)　相続税の計算の流れ

　最初に表により相続税の計算の流れを概観的に見ていきましょう。

第1部 相続税・贈与税

◎相続税の仕組み
(相続人が配偶者＋子2人の場合)

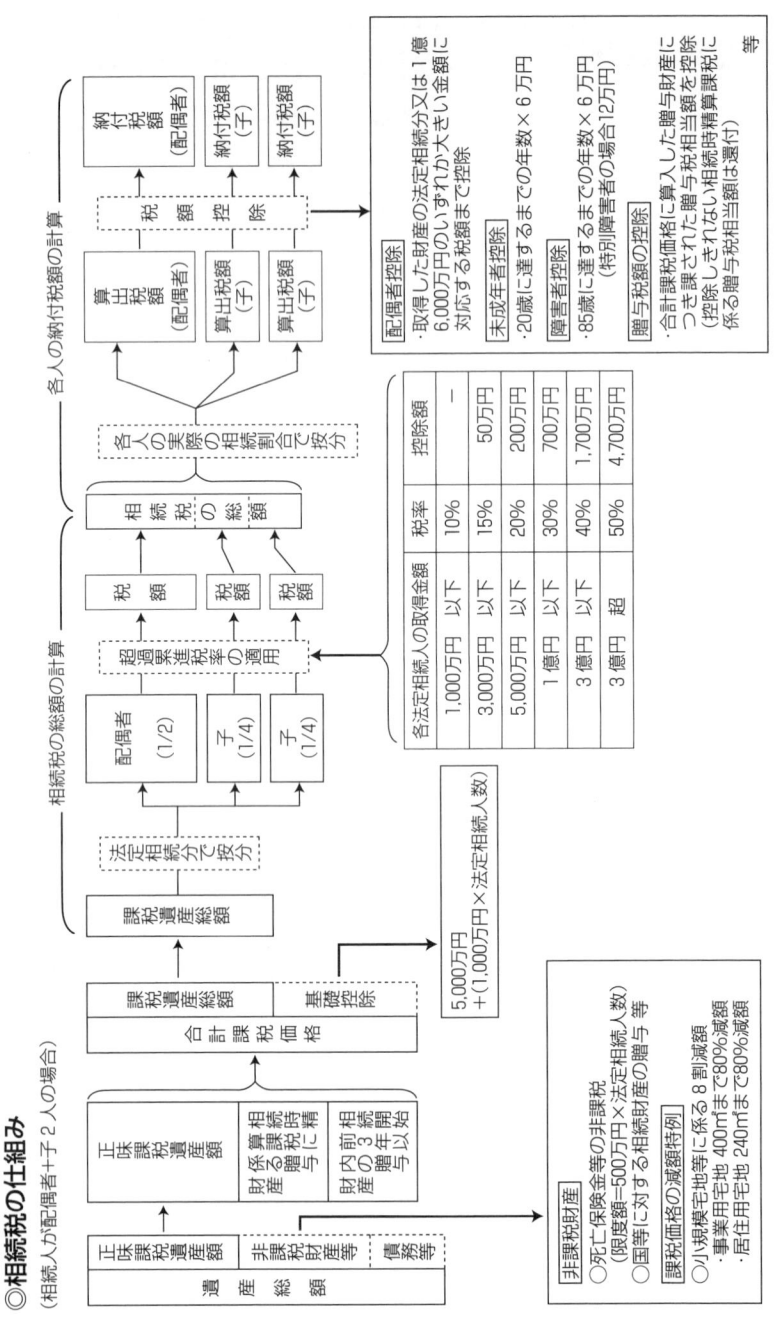

(2) 相続税の計算方法

各人の納付すべき相続税額の計算方法について、順序を追って説明しましょう。

① 各人の課税価格の計算

相続、遺贈や相続時精算課税に係る贈与によって財産を取得した人ごとに課税価格を計算します。

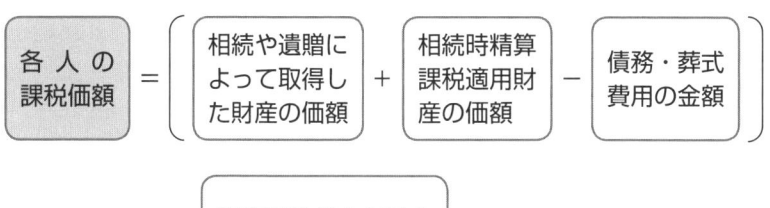

(注) 1 「相続や遺贈によって取得した財産の価額」には、みなし相続財産の価額が含まれ、非課税財産の価額が除かれます。したがって、財産を非課税財産と課税対象の財産を区分する必要があります。また課税対象の財産の価格を評価する作業もあります。実際には、相続財産の把握とその評価が一番難しいところです。本書も、この段階での評価の方法と節税方法を第2部第3章及び第3部で説明しています。
2 「債務・葬式費用の金額」を差し引いた結果、赤字のときは「0」とし、その上で「相続開始前3年以内の贈与財産の価額」を加算します。

② 課税遺産総額の計算

課税遺産総額は、上記①で計算した各人の課税価格の合計額（「合計課税価格」といいます。）から遺産に係る基礎控除額を差し引いて計算します。

課税遺産総額 ＝ 合計課税価格 － 遺産に係る基礎控除額

③ 相続税の総額の計算

相続税の総額の計算は、まず、相続人等が遺産を実際にどのように分割したかに関係なく、「法定相続人の数」に算入された相続人が上記②の課税遺産総額を法定相続分に応じて取得したものと仮定し（下図では、配偶者と子2人を相続人としています。）、各人ごとの取得金額を計算します。

次に、この各人ごとの取得金額にそれぞれ相続税の税率を掛けた金額（法

定相続分に応じる税額）を計算し、その各人ごとの金額を合計します。この合計した金額を相続税の総額といいます。

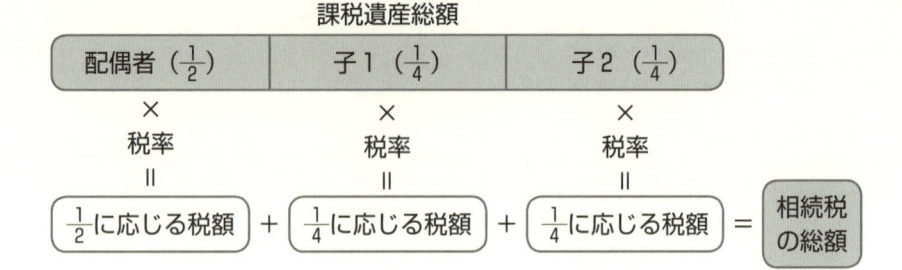

課税遺産総額

| 配偶者 ($\frac{1}{2}$) | 子1 ($\frac{1}{4}$) | 子2 ($\frac{1}{4}$) |

×税率 ＝ $\frac{1}{2}$に応じる税額 ＋ ×税率 ＝ $\frac{1}{4}$に応じる税額 ＋ ×税率 ＝ $\frac{1}{4}$に応じる税額 ＝ 相続税の総額

④　各人の納付すべき相続税額又は還付される税額の計算

相続税の総額を合計課税価格（上記②参照）に占める各人の課税価格（上記①で計算した課税価格）の割合で按分して計算した金額が各人ごとの相続税額となります。

なお、相続、遺贈や相続時精算課税に係る贈与によって財産を取得した人が、被相続人の一親等の血族（代襲して相続人となった孫（直系卑属）を含みます。）及び配偶者以外の人である場合には、その人の相続税額にその相続税額の２割に相当する金額が加算されます。

(注)　1　この場合の一親等の血族には、被相続人の養子となっている被相続人の孫（直系卑属）は、被相続人の子（直系卑属）が相続開始前に死亡したときや相続権を失ったためその孫が代襲して相続人となっているときを除き、含まれません（加算の対象となります。）。
　　　2　相続時精算課税適用者が相続開始の時において被相続人の一親等の血族に該当しない場合であっても、相続時精算課税に係る贈与によって財産を取得した時において被相続人の一親等の血族であったときは、その財産に対応する一定の相続税額については加算の対象となりません。

次に、各人ごとの相続税額から「贈与税額控除額」、「配偶者の税額軽減額」、「未成年者控除額」などの税額控除の額を差し引いた金額が、各人の納付すべき相続税額又は還付される税額となります。

⑤　相続税額の計算例

「相続税がかかる財産」の価額の合計額が１億円、「債務・葬式費用」の合計額が1,000万円である場合の相続税額の計算を例に挙げます。

なお、相続人は妻と子2人で「相続税がかかる財産」の分割及び「債務・葬式費用」の負担状況は次の表のとおりです。

相続人	妻	子	子	合計
相続税がかかる財産	8,000万円	2,000万円	1,000万円	1億1,000万円
債務・葬式費用	1,000万円	－	－	1,000万円

【各人の課税価格の計算】
妻8,000万円 － 1,000万円 ＝ 7,000万円
子2,000万円 －　　　 0万円 ＝ 2,000万円
子1,000万円 －　　　 0万円 ＝ 1,000万円

> 各人ごとに相続税がかかる財産の価額から債務・葬式費用を差し引き計算します。

【課税価格の合計額の計算】
7,000万円 ＋ 2,000万円 ＋ 1,000万円 ＝ 1億円

> 各人の課税価格を合計した金額が「合計課税価格」となります。

【課税遺産総額の計算】
　課税価格の合計額1億円から、遺産に係る基礎控除額8,000万円（5,000万円＋1,000万円×3人）を差し引いた金額、2,000万円が課税遺産総額となります。

> 遺産に係る基礎控除額は、次により計算します。
> (5,000万円＋1,000万円×法定相続人の数)

1億円 － 8,000万円 ＝ 2,000万円

【相続税の総額の計算】

課税遺産総額（2,000万円）

妻 $\left(\frac{1}{2}\right)$ 1,000万円	子 $\left(\frac{1}{4}\right)$ 500万円	子 $\left(\frac{1}{4}\right)$ 500万円

　まず、課税遺産総額2,000万円を法定相続分（「法定相続人の数」に応じた相続分）で按分します。
　次に、按分したそれぞれの金額に税率を掛けて税額を計算します。

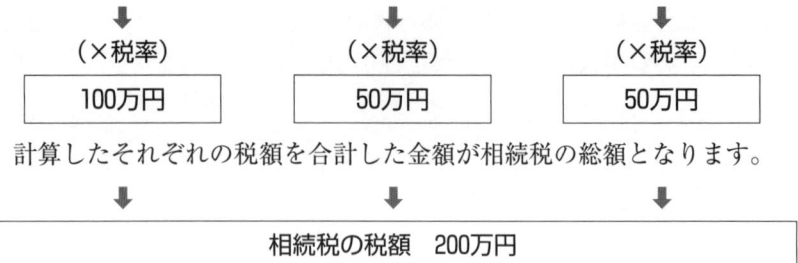

計算したそれぞれの税額を合計した金額が相続税の総額となります。

| 相続税の税額　200万円 |

【各人の納付すべき相続税額の計算】

相続税の総額を課税価格の合計額に占める各人の課税価格の割合で按分します。

| 妻140万円(注) | 子40万円 | 子20万円 |

按分した税額から、各種の税額控除の額を差し引きます。この事例では「配偶者控除」のみ適用があったとして計算します（配偶者の税額控除により140万円全額控除できます）。

（実際に納付する税金）

| 妻　0万円 | 子40万円 | 子20万円 |

（注）例えば、妻の相続税額の計算は、以下のようになります。

〔各人の課税価格を基に計算する〕

第2章 贈与税の計算

1．贈与税の基本的な考え方

　贈与税は、贈与という無償の財産取得に担税力を見出して課税するものであり、相続税の回避を防止する意味で、相続税を補完する税であるといわれています。

2．贈与税の計算

　相続税の計算と同様に、贈与税の計算方法も知っておくことが必要です。それは、贈与を節税の一環として利用することも多いからです。
　それでは、贈与税の計算の流れと計算方法を見ていきましょう。

(1)　贈与税の計算の選択

　贈与税の計算方法には、暦年課税と相続時精算課税の2種類があり、相続時精算課税は、特別控除額が大きく税率も一定で計算も簡単ですが、デメリットもありますので、相続時精算課税を選択する場合は、慎重に判断する必要があります。
　詳細は、「第2部第4章2．相続時精算課税」を参照してください。

◎暦年課税と相続時精算課税の概要図

　財産の贈与を受けた人（「受贈者」といいます。）は、次の場合に、財産の贈与をした人（「贈与者」といいます。）ごとに相続時精算課税を選択することができます。

　相続時精算課税を選択できる場合（年齢は贈与の年の1月1日現在のもの）
・贈与者　　→　　65歳以上の親
・受贈者　　→　　20歳以上の子である推定相続人
　　　　　　　　　（子が亡くなっているときには20歳以上の孫を含みます。）

相続時精算課税を
選択する　　　　　選択しない

相続時精算課税　　　　　　**暦年課税**

【　贈　与　税　】
① 贈与財産の価額から控除する金額
　　特別控除額　2,500万円
　　前年までに特別控除額を使用した場合には、2,500万円から既に使用した額を控除した残額が特別控除額となります。
② 税率
　　特別控除額を超えた部分に対して、一律20％の税率

※「相続時精算課税」を選択すると、その選択に係る贈与者から贈与を受ける財産については、その選択をした年分以降すべて相続時精算課税が適用され、「暦年課税」へ変更することはできません。

【　贈　与　税　】
税率

基礎控除後の課税価格	税率	控除額
200万円　以下	10%	―
300万円　以下	15%	10万円
400万円　以下	20%	25万円
600万円　以下	30%	65万円
1,000万円　以下	40%	125万円
1,000万円　超	50%	225万円

相　続　時　に　精　算

【　相　続　税　】
　贈与者が亡くなった時の相続税の計算上、相続財産の価額に相続時精算課税を適用した贈与財産の価額（贈与時の時価）を加算して相続税額を計算します。
　その際、既に支払った贈与税相当額を相続税額から控除します。なお、控除しきれない金額は還付されます。

【　相　続　税　】
　贈与者が亡くなった時の相続税の計算上、原則として、相続財産の価額に贈与財産の価額を加算する必要はありません。
　ただし、相続開始前3年以内に贈与を受けた財産の価額（贈与時の時価）は加算しなければなりません。

(2) 贈与税の計算方法

① 暦年課税

イ．概要

1年間に贈与を受けた財産の価額の合計額（1年間に2人以上の人から贈与を受けた場合または同じ人から2回以上にわたり贈与を受けた場合には、それらの贈与を受けた財産の価額の合計額）を基に贈与税額を計算する方式です。

その財産の価額の合計額が基礎控除額である110万円を超える場合には、贈与税の申告をする必要があります。

ロ．計算方法

1年間に贈与を受けた財産の価額の合計額（課税価格）から基礎控除額110万円を控除した残額（基礎控除後の課税価格）について、贈与税額を計算します。

≪計算例≫　500万円の贈与を受けた場合の計算例

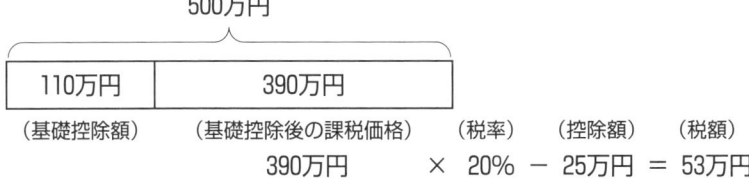

390万円　×　20％　−　25万円　＝　53万円

② 相続時精算課税

イ．概要

特定の贈与者から贈与を受けた財産について暦年課税に替えて相続時精算課税を選択した場合には、その贈与者から1年間に贈与を受けた財産（「相続時精算課税適用財産」といいます。）の価額の合計額を基に贈与税額を計算し、将来その贈与者が亡くなった時にその相続時精算課税適用財産の価額（贈与時の時価）と相続又は遺贈を受けた財産の価額（相続時の時価）の合計額を基に計算した相続税額から、既に支払った相続時精算課税適用財産に係る贈与税相当額を控除した金額をもって納付すべき相続税額とする方式です。（その控除により控除しきれない金額がある場合には、

相続税の申告をすることにより還付を受けることができます。)

　相続時精算課税を選択する場合には、その財産の価額が110万円以下であっても贈与税の申告をする必要があります。また、申告に際しては次の点に注意してください。

① この方式は、贈与者ごとに選択することができます。
② この方式を選択した場合には、その選択に係る贈与者から贈与を受ける財産については、その選択をした年分以降すべて相続時精算課税が適用され、暦年課税への変更はできません。

ロ．相続時精算課税のしくみ

≪事例≫
　夫婦と子2人の家族で、子CはAから贈与を受けた財産について相続時精算課税を選択し、2回の贈与を受けていた。

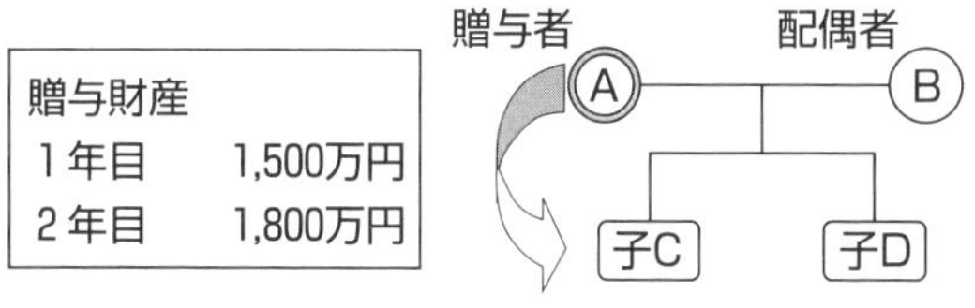

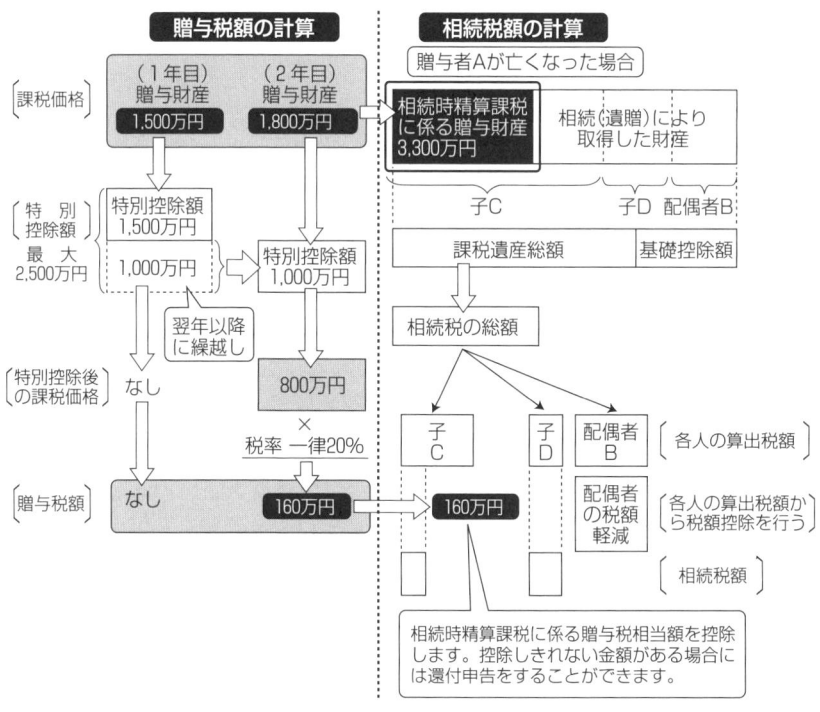

第1部 相続税・贈与税

第3章
平成25年度税制改正の内容

1. 相続増税

　平成25年度の税制改正において、課税ベースの拡大と税率構造の見直しを行い、平成27年1月1日以後に相続又は遺贈により取得する財産に係る相続税について、下記の改正が行われています。

　これは、地価が大幅に下落する中においても、バブル期の地価上昇に対応した基礎控除や税率構造が据え置かれてきた結果、課税割合が低下する等、富の再分配機能が低下してきたためです。

(1) 課税最低限の引き下げ

　格差固定化の防止、相続税の再分配機能・財源調達機能の回復等の観点から、基礎控除を「3,000万円＋600万円×法定相続人数」へ引き下げが行われ、高額の遺産取得者を中心に負担を求める観点から最高税率を55％へ引き上げるなど税率構造の見直しを行っています。

　基礎控除の金額の引き下げによる影響は、広範囲に及びます。亡くなられた方の数に対する課税件数の割合が4％程度に低下していましたが、今回の改正により、その割合はかなり高くなるだろうと思われます。

例えば、8,000万円の遺産相続の場合

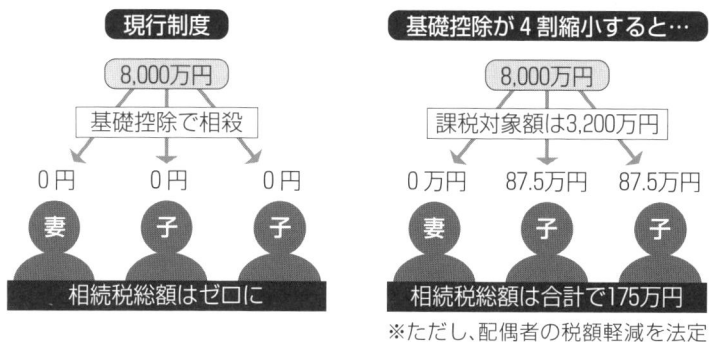

現行制度
8,000万円 → 基礎控除で相殺
妻 0円　子 0円　子 0円
相続税総額はゼロに

基礎控除が4割縮小すると…
8,000万円 → 課税対象額は3,200万円
妻 0万円　子 87.5万円　子 87.5万円
相続税総額は合計で175万円

※ただし、配偶者の税額軽減を法定相続分まで活用するものとします。

【基礎控除の改正】

	改正前	改 正
定額控除	5,000万円	3,000万円
法定相続人比例控除	1,000万円に法定相続人数を乗じた金額	600万円に法定相続人数を乗じた金額

【基礎控除の改正による課税最低限の引き下げ】

	相 続 人 数				
	1人	2人	3人	4人	5人
改正前	6,000万円	7,000万円	8,000万円	9,000万円	10,000万円
改正後	3,600万円	4,200万円	4,800万円	5,400万円	6,000万円
影響額	2,400万円	2,800万円	3,200万円	3,600万円	4,000万円

　上記の表のように、基礎控除額は大幅に減額されています。相続人が3人の場合では、改正前では8,000万円であった基礎控除額が、改正後には4,800万円となります。相続財産が5,000万円程度である場合には、改正前では相続財産を概算で計算して相続税は課税されないことを把握すれば、相続税は気にしなくてもよかったのですが、改正後は、より正確に相続税を計算する必要があります。例えば、地価の高い都会に戸建てを有している場合には、相続税が課税される可能性が高くなります。小規模宅地の特

例により相続税が課税されない可能性もありますが、その適用を受けるためには相続税申告書を提出する必要がありますので、それだけでも負担は増えます。

(2) **相続税率の変更**

相続税の税率の改定は下表のとおりです。この税率アップは裕福層に対して大きな影響が及びます。最高税率が、50％が55％と引き上げられていますが、高額な相続財産に対しての５％ですので、金額としては多額になります。既に相続税対策を行ってきた方も、今回の改正を踏まえて、再度シミュレーションを行う必要があります。

改正前		改　正	
	税率		税率
1,000万円以下の金額	10%	同　左	同　左
3,000万円以下の金額	15%	同　左	同　左
5,000万円以下の金額	20%	同　左	同　左
１億円以下の金額	30%	同　左	同　左
３億円以下の金額	40%	２億円以下の金額	40%
―	―	３億円以下の金額	45%
３億円超の金額	50%	６億円以下の金額	50%
―	―	６億円超の金額	55%

(3) **これだけ増える相続税**

以下の速算表は、相続税額を計算するために利用します。詳しい計算方法は、第１章を参照していただければと思いますが、簡単に説明しますと、基礎控除額分を控除した相続財産を、法定相続分で按分した各相続人の金額を速算表に当てはめて計算します。

例えば、相続財産５億円で相続人３人（妻と子２人）の場合、基礎控除後の金額は、４億5,200万円となります。これを法定相続分で按分すると、妻２億2,600万円、子１億1,300万円となり、これを改正後の速算表に当てはめると、相続税は、妻は7,470万円となり子は１人当たり2,820万円とな

ります。この合計額、1億3,110万円を実際の相続額で按分することになります。

【速算表】

各法定相続人の取得金額	改正前 税率	改正前 控除額	改正 税率	改正 控除額
1,000万円以下	10%	—	10%	—
3,000万円以下	15%	50万円	15%	50万円
5,000万円以下	20%	200万円	20%	200万円
1億円以下	30%	700万円	30%	700万円
2億円以下	40%	1,700万円	40%	1,700万円
3億円以下	40%	1,700万円	45%	2,700万円
6億円以下	50%	4,700万円	50%	4,200万円
6億円超	50%	4,700万円	55%	7,200万円

(4) 配偶者がいる場合の相続税額

配偶者のいる場合で、改正によって相続税がどのようになるかをシミュレーションすると以下の表になります。

【相続税額表（配偶者あり）】

課税価格	子供の数	1人	2人	3人
5,000万円	改正前	0万円	0万円	0万円
5,000万円	改正後	40万円	10万円	0万円
5,000万円	増税額	40万円	10万円	0万円
8,000万円	改正前	50万円	0万円	0万円
8,000万円	改正後	235万円	175万円	137万円
8,000万円	増税額	185万円	175万円	137万円
1億円	改正前	175万円	100万円	50万円
1億円	改正後	385万円	315万円	262万円
1億円	増税額	210万円	215万円	212万円

第1部 相続税・贈与税

2億円	改正前	1,250万円	950万円	812万円
	改正後	1,670万円	1,350万円	1,217万円
	増税額	420万円	400万円	405万円
3億円	改正前	2,900万円	2,300万円	2,000万円
	改正後	3,460万円	2,860万円	2,540万円
	増税額	560万円	560万円	540万円
5億円	改正前	6,900万円	5,850万円	5,275万円
	改正後	7,605万円	6,555万円	5,962万円
	増税額	705万円	705万円	687万円
10億円	改正前	18,550万円	16,650万円	15,575万円
	改正後	19,750万円	17,810万円	16,635万円
	増税額	1,200万円	1,160万円	1,060万円
15億円	改正前	31,050万円	28,450万円	26,825万円
	改正後	32,895万円	30,315万円	28,500万円
	増税額	1,845万円	1,865万円	1,675万円
20億円	改正前	43,550万円	40,950万円	38,350万円
	改正後	46,645万円	43,440万円	41,182万円
	増税額	3,095万円	2,490万円	2,832万円
30億円	改正前	68,550万円	65,950万円	63,350万円
	改正後	74,145万円	70,380万円	67,432万円
	増税額	5,595万円	4,430万円	4,082万円

(注) 課税価格＝相続財産－債務・葬式費用
　　 配偶者の税額軽減を法定相続分まで活用するものとします。
　　 子供は全て成人とします。

　例えば、上表の【相続税額表（配偶者あり）】をみると、課税価格8,000万円で子2人（配偶者を含め相続人3人）の欄では、相続税は改正前が0円で、改正後が175万円となっており、改正により175万円増額しています。

改正前
　　8,000万円（相続財産）－8,000万円（基礎控除）＝0円
　　　　⇒相続税　0円

改正後
　　8,000万円（相続財産）－4,800万円（基礎控除）＝3,200万円
　　妻：3,200万円×$\frac{1}{2}$（法定相続分）＝1,600万円
　　　　1,600万円×15％－50万円＝190万円（妻の相続税額）
　　子：3,200万円×$\frac{1}{4}$（法定相続分）＝800万円
　　　　800万円×10％＝80万円
　　　　2人の合算　160万円　（子2人の相続税額）
　　　　　相続人の合計　350万円
　次に相続財産を法定相続割合で相続したとします。
　　妻：350万円×$\frac{1}{2}$＝175万円⇒ただし、配偶者の税額軽減を利用して
　　　　　　　　　　0円となります。
　　子：350万円×$\frac{1}{4}$＝87.5万円
　　　　2人の合算　175万円　（子2人の相続税額）
　以上により、相続人の合計の相続税額は175万円となり、上表の【相続税額表（配偶者あり）】の記載のとおりとなります。
　なお、改正後は175万円－0万円＝175万円の増税となります。

(5)　配偶者がいない場合の相続税額
　配偶者がいない場合、改正によって相続税がどのようになるかをシミュレーションすると以下の表になります。

【相続税額表（配偶者なし）】

課税価格	子供の数	1人	2人	3人
5,000万円	改正前	0万円	0万円	0万円
	改正後	160万円	80万円	20万円
	増税額	160万円	80万円	20万円
8,000万円	改正前	250万円	100万円	0万円
	改正後	680万円	470万円	330万円
	増税額	430万円	370万円	330万円

第1部　相続税・贈与税

1億円	改正前	600万円	350万円	200万円
	改正後	1,220万円	770万円	630万円
	増税額	620万円	420万円	430万円
2億円	改正前	3,900万円	2,500万円	1,800万円
	改正後	4,860万円	3,340万円	2,460万円
	増税額	960万円	840万円	660万円
3億円	改正前	7,900万円	5,800万円	4,500万円
	改正後	9,180万円	6,920万円	5,460万円
	増税額	1,280万円	1,120万円	960万円
5億円	改正前	17,300万円	13,800万円	11,700万円
	改正後	19,000万円	15,210万円	12,980万円
	増税額	1,700万円	1,410万円	1,280万円
10億円	改正前	42,300万円	37,100万円	31,900万円
	改正後	45,820万円	39,500万円	35,000万円
	増税額	3,520万円	2,400万円	3,100万円
15億円	改正前	67,300万円	62,100万円	56,900万円
	改正後	73,320万円	65,790万円	60,000万円
	増税額	6,020万円	3,690万円	3,100万円
20億円	改正前	92,300万円	87,100万円	81,900万円
	改正後	100,820万円	93,290万円	85,760万円
	増税額	8,520万円	6,190万円	3,860万円
30億円	改正前	142,300万円	137,100万円	131,900万円
	改正後	155,820万円	148,290万円	140,760万円
	増税額	13,520万円	11,190万円	8,860万円

（注）課税価格＝相続財産－債務・葬式費用
　　　子供は全て成人とします。

　例えば、上表の【相続税額表（配偶者なし）】をみると、課税価格2億円で子2人の欄で、相続税は改正前が2,500万円で、改正後が3,340万円となっており、差額の840万円が増税となっています。

22

改正前

　　2億円(相続財産) − 7,000万円(基礎控除) = 1億3,000万円

　　子：1億3,000万円 × $\frac{1}{2}$(法定相続分) = 6,500万円

　　　　6,500万円 × 30% − 700万円 = 1,250万円

　　　　2人の合算　2,500万円　（子2人の相続税額）

　　次に相続財産を法定相続割合で相続したとします。

　　子：2,500万円 × $\frac{1}{2}$ = 1,250万円（子1人の相続税額）

　　　　2人の合算　2,500万円

改正後

　　2億円(相続財産) − 4,200万円(基礎控除) = 1億5,800万円

　　子：1億5,800万円 × $\frac{1}{2}$(法定相続分) = 7,900万円

　　　　7,900万円 × 30% − 700万円 = 1,670万円

　　　　2人の合算　3,340万円　（子2人の相続税額）

　　次に相続財産を法定相続割合で相続したとします。

　　子：3,340万円 × $\frac{1}{2}$ = 1,670万円（子1人の相続税額）

以上により、2人の合算　3,340万円となり、上表の【**相続税額表（配偶者なし）**】の記載のとおりとなります。

　なお、改正後は3,340万円 − 2,500万円 = 840万円の増税となります。

（上記の改正は、平成27年1月1日以後に相続又は遺贈により取得する財産に係る相続税について適用されます。）

2．贈与税

　平成25年度の税制改正において、平成27年1月1日以後に贈与により取得する財産に係る贈与税について、下記の改正が行われています。

　この贈与税改正の大きな特徴は、贈与税率が二つになり、贈与者・受贈者によって税率表の適用が違うことです。子や孫等が受贈者となる場合の贈与税の税率構造を緩和しています。ただ、最高税率は相続税に合わせたために、50%から55%へと引き上げられています。

(1) 直系尊属から成人への贈与

　贈与税の改正は、20歳以上の者が直系尊属から贈与を受ける場合と、それ以外の場合により、税率が異なるところに特徴があります。

　まず、20歳以上の者が直系尊属から贈与を受ける場合は、資産の世代間移転が進むように課税価格3,000万円以下の贈与については、税率を低くしています。これを活用すれば相続税節税対策として効果が大きくなります。しかし、課税価格4,500万円を超える財産を贈与する場合には、税率は高くなっており、多額の贈与をするケースでは増税となることに注意が必要です。

① 贈与税速算表（直系尊属から成人へ）

　それでは具体的に改正前後で計算方法がどのように変わり、どの程度税額が変わってくるのかを速算表で比較していきます。

　繰り返しになりますが、改正前後の速算表を比較すると、課税価格が3,000万円までについては税率が下がる一方、課税価格が4,500万円を超える場合には税率が上がっています。

【贈与税速算表（直系尊属から成人へ）】

課税価格	改正前 税率	改正前 控除額	改正 税率	改正 控除額
200万円以下	10%	—	10%	—
300万円以下	15%	10万円	15%	10万円
400万円以下	20%	25万円	15%	10万円
600万円以下	30%	65万円	20%	30万円
1,000万円以下	40%	125万円	30%	90万円
1,500万円以下	50%	225万円	40%	190万円
3,000万円以下	50%	225万円	45%	265万円
4,500万円以下	50%	225万円	50%	415万円
4,500万円超			55%	640万円

（注）課税価格＝贈与金額－110万円

② 贈与税早見表（直系尊属から成人へ）

改正前後の贈与額に対する税額と税負担率（贈与額に対する税額の割合）は以下の様になっています。

【贈与税早見表（直系尊属から成人へ）】

贈与額	改正前 税額（万円）	改正前 税負担率（％）	改正 税額（万円）	改正 税負担率（％）
100万円	0	0.0	0	0.0
200万円	9	4.5	9	4.5
300万円	19	6.3	19	6.3
400万円	33.5	8.4	33.5	8.4
500万円	53	10.6	48.5	9.7
600万円	82	13.7	68	11.3
700万円	112	16.0	88	12.6
800万円	151	18.9	117	14.6
900万円	191	21.2	147	16.3
1,000万円	231	23.1	177	17.7
1,500万円	470	31.3	366	24.4
2,000万円	720	36.0	585.5	29.3
2,500万円	970	38.8	810.5	32.4
3,000万円	1,220	40.7	1,035.5	34.5
4,000万円	1,720	43.0	1,530	38.3
5,000万円	2,220	44.4	2,049.5	41.0
6,000万円	2,720	45.3	2,599.5	43.3
7,000万円	3,220	46.0	3,149.5	45.0
8,000万円	3,720	46.5	3,699.5	46.2
9,000万円	4,220	46.9	4,249.5	47.2
1億円	4,720	47.2	4,799.5	48.0

1億5,000万円	7,220	48.1	7,549.5	50.3
2億円	9,720	48.6	10,299.5	51.5
3億円	14,720	49.1	15,799.5	52.7

　例えば1,000万円を贈与した場合、上表では、改正前は贈与税が231万円（税負担率23.1％）、改正後では177万円（税負担率17.7％）となっています。
　【贈与税速算表（直系尊属から成人へ）】に当てはめれば、次のように計算されます。

　改正前
　　　税額＝（1,000万円－110万円）×40％－125万円＝231万円
　　　税負担率＝231万円÷1,000万円＝23.1％
　改正後
　　　税額＝（1,000万円－110万円）×30％－90万円＝177万円
　　　税負担率＝177万円÷1,000万円＝17.7％
　　　となり、改正後は231万円－177万円＝54万円の減税となります。

　一方、1億円を贈与した場合、贈与税早見表（直系尊属から成人へ）では、改正前贈与税が4,720万円（税負担率47.2％）、改正後では4,799.5万円（税負担率48.0％）となっています。
　【贈与税速算表（直系尊属から成人へ）】に当てはめれば、次のように計算されます。

　改正前
　　　税額＝（10,000万円－110万円）×50％－225万円＝4,720万円
　　　税負担率＝4,720万円÷10,000万円＝47.2％
　改正後
　　　税額＝（10,000万円－110万円）×55％－640万円＝4,799万5,000円
　　　税負担率＝4,799万5,000円÷10,000万円≒48.0％
　　　となり、改正後は4,799万5,000円－4,720万円＝79万5,000円の増税となります。

このように直系尊属から成人の贈与では、低額の贈与に関しては減税となりますが、高額の贈与については増税となることとなります。今回の改正により税額が増加するのは、おおむね贈与金額が9,000万円以上（正確には8,410万円超）の贈与からになります。

(2) **その他の贈与**

また、贈与者が直系尊属でないケースや受贈者が20歳未満のケースでは、上記と異なった贈与税の税率構造となっています。

① 贈与税速算表（その他）

【贈与税速算表（その他）】

課税価格	改正前 税率	改正前 控除額	改正 税率	改正 控除額
200万円以下	10%	−	10%	−
300万円以下	15%	10万円	15%	10万円
400万円以下	20%	25万円	20%	25万円
600万円以下	30%	65万円	30%	65万円
1,000万円以下	40%	125万円	40%	125万円
1,500万円以下	50%	225万円	45%	175万円
3,000万円以下	50%	225万円	50%	250万円
3,000万円超			55%	400万円

（注）課税価格＝贈与金額−110万円

20歳以上の者が直系尊属から贈与を受ける場合以外には、課税価格1,000万円超1,500万円以下の場合は税率を低く（50%⇒45%）していますが、3,000万円超の場合は税率を高く（50%⇒55%）しています。

直系尊属から成人への贈与、すなわち父母・祖父母などから成人の子・孫への家族内での資産移転に係る贈与であるのに対して、こちらの方はそれ以外での贈与に係る場合であり、課税価格が1,000万円を超える場合について区分を細分化することにより緩和措置をした上で、高額贈与について税率を引き上げています。

② 贈与税早見表（その他）

【贈与税早見表（その他）】

贈与額	改正前 税額（万円）	改正前 税負担率（%）	改正 税額（万円）	改正 税負担率（%）
100万円	0	0.0	0	0.0
200万円	9	4.5	9	4.5
300万円	19	6.3	19	6.3
400万円	33.5	8.4	33.5	8.4
500万円	53	10.6	53	10.6
600万円	82	13.7	82	13.7
700万円	112	16.0	112	16.0
800万円	151	18.9	151	18.9
900万円	191	21.2	191	21.2
1,000万円	231	23.1	231	23.1
1,500万円	470	31.3	450.5	30.0
2,000万円	720	36.0	695	34.8
2,500万円	970	38.8	945	37.8
3,000万円	1,220	40.7	1,195	39.8
4,000万円	1,720	43.0	1,739.5	43.5
5,000万円	2,220	44.4	2,289.5	45.8
6,000万円	2,720	45.3	2,839.5	47.3
7,000万円	3,220	46.0	3,389.5	48.4
8,000万円	3,720	46.5	3,939.5	49.2
9,000万円	4,220	46.9	4,489.5	49.9
1億円	4,720	47.2	5,039.5	50.4
1億5,000万円	7,220	48.1	7,789.5	51.9
2億円	9,720	48.6	10,539.5	52.7
3億円	14,720	49.1	16,039.5	53.5

改正前後の贈与額に対する税額と税負担率（贈与額に対する税額の割合）は、以下の様になっています。

1,500万円を贈与した場合、【贈与税早見表（その他）】では、改正前贈与税が470万円（税負担率31.3％）、改正後では450.5万円（税負担率30.0％）となっています。

【贈与税速算表（その他）】に当てはめれば、次のように計算されます。

改正前

税額＝（1,500万円－110万円）×50％－225万円＝470万円

税負担率＝470万円÷1,500万円≒31.3％

改正後

税額＝（1,500万円－110万円）×45％－175万円＝450万5,000円

税負担率＝450万5,000円÷1,500万円≒30.0％

となり、改正後は470万円－450万5,000円＝19万5,000円の減税となります。

一方、5,000万円を贈与した場合、改正前贈与税が2,220万円（税負担率44.4％）、改正後では2,289.5万円（税負担率45.8％）となっています。

【贈与税速算表（その他）】に当てはめれば、次のように計算されます。

改正前

税額＝（5,000万円－110万円）×50％－225万円＝2,220万円

税負担率＝2,220万円÷5,000万円＝44.4％

改正後

税額＝（5,000万円－110万円）×55％－400万円＝2,289万5,000円

税負担率＝2,289万5,000円÷5,000万円≒45.8％

となり、改正後は2,289万5,000円－2,220万円＝69万5,000円の増税となります。

このように緩和措置がとられているおおよそ1,000万円〜4,000万円（正確には1,110万円〜3,610万円）辺りについては若干減税となるものの、高額の贈与については増税となります。

早見表にあるように、今回の改正により税額が増加するのは約4,000万

円以上（正確には3,610万円超）の贈与からになります。

（上記の改正は、平成27年1月1日以後に贈与により取得する財産に係る贈与税について適用されます。）

3．教育資金の一括贈与に係る贈与税の非課税措置

これまでも教育資金を扶養義務者が負担する場合は贈与税がかからないとされていましたが、将来の分を一括して渡した場合や、両親に十分負担能力があるにもかかわらず祖父母が教育資金を負担している場合には贈与税の問題が発生していました。

今回の税制改正において、高齢者の資産の現役世代への早期移転を促進するとの考えから、直系尊属（主に祖父母が念頭におかれています）が孫の教育資金を一括して信託すれば、1,500万円までは贈与税がかからないこととされました。

贈与者	直系尊属
受贈者	30歳未満
上　限	1,500万円 （ただし学校等以外の者に支払われる金銭については500万円）
期　間	平成25年4月1日～平成27年12月31日

信託先は金融機関（信託会社（信託銀行含む）、銀行及び金融商品取引業者（第一種金融商品取引業を行う者に限る）をいう）である必要があり、教育資金とは、文部科学大臣が定める次の金銭をいいます。

- 学校等に支払われる入学金その他の金銭
- 学校等以外の者に支払われる金銭のうち一定のもの

また、それ以外にも本特例の適用を受けようとする旨等を記載した教育資金非課税申告書（仮称）を、金融機関を経由し、受贈者の納税地の所轄税務署長に提出する必要がありますし、払い出した金銭を教育資金の支払いに充当したことを証する書類も金融機関に提出する必要があります。

金融機関においては、受遺者が30歳に達した場合、あるいは受遺者が死亡した場合の終了時において、調書等を受贈者の納税地の所轄税務署長に

提出します。

終了時において残額があった場合ですが、受贈者が30歳に達したことにより終了した場合は、30歳に達した日に贈与があったものとして贈与税が課税されます。また受遺者の死亡により終了した場合には贈与税は課税されません。

【イメージ図】

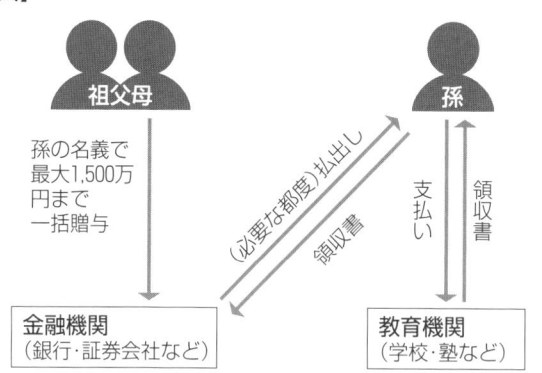

```
           祖父母                      孫
             │                         ↑
   孫の名義で  │    (必要な都度)払出し   │
   最大1,500万│ ←──────────────────    支  領
   円まで     │                         払  収
   一括贈与   │    領収書               い  書
             ↓  ──────────────────→    ↓  ↑
          金融機関                    教育機関
       (銀行・証券会社など)         (学校・塾など)
```

（注）孫が30歳になった日に余りがあれば贈与税が課税される

（平成25年4月1日から平成27年12月31日までの間に拠出されるものに限り、贈与税を課さないこととされます。）

4．小規模宅地等の要件の緩和

小規模宅地等の特例とは、居住の用や事業の用に供している宅地が相続財産となった場合、当該宅地は相続人等の生活基盤となるものであることからその処分にも相当程度の制約があることを踏まえ、一定の割合まで相続税評価額を減額する制度です。

今回の税制改正において、相続税の基礎控除の減額、最高税率の引き上げなど課税ベースの拡大を図っていますが、一方で個人の土地所有者の居住や事業の継続について、いきなり大きな支障が出ないよう配慮し、以下の拡充を行っています。

なお、小規模宅地等の評価額計算の詳細は129ページ以降を参照してください。

① 適用面積の拡充

　特定居住用宅地等に係る特例の適用対象面積の上限はこれまで240㎡でしたが、改正後は330㎡まで適用できます。これにより比較的大きな邸宅を持つ場合に恩恵があります。

② 特定事業用等宅地等と特定居住用宅地等の完全併用

　これまでは特定事業用宅地と特定居住用宅地の両方を保有する場合、両者の併用は限定的で、合わせて最大でも400㎡までしか評価減の対象にできませんでしたが、今回の改正により、それぞれの適用対象面積まで適用可能となりました。すなわち上記①の特定居住用宅地等の適用対象面積の拡充と合わせ、特定事業用宅地と特定居住用宅地とを完全併用する場合、最大730㎡（330㎡＋400㎡）までの適用が可能となります。持ち家があり、事業を行っていた被相続人が保有する土地の場合に大きな減税効果がありそうです。

　ただし、貸付事業用宅地の場合における適用対象面積の計算についての改正はありません。

③ 二世帯住宅の条件の緩和

　構造上区分のある、すなわち各居住部分が独立しており内部での行き来ができないような二世帯住宅については、これまで特定の条件（被相続人に配偶者がいないなど）を満たした場合にしか同居親族の要件を満たすことができず、小規模宅地等の特例は一部の場合にしか適用できませんでした。しかし、今回の改正により、構造上区分のある二世帯住宅の各独立部分に被相続人及びその親族が居住していた場合でも、その親族が相続又は遺贈により取得したその敷地の用に供されていた宅地等のうち、被相続人及びその親族が居住していた部分に対応する部分について特例を適用できるように要件が緩和されました。

④ 老人ホームに入所時の条件の緩和

　被相続人が老人ホームに入所したことにより居住の用に供されなくなった家屋の敷地について、小規模宅地等の特例を適用する要件が、従来は、

　　イ　被相続人の身体又は精神上の理由により介護を受ける必要があるた

め、老人ホームへ入所することとなったこと
　ロ　被相続人がいつでも生活できるようその建物の維持管理が行われていたこと
　ハ　入所後あらたにその建物を他の者の居住の用その他の用に供していた事実がないこと
　ニ　その老人ホームは、被相続人が入所するために被相続人又はその親族によって所有権が取得され、あるいは終身利用権が取得されたものでないこと

の４要件が必要とされていましたが、今回の改正により、以下の２要件に緩和されました。

　イ'　被相続人に介護が必要なため入所したものであること
　ロ'　当該家屋が貸付け等の用途に供されていないこと

（上記の①及び②の改正は、平成27年１月１日以後に相続又は遺贈により取得する財産に係る相続税について適用し、上記③及び④の改正は平成26年１月１日以後に相続又は遺贈により取得する財産に係る相続税について適用されます。）

５．相続時精算課税制度の適用要件

　高齢者の保有する資産を現役世代により早期に移転させるために贈与者の年齢要件を65歳以上から60歳以上に引き下げ、受贈者に孫を加える拡充を行っています。今回の改正で、受贈者にとっては、比較的若いとき、つまり資金が必要なときに贈与を受けられやすくなります。

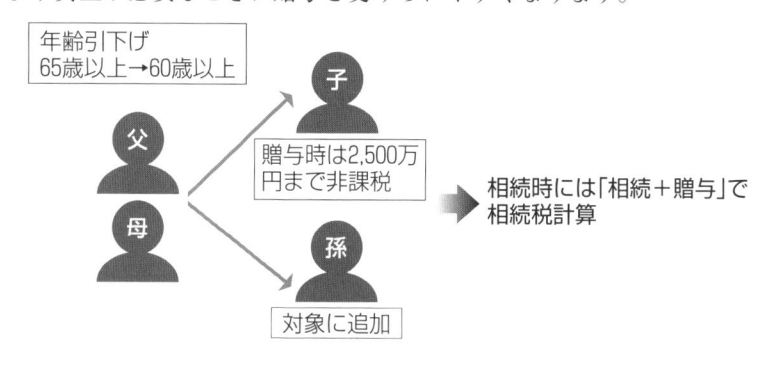

改正内容
受贈者の範囲に、20歳以上である孫（現行：推定相続人のみ）が追加されています。
贈与者の年齢要件を60歳以上（現行：65歳以上）に引き下げています。

推定相続人：現状で相続が開始した場合に相続人となるべき者をいいます。

（上記の改正は、平成27年１月１日以後に贈与により取得する財産に係る贈与税について適用されます。）

６．非上場株式等に係る相続税・贈与税の納税猶予制度

　非上場株式等に係る相続税等の納税猶予制度は、平成21年度の創設以来、想定したほどには利用が進んでいない状況です。このため制度を使いやすくするための抜本的な見直しをし、次のような改正を行っています。贈与税に関する改正も同時に記載します。

	改正前	改正
親族外承継の対象化	・被相続人の親族であること	・被相続人の親族であることとする要件を撤廃
雇用８割維持の要件の緩和	・雇用の８割以上を「５年間毎年」維持する	・雇用の８割以上を「５年間平均」で評価する
納税猶予打ち切りリスク	・要件を満たせず納税猶予打ち切りの際は、納税猶予額に加え利子税の支払いが必要 ・相続・贈与から５年後以降は後継者の死亡又は会社倒産により納税免除	・利子税率の引下げ（現行※2.1％→0.9％） ※特例基準割合が２％の場合 ・承継５年超で、５年間の利子税を免除する ・民事再生、会社更生、中小企業再生支援協議会での事業再生の際には、納税猶予額を再計算し、一部免除 ・「収入金額が零となった場合」について、総収入金額の範囲から営業外収益及び特別利益を除外する

事前確認制度	・経済産業大臣による事前確認制度あり	・経済産業大臣による事前確認制度を廃止
納税が猶予される相続税等の計算方法	猶予税額の計算で先代経営者の個人債務・葬式費用を控除するため、猶予税額が少なく算出される	被相続人の債務及び葬式費用を相続税の課税価格から控除する場合には、非上場株式等以外の価額から控除する
認定対象会社の要件	・資産管理会社は、認定対象会社の要件に該当しない	・資産管理会社に該当する認定会社等を通じて上場株式等（1銘柄につき、発行済株式等の総数等の100分の3以上）を保有する場合には、納税猶予税額の計算上、当該上場株式等相当額を算入しない
	適用対象となる資産管理会社の要件について、次のとおり見直す イ　常時使用従業員数が5人以上であるとする要件は、経営承継相続人等と生計を一にする親族以外の従業員数で判定する ロ　商品の販売・貸付け等を行っていることとする要件について、経営承継相続人等の同族関係者等に対する貸付けを除外する	
株券の発行	・提供する担保については、会社法において株券不発行が原則の非上場株式等なので、株券の不発行会社が納税猶予制度を活用する場合は、経済産業大臣の認定を受け、株券を発行する	・株券不発行会社について、一定の要件を満たす場合には、株券の発行をしなくても、相続税・贈与税の納税猶予の適用を認める
贈与税	・贈与時において認定会社の役員でないこと	・贈与時において当該会社の代表権を有していないこと ・役員である贈与者が、認定会社から給与の支給等を受けた場合であっても、贈与税の納税猶予の取消事由に該当しない
その他	・相続税等の申告書、継続届出書等に係る添付書類のうち、一定のものについては、提出を要しないこととする ・その他所要の処置を講じる	

『「平成25年度税制改正について」平成25年1月　経済産業省』を基に加筆

（上記の改正は、平成27年1月1日以後に相続又は遺贈により取得する財産に係る相続税について適用されます。）

なお、非上場株式等に係る相続税の納税猶予制度の詳細は262ページ以降を参照してください。

7．その他の改正

(1) 未成年者控除・障害者控除

相続税額から一定額を差し引く未成年者控除・障害者控除については、控除額が長年にわたって据え置かれたままきており、物価動向や今般の相続税の基礎控除等の見直しを踏まえ、引き上げられています。

① 未成年者控除

改正前	改正
20歳までの1年につき6万円	20歳までの1年につき10万円

② 障害者控除

改正前	改正
85歳までの1年につき6万円（特別障害者については12万円）	85歳までの1年につき10万円（特別障害者については20万円）

（上記の改正は、平成27年1月1日以後に相続又は遺贈により取得する財産に係る相続税について適用されます。）

(2) 相続会社である非上場株式をその発行会社に譲渡した場合のみなし配当課税の特例の改正

相続財産に係る株式をその発行した非上場会社に譲渡した場合のみなし配当課税の特例の適用対象者の範囲に、相続税法において相続又は遺贈により非上場株式を取得したものとみなされる個人を加えることとなりました。これにより、例えば、代表者等の定めのある人格のない社団等を設立するために財団に対し財産の遺贈があった場合には、対象となります。

（上記の改正は、平成27年1月1日以後に開始する相続又は遺贈により非上場株式を取得したものとみなされる個人について適用されます。）

第2部

相続税・贈与税の基本節税策

第2部 相続税・贈与税の基本節税策

　相続税の計算方法は第1部第1章で説明したとおりですが、基本的な減税策は相続税の計算の流れに沿って「遺産相続財産の把握時」、「相続税額計算時」、「税額の納付時」のそれぞれにおいて検討する必要性があります。
　また、実際の「相続前」に様々な対策を事前に検討しておくことも有効です。
　以下において、それぞれの場合の具体的な基本節税策を説明していきます。

第1章 遺産相続財産の把握時の節税策

　相続開始時に把握した相続財産の中には、そもそも制度上相続税の課税対象ではないもの（非課税財産）や、政策的に一定の宅地等の相続においては課税評価額を大幅に減額する制度（小規模宅地等の特例）があります。
　また、被相続人の借入などの債務を承継する場合や、葬式費用を負担する場合には、これらの債務を相続財産の価額から控除することができます（債務控除）。
　これらの制度等を正確に把握することによって、財産の分類と債務の控除を適切に行い、必要のない相続税を払うことを避けられます。
　さらに、相続財産の評価を下げることによって節税することも可能です。相続財産の評価は財産評価基本通達により規定され、財産の評価は時価により評価されることとなっており、時価とは、課税時期においてそれぞれの財産の現況に応じ、不特定多数の当事者間で自由な取引が行われる場合に通常成立すると認められる価額をいいます。しかし、財産によっては、市場性のないものもあり、例えば土地などは場所や地形により評価が難しく、財産評価基本通達により細かなルールが規定されています。このようなルールを把握し、少しでも時価を下げることが節税につながります。

この章では、非課税財産、小規模宅地等の特例、債務控除について制度の概要を説明し、財産別の詳細については、第3部において記載します。

1．非課税財産

原則として、相続や遺贈によって受け取ったすべての財産が、課税の対象となります。しかし、相続や遺贈によって受け取った財産の中には、その財産の性質、国民感情、社会政策的見地などから相続税の課税の対象とするのが適当でない財産があり、以下に掲げる財産については相続税の課税の対象としないことにしています。これらの財産を相続税の非課税財産といいます。

(1) **墓所、霊廟、仏壇、仏具並びにこれらに準ずるもの**
① 制度の概要

墓所、霊廟、仏壇、仏具等は、民法においても一般の財産とは区分されており、祖先崇拝の慣行からして非課税財産とされています（相法12①二）。

② 非課税財産となるものの具体例

墓地、墓石、墓所、神棚、仏壇、仏像、仏具、位牌などをいいます（相基通12-1）。

③ 類似する財産で非課税財産とならないもの

例えば金の仏像などのように、商品、骨董品あるいは投資目的で所有するものは非課税財産にはなりません（相基通12-2）。

(2) **公益事業用財産**
① 制度の概要

宗教、慈善、学術その他公益を目的とする事業を行う人で「一定の要件に該当する人」が、相続や遺贈によってもらった財産で、その「公益を目的とする事業の用に供することが確実なもの」が非課税財産となります（相法12①三）。

② 非課税財産となる人的要件と非課税とならない場合
イ．非課税となる人的要件

「一定の要件に該当する人」とは、次に掲げるような公益性及び公共性

が高い公益事業を行う個人（個人とみなされる公益法人等を含みます。）に限られます。
- 社会福祉事業
- 更生保護事業
- 学校を設置し運営する事業
- 宗教、慈善、学術を目的とする事業
- その他公益を目的とする事業

ロ．非課税とならない場合

公益事業の運営に関しては一定の条件があり、次のような場合には非課税となりません。

ⅰ）個人の時

その人及び親族その他特殊関係者に施設の利用、余裕金の運用など個人生活の用に供されるものは非課税となりません（相基通12-3）。

ⅱ）個人とみなされる人格のない社団又は財団等である時

以下のような場合には非課税となりません（相令2）。
- 役員構成、事業の運営などの重要事項について、事業の運営がその人及び親族等特殊関係者の意思に従って運営されていると事実がある時
- その人及び親族等特殊関係者に施設の利用、余裕金の運用、財産の帰属に関し特別の利益を与えている時

③ 非課税財産となる物的要件と非課税とならない場合

イ．非課税となる物的要件

「公益の用に供することが確実なもの」とは、相続開始時において、その財産について公益事業の用に供することについて具体的な計画があり、かつ、その公益事業の用に供される状況にあるものをいいます（相基通12-3）。

ロ．非課税とならない場合

その財産をもらった人が、その財産を相続や遺贈によってもらった日から2年を経過した日において、公益事業の用に供していない場合には、その財産の価額はさかのぼって、その人の相続税の課税価額の計算に算入さ

れます（相法12②）。

(3) 個人立の幼稚園等の教育用財産
① 制度の概要
　相続開始前5年前の1月1日前から引き続き行ってきた学校教育法上の個人立の幼稚園、盲学校、聾学校、養護学校の事業を相続又は遺贈によって承継した場合には、その事業の用に供されていた教育用財産は、一定の要件を満たしている限り、非課税財産となります（相令附則4、相規附則2～3）。

② 非課税となる要件
　幼稚園等の教育用財産が非課税となる要件は以下のとおりです。
- 事業経営者等の家事充当金並びに給与が限度額を超過していないこと
- 教育用財産の届出が税務署長に対してなされていること
- 幼稚園事業とその他の事業との区分経理がされており、継続して青色申告がなされていること

③ 非課税とならない場合
　相続や遺贈によってもらった日から2年を経過した日において、公益の用に供していない場合には非課税となりません。

(4) 心身障害者共済制度に基づく給付金の受給権
　心身障害者を扶養する人を加入者とし、その加入者が地方公共団体に掛金を負担し、加入者等に一定の事故が発生した場合に給付金を支払う制度があり、この制度を心身障害者共済制度といいますが、この制度に基づいて支給される給付金を受けとる権利はその全額を非課税財産としています（相法12①四）。

　なお、この受給権は地方公共団体が条例により実施する心身障害者共済制度によって支給される給付金の受給権をいい、所定の要件を備えているものをいいます（相令2の2）。

　したがって、条例によらないものは非課税財産となりません。

(5) 相続人が取得した死亡保険金のうち一定金額
① 制度の概要
　相続人が取得した保険金のうち、被相続人が負担した保険料に対応する

金額は、その相続人が相続によってもらった財産とみなされますが、その相続により取得したものとみなされる保険金のうち一定の金額までの部分については相続税がかかりません（相法3①一、相法12①五）。

② 一定金額とは

相続税がかからない一定の金額とは次により計算した金額です（相法12①五）。

イ．相続人の受取った保険金の合計額が死亡保険金の非課税限度額（注）以下の場合

非課税金額＝各相続人の死亡保険金額の全額

　　（注）非課税限度額は、500万円×<u>法定相続人の数</u>となります。

なお、<u>法定相続人の数</u>の計算は次によります（相法15②）。

・被相続人に養子がいる場合には、法定相続人に含まれる養子の数には次の制限があります。

　　実子がいる場合……養子のうち1人までを法定相続人に含める。
　　実子がいない場合…養子のうち2人までを法定相続人に含める。
　　なお、相続税の負担を不当に減少させると認められる養子は法定相続人の数から除外されます（相法63）。

・相続を放棄した者がいても、その放棄した者も法定相続人に含めます。

ロ．相続人の受取った保険金の合計額が死亡保険金の非課税限度額を超える場合

$$\text{非課税金額} = \text{非課税限度額} \times \frac{\text{その相続人の取得した死亡保険金の額}}{\text{すべての相続人の取得した死亡保険金の合計額}}$$

(6) **相続人が取得した死亡退職金のうち一定金額**

被相続人の死亡により、相続人が死亡退職金などの支給を受けた場合には、その相続人が相続によりもらった財産とみなされます。この場合には、死亡保険金の場合と同様に一定金額までは非課税となります。

「非課税限度額」の計算や「各人の非課税金額」の計算方法は、死亡保険金の場合と同じです（相法12①六）。

(7) 弔慰金

　弔慰金とは、故人を弔い遺族を慰めるために贈る金品のことをいいます。被相続人の死亡により相続人等の受取る弔慰金、花輪代、葬祭料等（以下「弔慰金等」）については、非課税となります（相基通21の3-9、相基通3-20）。

　ただし、実質的に退職手当金等に該当するものに関してはみなし相続財産として相続税が課税されます。また、退職手当金等に該当しなくても、社会通念上相当と認められない部分に関しては、所得税、贈与税が課税されます。もっともこのような実質判断には困難が伴うため、弔慰金等のうち、次の①②に掲げる金額を超える部分の金額を、退職手当金等をして取り扱うものとしています（相基通3-20）。

① 　被相続人の死亡が業務上の死亡であるとき
→ 　被相続人の死亡当時の賞与以外の普通給与の3年分に相当する金額
② 　被相続人の死亡が業務上の死亡でないとき
→ 　被相続人の死亡当時における賞与以外の普通給与の半年分に相当する金額

（注）普通給与とは、俸給、給料、賃金、扶養手当、勤務地手当、特殊勤務地手当等の合計額で現物により支給されるものも含みます（相基通3-24）
　「業務」とは遂行すべきものとして割り当てられた仕事をいい、「業務上の死亡」とは、直接業務に起因する死亡又は業務と相当因果関係があると認められる死亡をいいます（相基通3-22）。

【業務上の死亡の判断基準】

　業務上の死亡の判断基準について、業務遂行性と業務起因性の観点から判断するとされており、この判定基準は、労働法の分野における労働者の災害補償の場合と同じ基準であるとされています。

　すなわち、労働法の分野における判例及び行政解釈では、何が業務上の死亡であるかどうかの判断は、その死亡が労働者の業務遂行中に生じたものであり（業務遂行性）、かつ、死亡と業務との間に相当因果関係があること（業務起因性）により行うこととされています。

　相続税の取扱いにおいても、業務上の死亡についての具体的な認定に当

たっては、労働者の災害補償に関連して示されている労働省労働基準局の行政上の先例に準拠して取り扱うこととされています。例えば、次のような場合には業務上の死亡に該当します。

① 自己の業務遂行中に発生した事故により死亡した場合
② 自己の担当外の業務であっても、雇用主の営む業務の遂行中の事故により死亡した場合
③ 出張中又は赴任途上において発生した事故により死亡した場合
④ 自己の従事する業務により職業病を誘発して死亡した場合
⑤ 作業の中断中の事故であっても、業務遂行に附随する行為中の事故によって死亡した場合

なお、業務上の死亡であるかどうかを判断する場合には、何が原因で死亡に至ったかが重要であって、どこで死亡したかは何が原因で死亡したかの一部分に含まれることであり判断の要因とはならない点に注意が必要です。

(8) 相続財産等を申告期限までに国等に寄付した場合の寄付財産

① 制度の概要

相続財産等を、相続税の申告期限までに、国、地方公共団体又は特定の公益法人等一定の法人に寄付した場合には、相続税の非課税財産となります（措法70①）。

② 寄付先の要件

国や地方公共団体の他寄付を受ける特定の公益法人としては租税特別措置法施行令40条の3に定める法人をいいます。

③ 特定の公益法人に対する寄付した場合の要件

寄付を受けたものが特定の公益法人である場合には、その特定公益法人が、その寄付を受けてから2年を経過した日までに、特定の公益法人に該当しないこととなった時、又は、寄付を受けた財産を2年を経過した日において公益を目的とする事業の用に供していない時は、非課税の適用はありません（措法70②）。

④　手続要件

この特例の適用を受けるためには、相続税の申告期限までに寄付し、相続税の期限内申告書に特例の適用を受ける旨を記載して、適用を受ける寄付財産の明細書その他所定の必要書類を添付して、期限内に申告することが要件になっています（措法70、措規23の4②）。

(9) 相続財産等を申告期限までに特定公益信託に支出した場合の金銭
① 制度の概要

相続財産に属する金銭を、相続税の申告期限までに、一定の要件を満たす公益信託のうち、その目的が教育又は科学の振興、文化の向上、社会福祉への貢献等公益の増進に著しく寄与する特定公益信託の信託財産とするために支出された場合には、その支出した金銭は非課税財産となります。ただし、その支出したことによって、その支出した者又はその親族その他特別の関係にある人の相続税等負担が不当に減少する結果となると認められる場合には、非課税財産とは認められません（措法70③）。

② 特定公益信託の要件

施行令で定められたすべての要件を満たす公益信託であることについて、その公益信託の主務大臣の証明を受けた公益信託に限られます（措令40の4①②）。

③ 特例の対象となる特定公益信託の範囲

特定公益信託の目的が、施行令に掲げられている一又は二以上のものを目的とする特定公益信託で、その目的に関し相当と認められる業績が持続できることについて主務大臣の認定を受けたもので、認定を受けた日の翌日から5年を経過していないものに限られます（措令40の4③）。

④ 手続き要件

相続税の申告書に、この特例の適用を受けようとする旨を記載し、かつ、支出した財産の明細書及び所定の書類の添付がある場合に限られます（措法70⑤）。

(10) 相続税申告期限前に災害により被害を受けた相続財産

相続財産について相続税の申告書提出期限前に相続財産の価額の$\frac{1}{10}$以上

の災害による被害を受けた場合には、災害による被害を受けた部分の価額を差し引いて計算することができます（災害被害者に対する租税の減免、徴収猶予に関する法律6、災害被害者に対する租税の減免、徴収猶予等に関する法律の政令12①）。

なお、この特例を受けるためには、相続税申告書に、その旨、被害の状況及び被害を受けた部分の価額を記載しなければなりません（災害被害者に対する租税の減免、徴収猶予等に関する法律の政令12③）。

2．小規模宅地等の特例

被相続人の事業用宅地や居住用宅地は、被相続人が亡くなった後も相続人の生活の基盤となるものです。したがって相続の発生により、これらの生活基盤を失うことがないように、一定の要件のもと、その宅地等の評価額の80％又は50％を減額する特例設けられています。これを小規模宅地等についての相続税の課税価格の計算の特例といいます（措法69の4）。

利用区分と減額される割合は以下の様になっています。

相続開始の直前における宅地等の利用区分			要件	限度面積	減額される割合
被相続人等の事業の用に供されていた宅地等	貸付事業以外の事業用の宅地等		特定事業用宅地等に該当する宅地等	400㎡	80%
	貸付事業用の宅地	一定の法人に貸し付けられ、その法人の事業（貸付事業を除く）用の宅地等	特定同族会社事業用宅地等に該当する宅地等	400㎡	80%
			貸付事業用宅地等に該当する宅地等	200㎡	50%
		一定の法人に貸し付けられ、その法人の貸付事業用の宅地等	貸付事業用宅地等に該当する宅地等	200㎡	50%
		被相続人等の貸付事業用の宅地等	貸付事業用宅地等に該当する宅地等	200㎡	50%
被相続人等の居住の用に供されていた宅地等			特定居住用宅地等に該当する宅地等	240㎡	80%

適用要件等の詳細は、「第3部第1章2．自宅(3)節税手法」を参照して

ください。

3．債務控除

相続財産の取得者が被相続人の債務を承継して負担する時、又は被相続人の葬式費用を負担する時は、当該債務等を相続財産の価額から控除して計算することができます（相法13）。

(1) **債務**

① **債務の要件**

イ．相続開始の際現に存在するもので確実と認められるもの

相続開始の際現に存在するもので、確実と認められるものに限られます（相法14）。債務が確実かどうかについては書面があるかどうかは問いません。したがって、相続財産に関する費用は、相続開始後に発生するものであり、相続開始の際現に存在するものではありませんから債務控除できません（相基通13-2）。また、相続開始時において、消滅時効が成立している債務は確実と認められる債務には該当しません（相基通14-4）。

ロ．公租公課

被相続人の死亡時に債務の確定している金額以外に、被相続人に係わる国税で被相続人の死亡後相続人及び包括受遺者が納付し、又は徴収されることになった所得税等の額が含まれます。ただし、相続人及び包括受遺者の責めによる事由により納付又は徴収されることとなった延滞税、利子税等の各種の加算税は含まれません（相法14②、相令3）。

ハ．保証債務及び連帯債務

保証債務については原則として控除できません。ただし、主たる債務者が弁済不能の状態のため保証債務を履行しなければならない場合で、かつ、主たる債務者に求償して返還を受ける見込みがない場合には、主たる債務者が弁済不能の部分の金額は、保証債務者の債務として控除できます。連帯債務については、連帯債務者のうちで債務控除を受けようとする者の負担すべき金額が明らかな場合はその負担金額を控除するとともに、連帯債務者のうちに弁済不能の状態にある者がおり、かつ、求償しても弁済を受

ける見込みがなく、その弁済不能者の負担部分を負担しなければならないと認められる場合には、その負担しなければならない金額も控除できます(相基通14-3)。

② 債務控除の適用対象者

債務控除の適用対象者は、相続人と包括受遺者に限られています。相続人は被相続人の財産と債務を無制限に引き継ぎますから、債務控除の適用対象者となります。また、包括受遺者は、遺産に対して一定の割合を遺贈されることから、財産のほか債務もその割合に応じて負担することになります。そこで、包括受遺者についても債務控除の適用を認めています(相法13)。

③ 控除金額

控除できる債務金額は、相続人又は包括受遺者が実際に負担する金額で、相続人と包括受遺者の間で負担する金額が確定したらその金額を控除します。負担する金額が確定していない時には、民法900条から902条までの規定による相続分又は包括遺贈の割合に応じて負担する金額を計算することになります(相基通13-3)。

(2) 葬式費用

次の費用を葬式費用として控除を認めています(相基通13-4)。

- 葬式又は葬送に際し、又はこれらの前において、埋葬、火葬、納骨又は遺骸、遺骨の回送その他に要した費用(仮葬式と本葬式とを行う場合にはその両者の費用)
- 葬式に際して施与した金品で、被相続人の職業、財産その他の事情に照らし相当程度と認められるものに要した費用(戒名料、お布施、御経料等)
- 上記の他、葬式の前後に生じた出費で通常葬式に伴うものと認められるもの
- 死体の捜索又は死体若しくは遺骨の運搬に要した費用

反対に以下の費用は葬式費用として控除できません(相基通13-5)。

- 香典返戻費用

- 墓碑及び墓地の買入費、墓地の借入料
- 法会に要する費用
- 医学上又は裁判上の特別の処置に要した費用

第2章 税額計算時の節税策

　各人ごとの相続税額を算出するなかで、配偶者についてはこれまでの被相続人の遺産形成に対する貢献、被相続人の死亡後の生活保障等の見地から相続税額の大幅な軽減措置が取られています。また、未成年者については成年に達するまでの養育費の負担を、障害者については通常よりも生活費の負担が余分にかかることを考慮して一定の税額の軽減措置があります。

1．配偶者に対する相続税額の軽減

　被相続人の配偶者が財産を取得した場合においては、配偶者の相続開始後の生活保障、配偶者の遺産蓄積への寄与及び次の相続開始が遠からず起こることなどを配慮して、相続税額の軽減措置が講じられています。すなわち、配偶者が民法の法定相続分又は1億6,000万円のいずれか大きい金額の範囲内で財産を相続していれば、相続税の負担をゼロとする優遇規定を設けています（相法19の2）。

(1)　**適用要件**

①　**配偶者の範囲**

　配偶者は、その被相続人と婚姻の届出（民法739①）をしている者に限られ、事実上婚姻関係にある者であっても婚姻の届出をしていない内縁関係にある者は含まれません（相基通19の2-2）。

　被相続人の配偶者であれば、配偶者が制限納税義務者であっても適用があります（相基通19の2-1）。また、配偶者が相続を放棄した場合でも、配

偶者が遺贈により財産を取得した場合には適用があります（相基通19の2-3）。なお、制限納税義務者とは、相続又は遺贈により日本国内にある財産を取得した個人で、その財産を取得した時において日本国内に住所を有していない者をいいます。

② 申告要件

相続税の申告書（期限後申告書、修正申告書を含みます。）にその適用を受ける旨及び計算に関する明細を記載し、申告書に次の書類を添付して提出しなければなりません（相法19の2③、相規1の6③）。

- 戸籍の謄本（相続開始の10日を経過した日以降に作成のもの）
- 配偶者が財産を取得したことを証する次の書類（相基通19の2-18、19の2-19）
- 遺言書の写し、遺産分割協議書（その相続に関するすべての共同相続人及び包括受遺者が自署し、自己の印を押印しているもの）の写し（印鑑証明書添付）、その他財産の取得の状況を証する書類（生命保険金や退職金の支払通知書、財産が調停又は審判により分割されていれば調停調書又は審判書の謄本）

なお、相続税申告書を提出する際に、遺産の全部又は一部が分割されていない場合において、申告書提出後に分割される遺産について相続税額の軽減の適用を受けようとするときは、申告書にその旨並びに分割されていない事情及び分割の見込みの詳細を記載した書類（申告期限後3年以内の分割見込書）を添付しなければなりません（相規1の6②）。

(2) 配偶者の税額軽減額

① 税額軽減額の算式

配偶者の税額軽減額は次の算式により計算します。

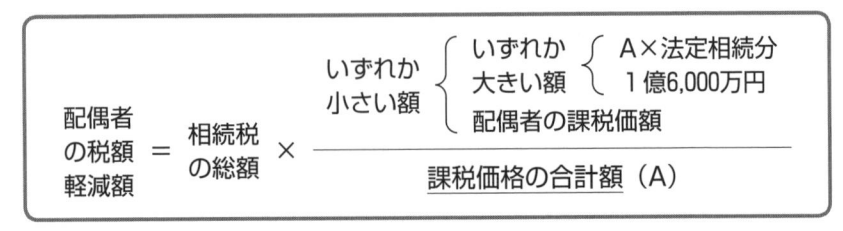

$$\text{配偶者の税額軽減額} = \text{相続税の総額} \times \frac{\text{いずれか小さい額}\begin{cases}\text{いずれか大きい額}\begin{cases}A \times \text{法定相続分}\\ 1億6,000万円\end{cases}\\ \text{配偶者の課税価額}\end{cases}}{\text{課税価格の合計額（A）}}$$

なお、上記の課税価格の合計額（A）に乗ずる法定相続分は次の割合になります。
- 法定相続人が配偶者と子である場合………… $\frac{1}{2}$
- 法定相続人が配偶者と親である場合………… $\frac{2}{3}$
- 法定相続人が配偶者と兄弟である場合……… $\frac{3}{4}$
- 法定相続人が配偶者のみである場合………… $\frac{1}{1}$

　税額軽減の計算の基礎となる財産には、原則として、相続税の期限内申告書の提出期限までに分割されていない財産は含まれません。したがって、その計算の基礎となる財産は、相続税申告期限までに分割、特定遺贈等により配偶者が実際に取得した財産になりますが、具体的には次の場合に配偶者が実際に取得した財産が該当します（相法19の2②、相基通19の2-4）。

　イ．相続税申告期限までに遺産分割により取得した財産
　ロ．単独相続により取得した財産
　ハ．特定遺贈により取得した財産
　ニ．相続開始前3年以内に被相続人から贈与により取得した財産で課税価格に算入されるもの
　ホ．生命保険金や退職金など相続や遺贈により取得したものとみなされる財産
　ヘ．相続税申告期限後3年以内に遺産分割により取得した財産
　ト．相続税申告期限後3年以内に分割できないやむを得ない事情があり税務署長の承認を受けた場合で、やむを得ない事情がなくなった後4か月以内に遺産分割により取得した財産

　上記ヘ及びトの場合には、分割が行われた日の翌日から4か月以内に相続税の更正の請求ができ（相法32六）、その更正の請求によって配偶者の税額軽減が適用されます。

② **留意事項**
　配偶者の税額軽減の計算の基礎となる財産に、仮装隠ぺいがあった場合

には仮装隠ぺい額については税額軽減の対象となりませんので注意が必要です。

　すなわち、相続税の納税義務者（配偶者だけでなくその被相続人から相続又は遺贈により財産を取得したすべての相続人又は受遺者を含みます。）が、被相続人の配偶者の課税価格の計算の基礎となる事実の全部又は一部を隠ぺいし、又は仮装し、これに基づいて相続税の申告書を提出し、又は提出していなかった場合において、その配偶者が相続税の税務調査があったこと等により期限後申告書又は修正申告書を提出するときは、配偶者の税額軽減額の計算は次の計算によります（相法19の2⑤）。

期限後申告・修正申告書を提出するときの配偶者の税額軽減額 ＝ 期限後申告・修正申告の相続税の総額（配偶者が行った仮装隠ぺい相当額を課税価格の合計額に含まないものとして計算したもの） × 課税価格の合計額（仮装・隠ぺいの金額を除く）のうち配偶者の法定相続分相当額（1億6,000万円に満たない場合には1億6,000万円）と配偶者の実際取得価額（仮装・隠ぺいの金額を除く）とのうちいずれか少ない方の金額 ／ 期限後申告・修正申告の課税価格の合計額（配偶者が行った仮装・隠ぺい相当額を除く）

2．未成年者に対する相続税額の軽減

　相続人に未成年者があるときは、その後の養育費の負担分等を考慮して、未成年者が納付すべき相続税額のうち、その年齢に応じて相続税額の一定額が免除されます（相法19の3）。

(1) **適用要件**

　未成年者控除を受けられるのは、次のすべての要件に当てはまる必要があります。
　① 相続や遺贈で財産を取得した時に日本国内に住所がある人、又は日本国内に住所がなくとも次のいずれにも該当する人
　　イ．その人が日本国籍を有している

ロ．その人又は被相続人が相続開始前5年以内に日本国内に住所を有したことがある
② 相続や遺贈で財産を取得した時に20歳未満である人
③ 相続や遺贈で財産を取得した人が法定相続人（相続の放棄があった場合には、その放棄がなかったものとした場合における相続人）であること

(2) 未成年者控除の税額軽減額

未成年者控除の税額軽減額は次の算式により計算します。

> 未成年者控除額 ＝ 満20歳までの年数（注）× 6万円

（注）年数の計算に当たっては、1年未満の端数は切り上げて計算します。

3．障害者に対する相続税額の軽減

相続人に85歳未満の障害者があるときは、通常よりも生活費が余分に必要とされることを考慮して、納付すべき相続税額のうち、その年齢に応じて相続税額の一定額が免除されます（相法19の4）。

(1) 適用要件

障害者控除を受けられるのは、次のすべての要件に当てはまる必要があります。
① 相続や遺贈で財産を取得した時に日本国内に住所がある人
② 相続や遺贈で財産を取得した時に85歳未満で、障害者である人
③ 相続や遺贈で財産を取得した人が法定相続人（相続の放棄があった場合には、その放棄がなかったものとした場合における相続人）であること

(2) 障害者控除の税額軽減額

障害者控除の税額軽減額は次の算式により計算します。

> 障害者控除額 ＝ 満85歳までの年数（注1）× 6万円（注2）

（注1）年数の計算に当たっては、1年未満の端数は切り上げて計算します。
（注2）特別障害者については12万円

第3章 税額の納付時の節税策

　相続発生後に被相続人の事業を引き続き継続していくことができる後継者がいる場合でも、高額な相続税額が発生したことにより納税資金を確保できず、事業自体や事業用不動産等の売却の結果、事業の継続性が失われることは社会的に望ましくありません。
　そこで、非上場会社の経営、農業経営及び山林経営の後継者がいる場合の相続において、納税が猶予される特例があります。

1．非上場株式の納税猶予の特例

　経済産業大臣の認定を受けることによって、後継者である相続人等が現在の経営者である被相続人から取得し、相続等で株式等をその会社を経営していく場合には、その後継者が納付すべき相続税のうち、限定される部分はありますが、その株式等に係る課税価格の80％に対応する相続税の納税が猶予されます。詳細については、「第3部第4章1．基本的評価方法(4)納税資金対策」を参照してください。

2．農地の納税猶予の特例

　農業を営んでいた被相続人又は特定貸付けを行っていた被相続人から相続人が一定の農地等を相続し、農業を営む場合又は特定貸付けを行う場合には、農地等の価額のうち農業投資価格による価額を超える部分に対応する相続税額については、その相続した農地等について相続人が農業を営んでいる又は特定貸付けを行っている限り、その納税が猶予されます。詳細については、「第3部第1章7．農地(3)納税資金対策」を参照してください。

3．山林の納税猶予の特例

　平成24年4月1日以降に相続又は遺贈により取得する山林について、一定の要件を満たす場合に相続税の納税が猶予される制度が新設されました。

　これは、森林法に基づき山林経営の規模の拡大の目標及びその目標を達成するために必要な作業路網の整備などの措置を記載した森林経営計画の認定を市町村長等より受け、その計画に従って山林経営を行ってきた被相続人の所有する山林（土地又は立木。以下同じ。）のすべてを相続人のうち一人が相続又は遺贈により取得し、引き続きその計画に従って山林経営を行う場合には、その相続人が納付すべき相続税のうち、その山林の価額の80％に対応する相続税の納税が猶予されます。詳細については、「第3部第1章8．山林(3)納税資金対策」を参照してください。

第4章 相続前の節税策

　第3章までは相続発生後における減税対策について記載してきましたが、実際には相続発生前に生前贈与を行ったり、財産所有者を移転していったりすることで有効な相続税対策が行えます。

　以下においては、贈与税の控除枠の活用、相続時精算課税、住宅取得資金の贈与による非課税枠の利用による相続税対策、財産所有者を変更する場合における留意事項についてみていきます。

1．贈与税の配偶者控除

(1) 概要

　贈与税の配偶者控除とは、相続税節税対策上必須の制度です。
　婚姻期間が20年以上である配偶者から居住用不動産又は居住用不動産を

取得するための金銭を贈与により取得した場合には、その財産に係る贈与税の課税価格から2,000万円までの金額を配偶者控除として控除するというものです（相法21の6）。

(2) 贈与税の配偶者控除の計算

この贈与税の配偶者控除は、贈与税の基礎控除（年110万円）との併用ができるため、他に贈与財産がないとすれば、贈与税の課税価格から配偶者控除の額及び基礎控除の額が控除できるため、最大年間2,110万円まで配偶者の贈与ができることになります。

また、贈与税の配偶者控除の適用を受けた居住用財産等がその後において相続税の課税とならないよう配慮されていることから、相続税の課税価格に加算される相続開始前3年以内の贈与財産の価額（相法19）から贈与税の配偶者控除を受けた財産に係る控除額相当額（最大2,000万円）を除外することになっています。つまり、贈与税の配偶者控除を適用できれば、配偶者に移転した居住用財産等のうち最大2,000万円は、相続税法上完全に相続財産から減額されることになるのです。

●計算事例

配偶者から居住用の土地1,575万円（持分$\frac{1}{2}$）と家屋925万円（持分$\frac{1}{2}$）を贈与により取得し居住の用に供した場合

控除対象となる財産の価額　2,500万円（＝1,575万円＋925万円）

配偶者控除の額　2,500万円のうちの2,000万円

贈与税対象価格　2,500万円－配偶者控除の額2,000万円－基礎控除の額
　　　　　　　　110万円＝390万円

贈与税の額　390万円×20％－25万円＝53万円

（注）相続税の課税価格に加算されない金額は最大額の2,000万円で、上記贈与が3年内贈与財産に該当すれば、その価額は390万円と110万円の合計500万円です。

(3) 配偶者控除の適用要件と適用上の留意事項

贈与税の配偶者控除を適用するには、次の３要件が必要です。

なお、贈与税の配偶者控除の適用は１回限りです。その年の前年以前のいずれかの年において贈与により当該配偶者から取得した財産に係る贈与税につき、贈与税の配偶者控除の適用を受けているときは重複してこの制度を適用することはできません。つまり、原則として同一人については一生に一度しかその適用はありません（相基通21の6-8）。

例えば、配偶者控除額は最大2,000万円となっていますが、最初の年に1,500万円を適用し、その後500万円を適用することはできません。

贈与税の配偶者控除：適用要件
1．婚姻期間が20年以上の配偶者からの贈与
2．居住の用に供する土地等・家屋又は金銭の取得
3．取得後翌年の３月15日までに、居住の用に供し、かつ、引き続き居住する見込みがあること

---

① 婚姻期間

まず、贈与者が、婚姻期間が20年以上である配偶者に該当するか否かの判定が必要です。婚姻の届出（民法739①）があった日から居住用不動産又は金銭の贈与があった日までの期間が20年以上でなければなりません（相法21の6①④、相令4の6）。なお、婚姻期間を計算する場合において、婚姻期間に１年未満の端数があるときであっても、その端数は切り上げないものとされています（相基通21の6-7）。

② 居住用不動産等

控除の対象となる居住用不動産等は、贈与により取得した居住の用に供する土地（土地の上に存する権利を含む）及び家屋並びに土地・家屋を取得するための金銭とされています（相法21の6①）。取得には家屋の増築を含み（相基通21の6-4）、居住用不動産は日本国内に所在するものに限られています。なお、居住用不動産と居住用不動産以外の財産を取得した場合には、その金銭はまず居住用不動産の取得に当てられたものとすることが

できます（相基通21の6-5）。

　居住用以外の例えば、事業用・店舗用に供されている部分があれば、居住用以外の部分はこの制度の対象外となります。ただし、居住の用に供している部分の面積が、その土地等又は家屋の面積のそれぞれおおむね$\frac{9}{10}$以上であるときは、その土地等又は家屋の全部を居住用不動産とすることになっています（相基通21の6-1）。

　土地等又は家屋の面積のそれぞれおおむね$\frac{9}{10}$未満であるときは、原則として、居住の用に供している部分の割合にその贈与を受けた持分の割合を乗じて計算した部分が居住用不動産に該当します（相基通21の6-3）。ただし、特例として、店舗兼住宅等の贈与を受けた持分の割合が、店舗兼住宅等の居住の用に供している部分の割合以下である場合において、その贈与を受けた持分の割合に対応するその店舗兼住宅等の部分を居住用不動産に該当するものと申告があったときは、配偶者控除の規定の適用上、これを認めることとされています（相基通21の6-3但書）。

　例えば、家屋全体のうちに占める居住用部分が$\frac{3}{4}$であり、贈与を受けた割合が全体の$\frac{2}{3}$であれば、原則法では$\frac{3}{4}$に$\frac{2}{3}$を乗じた$\frac{1}{2}$（$=\frac{3}{4}\times\frac{2}{3}$）となります。特例では、贈与を受けた持分の割合$\frac{2}{3}$は店舗兼住宅等の居住の用に供している部分の割合$\frac{3}{4}$以下ですから、$\frac{2}{3}$が配偶者控除の要件を満たす居住用不動産に該当します。

　この制度の適用を受けるには、家屋の取得が必要となっていますが、土地等のみの取得のときには、その家屋の所有者がその受贈配偶者の配偶者又は受贈配偶者と同居するその者の親族であれば、この制度の適用を受けることができます（相基通21の6-1）。

③　居住開始

　居住開始の要件とは、居住用不動産の贈与では、居住用不動産の取得をした日の属する年の翌年3月15日までにその居住用不動産を居住の用に供し、かつ、その後引き続き居住の用に供する見込みであることです。また、金銭の贈与にあっては、金銭の取得後翌年の3月15日までに、居住用不動産を取得して居住の用に供し、かつ、その後引き続き居住の用に供する見

込みであることです（相法21の6①）。

> **贈与税の配偶者控除適用上のポイント**
> ● 原則として一生に一度の適用
> ● 配偶者控除の不足額を翌年以降に繰り越すことができない
> ● 居住用以外の部分がある不動産は原則として居住用部分のみ適用可能
> ● 土地等のみを取得したときも適用できる

(4) 税務署への提出書類

　贈与税の申告書又は更正請求書に、配偶者控除額その他控除に関する事項を記載し、控除を受けようとする年の前年以前の各年分の贈与税について贈与税の配偶者控除を受けていない旨を記載した書類があり、戸籍の謄本又は戸籍の附票の写し・居住用不動産に関する登記事項証明書・住民票の写しの添付があることが必要です（相法21の6②、相規9）。

　なお、申告書又は更正請求書の提出時に戸籍の謄本等書類の添付がなかったことについてやむを得ない事情があると認めるときは、その書類の提出があった場合に限り、配偶者控除の適用を受けることができます（相法21の6③）。

2．相続時精算課税

(1) 概要

　贈与税は生前贈与を通じた相続税の課税回避の防止を図るために、相続税に比べて高い税負担となっています。贈与税のこのような性格のために、高齢者からの資産移転を阻害する方向に働いています。高齢者の保有する資産が現在より早い時期に次世代に移転できれば、経済社会の活性化につながることが期待されています。

　このような背景から、生前贈与の円滑化に効果があり、生前贈与と相続との間で資産移転の時期を選択できる制度として、相続税と贈与税の一体的措置として相続時精算課税制度が導入されました。ただし、相続時精算

課税の選択は任意であり、要件を満たしても必ず適用しなければならないものではありません。

相続時精算課税とは、特定の親子間の資産移転（65歳以上の親から20歳以上の子・孫への贈与）について、贈与時には相続時精算課税に係る贈与税を納付します。その贈与税は特別控除額が累積2,500万円あり、特別控除額を超える金額について一律20％の税率で贈与税を納付することになっています。その後、その贈与をした者の相続開始時には、相続又は遺贈により取得した財産に相続税精算課税制度に係る贈与により取得した財産を加算した（相法21の15①、21の16③）課税価格を基に計算した相続税を納付します。この財産の価額は贈与時の時価となっています。また、贈与税が課されているかどうかを問わないことになっています（相基通21の15-1、21の15-2）。課せられている贈与税の額があるときは、その相続税額は相続時精算課税制度に係る贈与税額を控除した金額を納付することになります。また、贈与税が相続税を上回る場合には還付を受けることができます（相法21の15③、21の16④）。

特定贈与者の死亡に係る遺産額に相続時精算課税制度の適用を受ける贈与により取得した財産の価額を加算しても、相続税の基礎控除に満たない場合には、相続税の申告の必要はありません。

このように親子間などの資産移転に関して、贈与税・相続税を通じて納税するようにできる制度が相続時精算課税です。特定贈与者の死亡前に相続時精算課税適用者が死亡した場合には、相続時精算課税適用者の相続人がその適用者が有していた権利又は義務を承継します（相法21の17）。

なお、基本的な贈与税の暦年課税と相続時精算課税の差異は次のとおりです。

	暦年単位課税	相続時精算課税
贈与者	制限なし	65歳以上の親
受贈者	制限なし	贈与者の直系卑属である20歳以上の推定相続人（子が亡くなっているときには20歳以上の孫を含みます）
選択	強制適用	選択必要
課税時期	贈与時（その時点の時価で課税）	贈与時（その時点の時価で課税）
課税価格	暦年単位	選択年度以後の贈与総計
控除	基礎控除（毎年）：110万円	特別控除（限度額まで複数回利用可）：2,500万円
税率	10%から50%（6段階）	一律20%
相続時	―	贈与財産を贈与時の時価で相続財産に合算

（注）住宅取得資金等の贈与に限り、贈与者の年齢要件が撤廃されています。

(2) 相続時精算課税に係る贈与税の計算

相続時精算課税制度では、2,500万円の非課税枠（相法21の12）があります。この非課税枠を超える部分について、税率20%を乗じて贈与税を計算するというものです（相法21の13）。ただ、暦年単位課税の基礎控除110万円（相法21の5、措法72の2の2①）の適用はありません（相法21の11）。

> ●計算事例1
> すべての適用要件を満たし、はじめて相続時精算課税制度を利用して3,000万円の贈与をした場合の贈与税の金額
> 贈与税納付税額＝500万円（＝3,000万円－2,500万円）×20％＝100万円

また、受贈者一人について、非課税枠2,500万円はこの累計限度額まで何年でも非課税措置の適用ができます。

●計算事例2

　父から長男に平成24年度に1,000万円、平成25年度800万円、平成26年度1,200万円の贈与があり、平成24年度の贈与税の申告期間内に相続時精算課税選択届出書を提出する。これら3年間の贈与のほかには贈与なく、贈与者・受贈者の要件を満たしている。

　各年度の贈与税は次のとおりである。

　平成24年度：1,000万円＜2,500万円…贈与税納付なし

　平成25年度：1,800万円（＝1,000万円＋800万円）＜2,500万円
　　　　　　　…贈与税納付なし

　平成26年度：3,000万円（＝1,000万円＋800万円＋1,200万円）＞2,500万円
　　　　　　　…贈与税納付

　　贈与税納付税額＝500万円（＝3,000万円－2,500万円）×20％＝100万円

　3,000万円の贈与で100万円の贈与税の納付となる。

（注）平成27年度以後贈与（父⇒長男）があれば、金額如何を問わず20％の税率で贈与税計算

　この相続時精算課税制度は特定贈与者ごとに課税価格を計算するため、贈与者が変われば、受贈者には別途2,500万円の非課税枠ができます（相法21の10、21の12①）。例えば、父及び母から子に対し贈与があるとき、非課税枠は合わせて5,000万円となります。一般の暦年単位課税では、課税価格は受贈者一人につき1つであったことに比べ大きな違いがあります。

　なお一般の暦年単位課税と同様、子供が複数人いれば、その子供ごとに、非課税枠を利用することができます。例えば、子供が2人いれば最大1億円、3人いれば最大1億5,000万円が相続時精算課税の非課税枠となります。

　相続時精算課税制度は、各受贈者が贈与者ごとに行うものですから、例えば、長男が父からの贈与について相続時精算課税を選択しても、母からの贈与については暦年単位の課税を適用できますし、また次男は父からの贈与について暦年単位の課税を選択することもできます（相法21の10）。

(3) 相続時精算課税の要件と適用上の留意事項

　相続時精算課税を適用できる贈与者及び受贈者の要件は次のとおりです。
　この要件を満たす特定贈与者から要件を満たす相続時精算課税選択者（受贈者）への贈与であることが相続時精算課税の適用要件となっています。これのみが実質的な適用要件です。制度上、贈与財産の種類、贈与金額、贈与回数に制限はありません。

① 贈与者

　特定贈与者となるには、その贈与の年の1月1日において65歳以上の者でなければなりません。将来の相続関係が推定されることが基本で、戸籍上の関係が必要です（相法21の9①）。

　相続時精算課税に係る贈与税の特別控除2,500万円は贈与者一人当たり適用可能で、例えば父及び母から贈与するのであれば、最大5,000万円の特別控除が認められます。また、特別控除を超えた金額に対する贈与税の税率は一律20％を用いて計算するため、一般の贈与税率に比べ大幅に低い贈与税額での贈与ができます。

　また、贈与財産の種類、回数、金額に制限がなく、贈与者ごとに適用可能です。

　ただし、相続時精算課税は相続税と贈与税の一体措置であるため、この制度を利用して取得した贈与財産をすべて相続税の課税価格に加算しなければなりません。したがって、この制度によって贈与税が課せられないからといって、相続税がかからない保証はありません。総合的な相続税の節税になるかは被相続人の財産状況によって変わります。相続時精算課税は相続税・贈与税の一体化措置ですから、相続税の節税のみに利用することはできないと考えた方がいいかもしれません。

　なお、贈与税の期限内申告書に相続時精算課税届出書を添付して提出しなければならず、いったん提出した届出書の撤回はできません。申告管理上の負担が暦年単位課税より大きいといえます。その制度は相続時までの継続適用となり、本制度に係る受贈財産について長期にわたる管理が必要になります。非課税枠の限度内であっても同様です。

② **受贈者**

相続時精算課税選択者となるには、その贈与をした者の推定相続人である直系卑属又は贈与をした者の子が亡くなっているときの孫のうち、その年の1月1日において20歳以上の者に限られています（相法21の9①）。

相続時精算課税適用上のポイント

- 強行規定ではなく納税者の選択によるもの
- 各受贈者が贈与者ごとに行う（長男が父からの贈与について相続時精算課税を選択しても、母からの贈与については暦年単位の課税を適用できる。また次男は父からの贈与について暦年単位の課税を選択することもできる）（相法21の10）
- 受贈者は贈与者ごとに非課税枠が利用できる
- 申告管理上の負担が暦年単位課税より重い（相続時までの継続適用となり、本制度に係る受贈財産について長期にわたる管理が必要になる、非課税枠の限度内であっても申告が義務付けられる）
- 暦年単位課税の基礎控除（110万円）を超える贈与を受ける見込みのないもの等にとってはメリットがない
- 年中に65歳又は20歳に達する者は対象にならず
- 推定相続人とは、贈与をした日現在において最優先順位の相続権（代襲相続権を含む）を有するもの（相基通21の9-1）
- 配偶者は卑属ではなく受贈者に含まれないが、代襲相続人は含まれる
- 推定相続人に当たるかどうかは贈与の時において行う
- 養子（養子の数など）に関する制限は設けられていない

(4) **税務署への提出書類**

相続時精算課税の適用を受けようとする受贈者は、通常、贈与を受けた財産に係る贈与税の申告期間内（翌年の2月1日から3月15日まで）に選択しようとする贈与をした者ごとに、相続時精算課税選択届出書を贈与税の申告書に添付して贈与税の納税地の所轄税務署長に提出しなければなりません（相法21の9②、相令5①、相基通21の9-3）。

一度選択届出書を提出し相続時精算課税制度の適用を受けた者は、以後、いかなる場合であってもその撤回をすることはできません（相法21の9⑥）。最初に適用しようとする年分について提出すれば、以後の贈与があった各年において提出する必要はありません。

また、2,500万円という贈与税の特別控除の適用を受けるには、期限内申告書に、控除を受ける金額、特定受贈者に係る贈与税の課税価格及び贈与税額その他の贈与税に額の計算に関する明細などを記載しなければなりません（相基通21の12-1、相規12）。

相続時精算課税選択届出書に、受贈者の戸籍の謄本又は抄本及び戸籍の附表の写し等と贈与者の住民票の写し等の書類を添付することになっています（相令5②、相規11①）。

3．住宅取得等資金の贈与

(1) 概要

住宅取得等資金の贈与に関して、「直系尊属から住宅取得等の贈与を受けた場合の贈与税の非課税」（措法70の2）と「特定の贈与者から住宅取得等資金の贈与を受けた場合の相続時精算課税の特例」（措法70の3）の二つの重要な制度があります。

① 非課税制度

平成24年1月1日から平成26年12月31日までの間に、20歳以上であって当該年分の合計所得金額が2,000万円以下である者がその直系尊属である者から受ける住宅取得等のための金銭の贈与については、平成25年中の贈与の場合は省エネ等住宅については1,200万円まで、その他の住宅については700万円まで贈与税の課税価格に算入しないという特例です。

この非課税限度額はその住宅取得等資金の贈与者の死亡に係る相続税の課税価格の計算の基礎に算入されません（措法70の2③）。

また、特定の贈与者から住宅取得等資金の贈与を受けた場合の相続時精算課税の特例との併用可能です（措法70の3）。したがって、平成25年中に特定贈与者が贈与により取得した省エネ等住宅の取得等資金の金額が

1,200万円を超える場合には、その超える部分については、暦年単位課税の基礎控除（110万円）（相法21の5、措法70の2の2）又は相続時精算課税制度に係る特別控除（2,500万円）（措法70の3）の対象となります。

② 相続時精算課税

　住宅の取得又は増改築に充てるための資金の贈与を受ける場合、通常の相続時精算課税の要件を一部緩和しています。一般の相続時精算課税制度では贈与者の年齢制限を65歳以上としていますが、住宅取得等資金の場合、その年の1月1日において65歳未満の親からその資金の贈与を受けた場合についても相続時精算課税制度を選択することができます（措法70の3）。ただ資金使途が、住宅の新築・取得又は増改築に限られています。

(2) **住宅取得等資金に係る贈与税額の計算**

　住宅取得等資金に係る贈与税の非課税限度額は、以下のようになっています。

住宅の種類＼贈与年分	平成25年	平成26年
省エネ等住宅（注）	1,200万円	1,000万円
上記以外の住宅	700万円	500万円

（注）省エネ等住宅

　　省エネ等基準（省エネルギー対策等級4相当であること、耐震等級2以上であること、または免震建築物であること）に適合する住宅用の家屋であることにつき、次のいずれかの証明書などを贈与税の申告書に添付することにより証明がされたものをいいます。

証明書等の種類	証明対象の家屋
住宅性能証明書	①新築をした住宅用の家屋 ②建築後使用されたことのない住宅用の家屋
建築住宅性能評価書の写し	③建築後使用されたことのある住宅用の家屋（※1） ④増改築等をした住宅用の家屋（※2）
長期優良住宅認定通知書の写し及び認定長期優良住宅建築証明書など	①新築をした住宅用の家屋 ②建築後使用されたことのない住宅用の家屋

（※1）その取得の日前2年以内又は取得の日以降にその証明のための家屋の調査が終了した又は評価されたものに限ります。

(※2) 省エネ等基準に適合させるための工事であることについての証明がされた「増改築等工事証明書」を、「住宅性能証明書」又は「建設住宅性能評価書の写し」に代えることができます。

　住宅取得等資金の非課税限度額を超える資金の贈与があれば、暦年単位課税又は相続時精算課税を選択できます。
① 相続時精算課税選択

> **計算事例1**
> 平成25年に4,300万円の省エネ等住宅の取得等資金の贈与を受けました。
> その他の適用要件を満たしている場合、はじめて相続時精算課税制度を適用した場合の贈与税の金額
>
> 贈与税納付税額
> 600万円(=4,300万円-(1,200万円+2,500万円))×20%=120万円

② 暦年単位課税選択
　暦年単位課税を選択すると、省エネ等住宅の取得等資金の非課税枠1,200万円（平成25年度）と暦年単位課税

> **計算事例2**
> 平成25年に2,300万円の省エネ等住宅の取得等資金の贈与を受けました。
> その他の適用要件を満たしている場合の贈与税の金額
>
> 贈与税納付税額
> 990万円(=2,300万円-(1,200万円+110万円))×40%-125万円=271万円

(3) 住宅取得等資金の贈与特例の要件と適用上の留意事項

① 贈与者

イ．非課税特例

　直系尊属から特定受贈者への贈与が対象です。父母から子、祖父母から孫への贈与だけでなく、例えば曾祖父母から曾孫への贈与も可能です（措法70の2①）。

　直系尊属には、受贈者の養親及びその養親の直系尊属は含まれますが、受贈者の配偶者の直系尊属、養子縁組前に出生した子である場合のその父母の養親及びその養親の直系尊属、特別養子縁組による養子である場合の実方の父母及び実方の直系尊属は含まれません（措通70の2-1）。

ロ．相続時精算課税

　住宅取得等資金に係る相続時精算課税制度の特例により、65歳未満の推定被相続人からの贈与も対象となります。なお、65歳以上の者からの贈与に関しては、通常の相続時精算課税の適用を受けることができます（相法21の9①）。

② 受贈者

イ．非課税特例

　受贈者は、住宅取得等資金の贈与を受けた日の属する年の1月1日において20歳以上であって、合計所得金額が2,000万円以下である者をいいます（措法70の2②）。

　なお、住宅取得等資金の取得時に国内に住所を有するものが原則となりますが、国内に住所を有しないものでも受贈者又は贈与者が贈与前5年以内のいずれかの時において国内に住所を有していれば、受贈者はこの特例の適用対象者となります。

ロ．相続時精算課税

　受贈者は、住宅取得等資金の贈与を受けた日の属する年の1月1日において20歳以上であって、贈与をした者の直系卑属である推定相続人である者をいいます（措法70の3③）。この課税において受贈者の所得要件はありません。

なお、国内住所等要件はイの非課税特例と同様です。

ハ．住宅用家屋等と土地

　住宅取得等資金の非課税特例及び相続時精算課税の対象となる住宅用家屋等は同様の要件となっています（措法70の2②、70の3③）。また、その詳細にあたる非課税特例（措令40の4の2①②③、措規23の5の2③④⑤）及び相続時精算課税（措令40の5①②③、措規23の6③④⑤）とも同様の要件となっています。

　住宅用家屋等は新築住宅用家屋、既存住宅用家屋、住宅の増改築等に分類されています。いずれも、受贈者が居住する国内にある家屋（50㎡以上240㎡以下）で、その床面積の$\frac{1}{2}$以上が専ら居住の用に供されるものに限られています。受贈者が居住の用に供する家屋が2以上あるときは、その者が主としてその居住の用に供すると認められる一の家屋に限られています（措令40の4の2、40の5）。

　既存住宅用家屋には建築時期（例えば、耐火建築物では25年以内）の要件、増改築等には工事代100万円以上の要件があります。

　住宅用家屋の新築又は新築後使用されたことのない住宅用家屋の取得には、それらと同時に取得するそれぞれの敷地の用に供する土地の取得を含みます（措法70の2①一、70の3①一）。この場合、新築に先行してする土地等の取得を含みます。

　既存住宅用家屋についても、先行取得の土地以外の要件は同様です（措法70の2①二、70の3①二）。

ニ．贈与資金使途

　贈与資金の使途も住宅取得等資金の非課税特例及び相続時精算課税ともに同様の要件です。

　新築住宅用家屋、既存住宅用家屋、住宅の増改築等の取得の対価に充てるための金銭をいいます（措法70の2②五、70の3③五）。また、これらと同時に取得する土地等（先行取得分含む）の取得を含み、新築に先行してするその敷地の用に供されることとなる土地等の取得も含みます。

　ただし、受贈者と特別の関係がある者との請負契約等に基づき新築若し

くは増改築をする場合、又は特別の関係がある者から取得する場合には、住宅取得等資金に該当しません。特別の関係がある者とは、受贈者の配偶者・直系血族、受贈者の親族で生計を一にしているもの等をいいます（措令40の4の2⑤、40の5⑤）。

なお、贈与資金の所在については国内・国外共に制限はありません（措通70の2-4、70の3-3）。

ホ．取得・居住

贈与資金の使途も住宅取得等資金の非課税特例及び相続時精算課税ともに同様の要件で、受贈者が住宅用家屋等を「取得した日」とその家屋の「居住の用に供した日」に留意することになります。

まず、受贈者が、原則として贈与により住宅取得等資金の取得をした日の属する年の翌年3月15日までに、住宅用家屋等を取得し、その日までに居住の用に供していることです。その日までに居住の用に供していなくても、その日後遅滞なく居住の用に供することが確実であると見込まれなければなりません（措法70の2①、70の3①）。

つまり、新築住宅用家屋や既存住宅用家屋を贈与年の翌年の3月15日までに取得するか、その日までに増改築等を行う必要があります。すなわち、いったん贈与を受けてしまうと贈与年の翌年の3月15日までに住宅用家屋を取得しなければならないため、例えば、12月に資金贈与を受けてしまうと住宅用家屋の取得まで時間が短くなり、不測の事態で住宅用家屋の取得ができなかった場合には非課税特例が適用できないことになるので、基本的には住宅用家屋の取得の直前に資金贈与を受けるのが賢明といえます。

新築住宅用家屋や既存住宅用家屋の取得とは、売主から住宅用家屋の引き渡しを受けたことをいいます。ただ、建売住宅や分譲マンションについて売買契約が締結されていても、建物が新築に準ずる状態にある場合であっても、その引き渡しを受けていない限り、住宅用家屋の取得には該当しません（措通70の2-8、70の3-8）。受贈者が住宅用家屋を請負契約締結し新築するときには、この新築には新築に準ずる状態（棟上げを了した以降の状態）を含みます（措規23の5の2、23の6）。新築の時と取得の時では棟上げ

や引き渡しでそれらの間に時期の相違が発生します。

　また、居住の用に供することが確実であると見込まれるときも住宅取得等資金の非課税特例及び相続時精算課税の適用ができますが、住宅取得等資金の取得をした日の属する年の翌年の12月31日までに居住の用に供していなかったときはこの非課税特例等の適用はできず、修正申告書を提出しなければなりません（措法70の2④、70の3④）。遅滞なく居住の用に供する期限は12月31日といえるかもしれません。

　なお、転勤、転地療養その他のやむを得ない事情により、配偶者、扶養親族その他と日常の起居を共にしていない場合において、その者と生計を一にする親族が居住の用に供し、又は居住の用に供することが確実であると見込まれているとき、そのやむを得ない事情が解消した後はともにその住宅用家屋等に居住することとなると認められるときは、この要件を満たすと取り扱われています（措通70の2-2、70の3-1）。

ヘ．申告期限
　ⅰ）非課税特例
　　　贈与税の期限内申告書に、その適用を受けようとする旨を記載し、住宅取得等資金の場合に応じて定める書類を添付した場合に限り適用されます（措法70の2⑦）。なお、税務署長は、その旨の記載又は添付がない贈与税の申告書の提出があった場合において、やむを得ない事情があると認めるときは、その後にその旨の記載又は書類の提出があった場合に限り、この特例を適用することができる宥恕条項があります（措法70の2⑧）。修正申告又は更正による贈与税についても同様です（措通70の2-15）。期限後申告又は決定による贈与税については、この特例の適用はありません。

　ⅱ）相続時精算課税
　　　贈与税の期限内申告書に、この特例の適用を受けようとする旨を記載し、相続時精算課税選択届出書、計算の明細書その他の必要書類を添付して、納税地の所轄税務署長に提出しなければなりません（措法70の3⑦、措規23の6⑥）。なお、これらの書類は住宅資金贈与者ごとに

作成します（措令40の5⑥）。

　期限内申告でなくてはならず、期限後申告、修正申告、更正又は決定においては、この特例の適用がないこととされています（措通70の3－15）。

上記の適用要件をまとめると次表のとおりです。

制　度	直系尊属から住宅取得等資金の贈与を受けた場合の贈与税の非課税（措法70の2）	特定の贈与者から住宅取得等資金の贈与を受けた場合の相続時精算課税の特例（措法70の3）
贈与者	特定受贈者の直系尊属（父母、祖父母、養父母等、曽祖父母など）	推定被相続人（父母、養父母等）、祖父母
特定受贈者	①原則、国内に住所、②贈与者の直系卑属、③贈与年1月1日において20歳以上、④贈与年合計所得金額2,000万円以下	①原則、国内に住所、②贈与者の直系卑属である推定相続人・孫、③贈与年1月1日において20歳以上
贈与資金	住宅用家屋等と同時に取得する土地等（先行取得分含む）の対価に充てる（特定受贈者と特別の関係があるものとの請負契約に基づく新築等を除く）	
住宅用家屋	①新築住宅用家屋等、②既存住宅用家屋、③住宅の増改築	
居住	贈与により取得した資金により翌年3月15日までに新築するか取得し、その日までに居住の用に供すること又はその日後遅滞なく居住の用に供することが確実	
申告期限	期限内申告（宥恕規定あり）	期限内申告のみ

ト．税務署への提出書類

　ⅰ）非課税特例

　　住宅取得等資金の非課税特例の適用を受けようとする受贈者は、通常、贈与税の期限内申告書に、その適用を受けようとする旨を記載し、下記の書類を添付しなければなりません（措法70の2⑦）。期限後申告又は決定による贈与税についてこの特例の適用はありません（措通70の2-15）。

　　例えば、贈与年の翌年3月15日までに取得し、居住の用に供した場合には、次の書類等が必要です（措規23の5の2⑥一イ・二イ・三イ）。

- 贈与税に額に計算に関する明細書（記載事項：住宅取得等資金の贈与を受けた日、資金の額、資金のうちこの特例の適用を受ける部分の金額、贈与をした者との続柄）
- 特定受贈者の戸籍の謄本等
- 特定受贈者の適用年分の合計所得金額を明らかにする書類
- 住民票の写し（居住の用に供した日以後作成）
- 住宅用家屋・土地の登記事項証明書
- 特定の関係がある者以外との請負契約等

ⅱ）相続時精算課税

　住宅取得等資金の相続時精算課税（措法70の3⑦）の適用を受けようとする受贈者は、通常、贈与税の期限内申告書に、書類を添付しなければなりません。

　例えば、贈与年の翌年3月15日までに取得し、居住の用に供した場合には、次の書類等が必要です（措規23の6⑥一イ・二イ・三イ）。

- 贈与税の額の計算に関する明細書
- 住民票の写し（居住の用に供した日以後作成）
- 住宅用家屋・土地の登記事項証明書
- 特定の関係がある者以外との請負契約等

4．財産所有者の変更

(1) 贈与税の課税財産

　ある人が死亡すると、その人が残した財産について相続が開始します（民882）。相続とは、その人（被相続人）が有していた財産上の権利義務をその人の配偶者や子など一定の身分関係にある者（相続人）に承継することです。したがって、被相続人が残した財産の多寡が相続税額に大きな影響を与えます。

　被相続人が生前中、配偶者や子供などの名義に財産を変更すれば、その

分相続財産が減少して、相続税が不要になったり、少ない税負担で済むことになります。しかしながら、このような手法が無制限に認められてしまうと、相続税の課税ができなくなるばかりか、生前中に財産所有者を変更することにより財産を分散した場合とそうでない場合とでは、税負担に著しい不公平が生ずることになります。このため、相続税で課税されない部分を補完する必要から、生前の財産所有者変更に対する課税措置を講じており、これを防止するのが贈与税の趣旨です。

なお、贈与税は民法の規定に基づき贈与により取得した財産（相法2の2）等に対して課税されることになっています。ただし、法形式上は贈与による財産の取得でなくでも、その経済的な効果が実質的に贈与を受けたと同様の場合には相続税法で贈与により取得したものとみなされ（相法5～9の5）、贈与税が課税されます。

主なみなし贈与財産に関する内容や贈与の時期は下表のとおりです。

みなし贈与の種類	みなし贈与財産	課税価格	贈与の時期
生命保険金 （相法5）	満期等により取得した生命保険金等（保険料負担が被保険者や受取人以外）	生命保険金等金額（保険料負担が被保険者や受取人以外の部分）	保険事故が発生した時
定期金 （相法6）	給付事由の発生により取得した定期金の受給権（生命保険契約を除く）	定期金給付契約に関する権利の価額	定期金給付事由が発生した時
低額譲受 （相法7）	低額譲受により受けた利益	贈与により取得した者とみなされる金額	財産を譲り受けた時
債務免除等 （相法8）	債務免除、引受け等により受けた利益	債務免除、引受け等に係る債務の金額	債務免除等があった時
その他利益の享受 （相法9）	その他の事由により受けた経済的な利益	利益の価額	利益を受けた時

(2) 贈与税の非課税財産

贈与税の非課税財産の主なものは次のとおりです（相法21の3①）。

- 扶養義務者からの生活費や教育費（相法21の3①二）

- 香典・祝物・見舞金等（相基通21の3-9）
- 直系尊属等から住宅取得等資金の贈与（措法70の2）

　なお、法人から贈与により個人が取得した財産については、贈与税は非課税（相法21の3①一）となりますが、財産を取得した個人に所得税（一時所得）を課すことになっています（所基通34-1(5)）。また、相続により財産を取得した者が、相続開始の年に被相続人から贈与により取得した財産については、相続税の課税価格に加算して課税することになり、贈与税は課税されません（相法21の2④）。

ⅰ）扶養義務者からの生活費や教育費

　扶養義務者からの生活費や教育費で、通常必要と認められるものは、贈与税の課税価格に算入しないことになっています（相法21の3①二）。

　扶養義務者とは、法律上、配偶者、直系血族及び兄弟姉妹並びに三親等内の親族で家庭裁判所の審判を受けた扶養義務者をいいます（相法1の2一）。ただし、実際上は家庭裁判所の審判は受けていなくても、それを扶助することが多いため、三親等内の親族で生計を一にする者については、相続税法上、扶養義務者に該当するものとして取り扱うこととしています（相基通1の2-1）。

　生活費とは、教育費を除き、その者の日常生活を営むのに必要な費用をいい、日常の衣食住に必要な費用のみでなく、治療費、養育費等を含みます（相基通21の3-3）。教育費は、被扶養者の教育上通常必要と認められる学資、教材費、文具費等をいい、義務教育費に限りません（相基通21の3-4）。広く、幼稚園、高校、大学、各種学校等義務教育以外の教育に要するものも含まれます。

　生活費や教育費として贈与税の非課税財産となるのは、必要な都度これらの用に充てるために贈与によって取得した財産をいいます。つまり、生活費又は教育費の名義で取得した財産を預貯金した場合、株式の買入代金や家屋の買入代金に充当した場合は、通常必要と認められるもの以外のものと取り扱います（相基通21の3-5）。生活費等に充てるために財産の名義変更があった場合には、その名義変更の時にそ

の利益を受ける者が当該財産を贈与によって取得したもの、つまり贈与税の課税財産となります（相基通21の3-7）。

なお、「通常必要と認められるもの」とは、被扶養者の需要と扶養者の資力その他一切の事情を勘案して社会通念上適当と認められる範囲の財産をいいます（相基通21の3-6）。

ⅱ）香典・祝物・見舞金等

個人から受ける香典、花輪代、年末年始の贈答、祝物又は見舞等のために金品で社交上の必要によるもので贈与者と受贈者との関係等に照らし社会通念上相当と認められるものについては、贈与税を課税しないことになっています。なお、法人からのものでも所得税も課税されません（相基通21の3-9）。

ⅲ）直系尊属等から住宅取得等資金

平成25年中の省エネ等住宅取得に関しての限度額は1,200万円、その以外の住宅に関しての限度額は700万円となっています。詳細は「3．住宅取得等資金の贈与」を参照ください。

(3) 夫婦間・親子間の名義変更

生前の財産所有者変更で一番問題となるのは夫婦間・親子間の贈与です。贈与税の配偶者控除（相法21の6）、住宅取得等資金の贈与（措法70の2）、相続時精算課税（相法21の9）については相続税法上規定があり、贈与として認められる要件は明確になっています。

贈与とは、当事者の一方が自己の財産を無償で相手方に与える意思表示をし、相手方がこれを受諾することによって成立する契約をいいます（民法549）。贈与の意思表示は、書面でも口頭でもよいのですが、書面によらない場合には、まだその履行が終わらない部分に限り、いつでも取り消すことができます（民法550）。ただ、夫婦間の契約は、婚姻中第三者の権利を害しない限りいつでも、夫婦の一方からこれを取り消すことができます（民法754）。

民法上の考え方はありますが、相続税法上、財産の名義変更があった場合の扱いとして、対価の授受が行われていないとき又は他の者の名義で新

たに不動産、株式等を取得したときは、これらの行為は、原則として贈与として取り扱うことになっています（相基通9-9）。

贈与税においても実質課税の原則を否定するものではありませんが、実質が贈与でないという反証がない限り、一般的には、外観によって贈与事実を認定せざるを得ないことになります。夫婦間・親子間における財産の名義変更の場合も同様です。

① 夫婦間・親子間における財産移転

イ．夫婦での住宅共同購入

通常、金融機関からの借入金を原資に住宅購入をする場合、借入実行者が住宅を購入したことになり、その借入実行者が不動産を取得した者として、所有権の登記をします。したがって、借入金の返済を借入実行者以外の者の負担すると、その負担した額が借入実行者に対する贈与となります。

ただし、共働きの夫婦で返済が夫婦の収入によって共同でされている場合、所得割合に応じて借入金を負担しているとき、借入実行者以外の者で登記することができます。つまり、夫婦間での贈与税の課税がなく、借入実行者以外の名義、つまり配偶者の名義で登記しても問題なしということになります。

なお、金融機関からの借入れは夫だけのため、住宅借入金等の特別控除の適用は夫のみとなります。

ロ．夫婦間の居住用不動産の低額譲受

夫婦間で居住用不動産の低額譲渡をする場合、居住用不動産の時価と譲渡代金との差額に対し、贈与税の配偶者控除の適用が可能です。

例えば、時価3,000万円の居住用不動産を1,200万円で夫から妻に譲渡した場合、時価と譲渡代金との差額1,800万円に関して、他の贈与税の配偶者控除の条件を充足すれば、贈与税の課税は行われません（相法7、相基通21の6）。

なお、配偶者に対する譲渡のため、夫の譲渡所得課税において、居住用財産の特別控除の適用はありません（措法35、措令20の3①、23②）。また、譲渡価額が時価の$\frac{1}{2}$未満のため、妻は夫の取得費を引き継ぐことはできま

すが（所法60①二）、譲渡所得の計算上損失が生じたとしてもその損失はなかったものとされます（所法59②）。

ハ．親子間の不動産無償使用

個人間の使用貸借に係る土地に関する相続税・贈与税の取扱いは、使用貸借通達（「使用貸借に係る土地についての相続税及び贈与税の取扱いについて」（昭48.11.1 直資2-189））において詳細に規定されています。

例えば、子が親から無償で土地を賃貸、つまり使用貸借し、親の所有地に建物を建築した場合、土地の使用貸借に係る使用権の価額は零として取り扱われる（使用貸借通達1）ため、親は子に対して借地権相当額の贈与はないことになり、地代の授受は必要ありません。ただし、土地は自用地として評価することになります。

親の所有していた土地建物を子が建物だけ贈与を受け、以後、親の所有地を使用貸借とした場合も建物のみが贈与税の課税対象です。地代の授受は必要ありません。

これとは逆に土地のみの贈与を受け、以後親子間で建物と土地の名義が違っても、親子間の使用貸借となり、自用地のみの贈与となります（使用貸借通達3）。親から子に地代の支払は不要です。この場合、使用貸借以前から貸家として貸し付けていた土地であり、貸家建付地として評価するのが相当であったときには、子が贈与を受けた土地は貸家建付地の評価となります。

ニ．親子での二世代住宅の建築

親が家屋建築し、両親と子供夫婦同居の二世帯住宅を建築したとしても、家屋の家賃の授受は不要です。

また、父名義の家屋に子が増築した場合、価値按分による持分で共有登記しているときは贈与税の問題は生じません。ただし、実質価値に直して共有持分の計算をする必要があります。つまり、元の家屋の価値と増築部分の実質価値を算定し、共有名義の登記することになります。

この場合、親の譲渡所得について留意する必要があります。親が負担すべき増築資金を子が負担したことになり、親は子に増築後の家屋のこの持

分を負担した金額で譲渡したことになります（所法33①）。つまり譲渡所得が発生します。さらに、直系血族への譲渡であり、居住用財産の特別控除及び居住用財産を譲渡した場合の軽減税率の特例の適用はありません（措法31の3①、35①、措令20の3①一、23②、措通31の3-11、35-5）。子は増改築資金を金融機関から借り入れていますが、住宅借入金等特別控除の適用はありません。これは、自己が所有し、かつ、自己の居住の用に供する家屋につき行う増改築に限られているためです。

なお、土地については、子は親の土地に持分を有する建物を所有することになりますが、親の土地を無償で使用する場合に限り、土地の使用貸借として取り扱われます。

ホ．夫婦間・親子間の無利子貸付け

夫と妻、親と子、祖父母と孫等特殊の関係がある者相互間において、無償又は無利子で土地、家屋、金銭等の貸与することがあります。この場合においても、みなし贈与財産に該当するその他利益の享受を受けたことになり、地代、家賃又は利子に相当する経済的利益を受けたものとして取り扱われます。

しかし、相続税法上、その利益を受ける金額が少額である場合又は課税上弊害がないと求められる場合には、強いて課税しないこととされています（相基通9-10）。したがって、親子間における不動産の無償提供や無利子貸付における経済的利益は原則として贈与財産に該当しますが、実務上は贈与税が課税されることはありません。たとえば、親が子に不動産を無償で提供しても、無利子で金銭貸借を実行しても、賃料や利子相当額を贈与財産として取り扱わないということです。

ただし、金銭の授与にあたって、「ある時払いの催促なし」というように、弁済の履行について債務者の意思のみによる停止条件を付されたものについては、その法律行為自体が無効となる場合があります（民法134）。この場合、金銭消費貸借契約の成立を認めることができませんので、当該金銭の授与は、贈与税の課税の対象となります。

(4) 財産の名義変更

名義変更の係る取扱いを「昭39直審（資）22、直資68『名義変更等が行われた後にその取り消し等があった場合の贈与税の取扱いについて』」（以下、「名義変更通達」という）において定めています。なお、贈与があったと認められないケースでは、元の贈与者に名義変更しても贈与とは取り扱われません（名義変更通達12）。

例えば、財産の名義人になったその者がその事実を知っておらず、現実にその者を使用していないような場合には、事実上、贈与があったとは認められないことになります（名義変更通達1、5）。

また、法令等によって取得者の名義とすることができないために他人名義とした場合もそれについて合理的な理由があれば、贈与がなかったものとして取り扱われます（名義変更通達6）。

なお、次のような事例では、贈与認定を受けたことがあり、留意しなければなりません。

贈与による取得財産	贈与認定を受けたケース
現金・預金	・子所有の土地売却代金のうちから母が交付を受けたとき ・同居していた娘の名義で会社に貸し付けられた金員について、娘が貸し付けた事実がないとき ・夫が賃借権を所有し、その補償の一部を妻が受けたとき ・夫名義の定期預金の満期による払戻金を妻名義にしたとき ・娘名義の預金が会社の売上脱漏によるもののとき ・祖母が孫の結婚費用の負担したとき、孫の母親（娘）に対する贈与と認定
株式等の払込資金	・相当の資産を有し株式に支出していることが認められる父親と生計を一にし、扶養を受けている子供の株式取得代金 ・妻に所得がなく、生活条件等、財産の所有状況から見て妻の財産がないと認められるときの増資払込代金 ・株式の買戻特約付譲渡をしたとき、買戻権の贈与認定
土地・建物	・土地・建物の取得現金を所持していたことが、日常経験から考えられないときや家庭の事情等から疑わしいとき ・親が資金を調達して、子の名義で不動産を購入したとき ・養育した対価として土地の取得を受けたとき

- 子の所有建物に親の費用をもってした増改築をしたとき
- 正式な婚姻関係になく、生前に内縁関係の解消がない場合、死亡した夫から財産を受けたとき、財産分与に当たらない
- 内縁関係にある者の間で建物の所有権移転登記をしたとき
- 未登記の建物を孫名義で固定資産税台帳に登載したとき
- 移転登記事由が13年前の売買を原因として行われたとき
- 親族間における不動産の贈与時期は登記原因の贈与年月日ではなく、登記の日と認定された

(5) 法人への財産移転

　無償で個人から法人へ財産供与がある場合、法人では無償による資産の譲受けに該当し、譲受財産の価額を収益計上することになります（法法22②）。他方、個人では収入すべき金額や経済的利益がなければ、収入金額がないということになり所得税の課税対象とはなりません。つまり、無償で法人への財産移転をしても、財産を提供した個人には税金は発生しません。例えば、法人に繰越欠損金額が多くあれば、財産移転時の税金が少なく法人への財産移転が可能です。

　ただし、繰越欠損金がない場合には、個人が同族会社である法人に対し財産を無償又は著しく低い価額で提供・譲渡した場合、会社財産が増加し、会社については法人税等の課税問題が生じます。また、財産価額から法人税等の控除後の金額だけ、その同族会社の株式等の価額が増加することになります。このような場合、同族会社の株主等は増加した部分の金額を贈与により取得したものと取り扱われます（相基通9-2）。

　なお、会社に対する無償の財産提供や著しく低い価額の対価で財産の譲渡をした場合だけでなく、対価を受けないで会社の債務の免除をした場合も同様の処理となります。

第3部

相続財産別の節税手法

第1章 不動産等（土地）

1. 基本的評価方法

(1) **評価手順**

① 評価対象となる土地の認識・特定

　相続財産を評価するためには、まず被相続人が所有していた財産を把握することから始めます。相続人が、被相続人の生前に財産について話してあっておくこと、あるいは遺言書を作成しておいてもらうことが望ましいですが、そのような機会が持てない場合には、さまざまな資料を基に相続財産を把握する必要があります。

- 被相続人が、確定申告を行っている場合には、確定申告書の内容から財産を把握します。また、所得が比較的多く確定申告の際に「財産債務の明細書」を提出している場合には、その内容を参考にします。
- 自宅の金庫あるいは銀行の貸金庫に、権利書、契約書などがないかを確認します。
- 被相続人の銀行の預金通帳の入出金の中に、賃貸借料の入出金などがないかを確認します。
- 被相続人の日記や手帳などの内容により、不動産の売買記録、管理記録などがないかを確認します。また、被相続人が使っていたパソコンにあるデータを確認します。
- 名刺や携帯電話の電話番号登録により、不動産関係者との関係を把握します。

② 資料・情報の収集

　土地はその権利関係、利用状況、形状等によって評価方法が異なります。したがって一般的には以下のような資料を収集します。

第1章 不動産等（土地）

準備資料	入手場所	目的
登記簿謄本（登記事項証明書）	法務局	権利関係の把握
固定資産税評価証明書、名寄帳	相続人、管轄の市区町村役場	権利関係の把握、評価額の調査
ブルーマップ	法務局	現況の調査
住宅地図	書店	現況の調査
現地の写真	現地で撮影	現況の調査
航空写真	インターネット等	現況の調査
公図、地積図	法務局	現況の調査
都市計画図	各市区長村役場	現況の調査
道路台帳図面	各市区長村役場	現況の調査
道路種別図	各市区長村役場	現況の調査
固定資産評価証明書	各市区長村役場	評価額の調査
路線価図、評価倍率表	国税庁のホームページ	評価額の調査

　また、貸地、借地などの場合には以下のような資料により権利内容を把握します。

準備資料	入手場所	目的
賃貸借契約書	（注）	権利関係の把握
借地等に関する契約書	（注）	権利関係の把握
貸家に関する契約書	（注）	権利関係の把握
土地の無償返還に関する届出書の提出の有無	（注）	権利関係の把握

（注）被相続人の生前に確認しておく必要があります。

　また、資料だけでは把握できない土地の利用状況、形状等を確認するために現地を視察する必要がある場合もあります。

◎「不動産登記簿」のサンプル

```
                 ○○県○○市○○町○○○○-○          全部事項証明書           (土地)
【  表  題  部  】(土地の表示)      調製  平成○○年○月○日  地図番号 余白
【不動産番号】1234567890123
【所  在】○○県○○市○○町○○              余白
【①地  番】  【②地  目】  【③地  積】㎡       【原因及びその日付】        【登記の日付】
9999番3      宅地        100 00        9999番1から分筆            平成○○年○月○日

【  権  利  部  （甲区）  】(所有権に関する事項)
【順位番号】【登記の目的】【受付年月日・受付番号】【原  因】【権利者その他の事項】
1          所有権移転    平成○○年○月○日    平成○○年○月○日売買  所有者  ○○市○○丁目○番○号
                         第○○○○号                                  ○○ ○○

【  権  利  部  （乙区）  】(所有権以外の権利に関する事項)
【順位番号】【登記の目的】【受付年月日・受付番号】【原  因】【権利者その他の事項】
1         抵当権設定    平成○○年○月○日    平成○○年○月○日金銭  債権額  金○○○○万円
                        第○○○○号         消費貸借同日設定        利息  年○%
                                                                     損害金  年○○%  年365日日割計算
                                                                     債務者  ○○市○○丁目○番○号
                                                                            ○○  ○○
                                                                     抵当権者  ○○県○○市○○丁目○番○号
                                                                     株式会社  ○○○○○○○
```

③ 評価方法の検討

上記②の結果を基に、地目・評価単位の判定をし、それぞれの評価上の分類（自用地、貸地、農地など）に沿って評価方法の検討を行います。

④ 路線価地域、倍率地域、その他の調整補正

具体的な評価方法は各評価上の分類ごとに後述しますが、大きく分けて路線価地域と倍率地域があります。

イ．路線価地域

国税庁の公表する路線価図から路線価を調べ、それに地積を乗じて評価額を計算します。

$$\boxed{評価額} = \boxed{路線価} \times \boxed{地積}$$

ⅰ）路線価

路線価は、宅地の価額がおおむね同一と認められる一連の宅地が面している路線ごとに設定されており、標準的な画地を有する宅地の1㎡当たりの価額となっています（評基通14）。

路線価図は、毎年、各国税局長が、売買実例価額、公示価格、不動

産鑑定士等による鑑定評価額、精通者意見価格等を基として定めて公表しており、国税庁ホームページで閲覧することができます。

◎「路線価図」サンプル

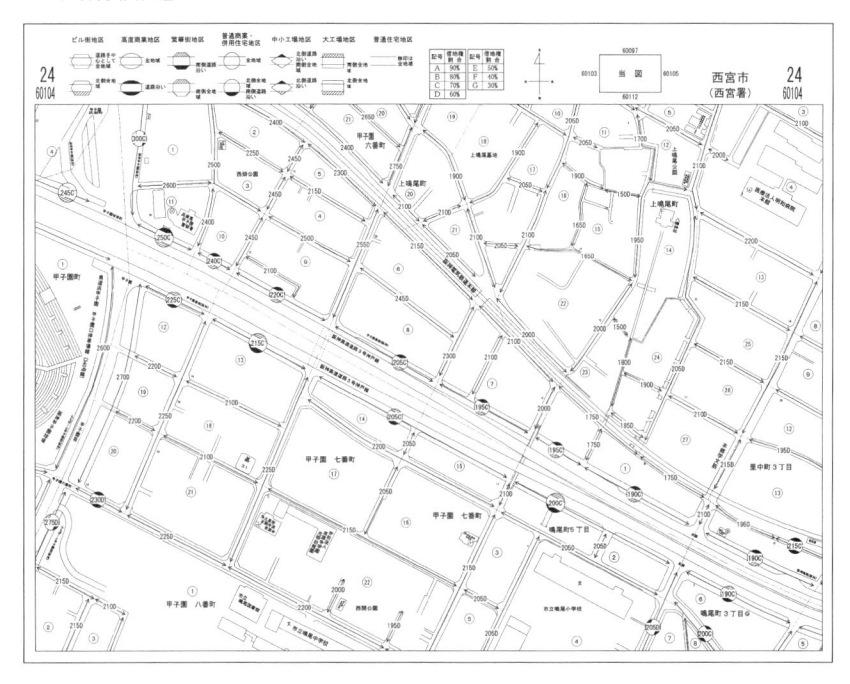

[路線価図サンプル画像]

ⅱ）地区区分

　画地の調整を行う場合は、宅地の利用状況によって価格形成に影響する度合いが異なることから、宅地の利用状況がおおむね同一と認められる一定の地域ごとに、以下の7地区に区分して定められています（評基通14-2）。

・ビル街地区
　大都市における商業地域内にあって、高層の大型ビル、オフィスビル、店舗等が街区を形成し、かつ、敷地規模が大きい地区をいいます。

（路線価図の記号）

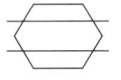

　　⬡　道路を中心として全地域　　　⬡　北側全地域

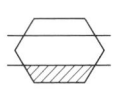

- **高度商業地区**
　大都市の都心若しくは副都心又は地方中核都市の都心等における商業地域内で、中高層の百貨店、専門店舗等が並み立つ高度小売商業地区又は中高層の事務所等が並み立つ高度業務地区をいいます。

(路線価図の記号)

　　　◯ 全地域　　　　　　⬤ 道路沿い

- **繁華街地区**
　大都市又は地方中核都市において各種小売店舗等が並み立つ著名な商業地又は飲食店舗、レジャー施設等が多い歓楽街等、人通りが多い繁華性の高い中心的な商業地区をいい、高度商業地区と異なり幅員の比較的狭い街路に中層以下の平均的に小さい規模の建物が並み立つ地域をいいます。

(路線価図の記号)

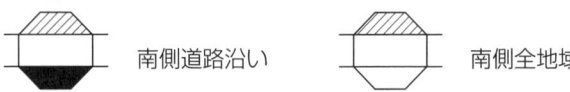

　　　⬡ 南側道路沿い　　　⬡ 南側全地域

- **普通商業・併用住宅地区**
　普通商業地区は、商業地域若しくは近隣商業地域にあって、又は住居地域若しくは準工業地域内の幹線道路(国県道等)沿いにあって、中低層の店舗、事務所等が並み立つ商業地区をいいます。併用住宅地区は、商業地区の周辺部(主として近隣商業地域内)又は住居地域若しくは準工業地域内の幹線道路(国県道等)沿いにあって、住宅が混在する小規模の店舗、事務所等の低層利用の建物が多い地区をいいます。

(路線価図の記号)

　　　◯ 全地域　　　　　　◯ 北側全地域
　　　　　　　　　　　　　　　南側道路沿い

- **普通住宅地区**
　主として第1種住居専用地域及び第2種住居専用地域、住居地域又は準工業地域内にあって、主として居住用建物が連続している地区をいいます。

(路線価図の記号)

　　　――――― 無印は全地域

- 中小工場地区
  主として準工業地域、工業地域又は工業専用地域内にあって、敷地規模が9,000㎡程度までの工場、倉庫、流通センター、研究開発施設等が集中している地区をいいます。

(路線価図の記号)

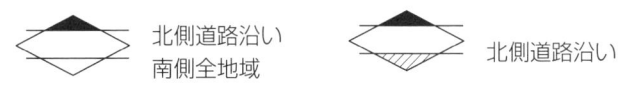

◇ 北側道路沿い　南側全地域　　◇ 北側道路沿い

- 大工場地区
  主として準工業地域、工業地域又は工業専用地域内にあって、敷地規模がおおむね9,000㎡を超える工場、倉庫、流通センター、研究開発施設等が集中している地区又は単独で30,000㎡以上の敷地規模のある画地によって形成される地区（ただし、用途地域が定められていない地区であっても、工業団地、流通業務団地等においては、1画地の平均規模が9,000㎡以上の団地は大工場地区に該当する）をいいます。

(路線価図の記号)

□ 南側全地域　　□ 北側全地域

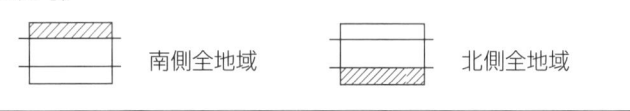

ⅲ）特定路線価

　路線価方式で評価する宅地が、路線価の設定されていない道路のみに接している場合には、当該道路を路線とみなして当該宅地を評価するための路線価（特定路線価）を納税義務者からの申出等に基づき設定することができます（評基通14-3）。

　特定路線価は、その特定路線価を設定しようとする道路に接続する路線及び当該道路の付の路線に設定されている路線価を基に、当該道路の状況、地区の別等を考慮して税務署長が評定した1㎡当たりの価額となります。

　特定路線価は、「特定路線価設定申出書」の提出に基づいて評定されますが、その提出先は納税地を管轄する税務署長になります。

第3部　相続財産別の節税手法

◎「特定路線価設定申出書」サンプル

平成___年分　特定路線価設定申出書

整理簿
※

※印欄は記入しないでください。

_____税務署長　殿

平成___年___月___日　　申出者　住所(所在地)〒_____
　　　　　　　　　　　　　　　(納税義務者)

　　　　　　　　　　　　　　　　　氏名(名称)_____印

　　　　　　　　　　　　　　　　　職業(業種)_____電話番号_____

相続税等の申告のため、路線価の設定されていない道路のみに接している土地等を評価する必要があるので、特定路線価の設定について、次のとおり申し出ます。

1　特定路線価の設定を必要とする理由	□　相続税申告のため（相続開始日___年___月___日） 被相続人〔住所_____ 　　　　　氏名_____ 　　　　　職業_____〕 □　贈与税申告のため（受贈日___年___月___日）
2　評価する土地等及び特定路線価を設定する道路の所在地、状況等	「別紙　特定路線価により評価する土地等及び特定路線価を設定する道路の所在地、状況等の明細書」のとおり
3　添付資料	(1)　物件案内図（住宅地図の写し） (2)　地形図(公図、実測図の写し) (3)　写真　　撮影日___年___月___日 (4)　その他〔　　　　　　　　　　　　　　　〕
4　連絡先	〒 住　所_____ 氏　名_____ 職　業_____電話番号_____
5　送付先	□　申出者に送付 □　連絡先に送付

＊　□欄には、該当するものにレ点を付してください。

(資9-29-A4統一)

90

ロ．倍率地域

　市区町村より入手した固定資産税評価証明書、あるいは固定資産税課税明細書から固定資産税評価額を調べ、国税庁の公表する評価倍率表にある評価倍率を乗じて評価額を計算します。

$$\boxed{評価額} = \boxed{固定資産税評価額} \times \boxed{評価倍率}$$

ハ．その他の調整補正

　評価対象地の形状や権利状況により、路線価地域であれば各種調整率（奥行価格補正、不整形地補正など）による補正を行い、借地権など土地の上に存する権利がある場合はその影響も加味して評価します。

第3部 相続財産別の節税手法

◎「倍率表」サンプル

平成24年分　倍　率　表

市区町村名：西宮市　　　　　　　　　　　　　　　　　　　西宮税務署

音順	町（丁目）又は大字名	適 用 地 域 名	借地権割合	固定資産税評価額に乗ずる倍率等					
				宅地	田	畑	山林	原野	牧場	池沼
			%	倍	倍	倍	倍	倍	倍	倍
か	甲山町	全域	50	1.1	中 72	中 68	中 4.0	中 4.0	—	—
き	北山町	全域	50	1.2	—	—	中 3.7	中 3.7	—	—
く	国見台1〜6丁目	全域	60	1.1						
	苦楽園一〜六番町	市街化区域	—	路線	比準	比準	比準	比準		
		市街化調整区域		—		—	純 3.6	純 3.6		
こ	甲子園浜1〜3丁目	全域	60	1.1						
	甲陽園目神山町	市街化区域	—	路線	—		比準	比準		
		市街化調整区域					中 4.2	中 4.2		
	越水字社家郷山	全域	50	1.1		—	純 3.6	純 3.6		
し	塩瀬町名塩	市街化区域								
		1 路線価地域	—	路線	比準	比準	比準	比準		
		2 上記以外の地域	60	1.1	比準	比準	比準	比準		
		市街化調整区域	50	1.1	中 12	中 18	純 30	純 30		
	塩瀬町生瀬	市街化区域	—	路線	比準	比準	比準	比準		
		市街化調整区域	50	1.1	—	中 22	純 32	純 32		
	鷲林寺1・2丁目	全域	50	1.1	中 60	中 60	中 4.0	中 4.0		
	鷲林寺字剣谷	全域			—	—	純 3.6	純 3.6		
	鷲林寺町	全域	50	1.1	中 59	中 60	純 3.6	純 3.6		
す	角石町	市街化区域	—	路線			比準	比準		
		市街化調整区域	50	1.2	—	—	中 4.3	中 4.3		
な	名塩赤坂	市街化区域	—	路線	比準	比準	比準	比準		
		市街化調整区域	50	1.1	中 11	中 18	中 30	中 30		
	名塩山荘	市街化区域	—	路線	比準	比準	比準	比準		
		市街化調整区域	50	1.1	中 11	中 18	中 30	中 30		
	名塩茶園町	全域	—	路線	比準	比準	比準	比準		
	名塩東久保		—	路線	比準	比準	比準	比準		
		市街化調整区域	50	1.1	中 11	中 18	中 30	中 30		
	名塩平成台	市街化区域								

111

(2) 財産評価実施上の留意事項
① 利用形態
　土地には自宅又は事務所や工場として利用する場合、土地そのものを賃貸借している場合、又は土地の上に建物や構造物を建てて賃貸借する場合、さらには高圧線などがあるために建築制限が必要な場合など様々な利用形態が考えられます。

　財産評価上においては、基本となるのは自己所有の自用地としての評価ですが、貸地の場合や土地の上に地上権等が発生する場合は自用地としての価額から借地権や地上権などの価額を減額した評価額になりますし、また貸アパートなどを自己の所有地に建築して賃貸を行っている場合などには、いわゆる貸家建付地として、自用地としての価額から評価額は減額されることとなります。

② 評価単位
　土地の評価上の区分は次に掲げる地目の別に評価します。ただし、一体として利用されている一団の土地が2以上の地目からなる場合には、その一団の土地は、そのうち主たる地目からなるものとして、その一団の土地ごとに評価します。

地目	内容	評価単位
宅地	建物の敷地及びその維持若しくは効用を果たすために必要な土地	1画地の宅地（利用の単位となっている1区画の宅地）
田	農耕地で用水を利用して耕作する土地	1枚の農地（耕作の単位となっている1画地の農地）
畑	農耕地で用水を利用しないで耕作する土地	1枚の農地（耕作の単位となっている1画地の農地）
山林	耕作の方法によらないで竹木の生育する土地	1筆の山林
原野	耕作の方法によらないで雑草、かん木類の生育する土地	1筆の原野
牧場	家畜を放牧する土地	原野に準ずる

池沼	かんがい用水でない水の貯留池	原野に準ずる
鉱泉地	鉱泉（温泉を含む。）の湧出口及びその維持に必要な土地	1筆の鉱泉地
雑種地	上記以外の土地	利用の単位となっている一団の雑種地（同一の目的に供されている雑種地）

（注）地目の分類は、不動産登記事務取扱手続準則（平成17年2月25日付民二第456号法務省民事局長通達）第68条及び第69条に準じて行いますが、課税時期の現況によって判定するため（評基通7）、登記簿上の地目と一致しない場合があります。

③ 特殊な形状等

　路線価方式においては、その宅地の所在地区、路線に接している状況、形状、地積等に応じて、奥行価格補正、不整形地補正、無道路地補正、間口狭小補正、がけ地補正等の減額調整、又は、側方（角地）、二方、三方、四方路線影響加算等の加算調整により価額の調整を行う場合があります。

　各補正の具体的な計算方法は以下イ～ヌのようになっています。

イ．奥行価格補正

　一方のみが路線に接する宅地の価額は、路線価にその宅地の奥行距離に応じて「奥行価格補正率」を乗じて求めた価額にその宅地の地積を乗じて計算した価額によって評価します（評基通15）。

　宅地の価額が、路線からの奥行が深い部分は低くなり、路線からの奥行が浅い部分は高くなること、路線からの奥行が短小な部分しか持たない宅地の価額は低くなることから、このような考えに基づいて、評価する宅地の奥行に応ずる奥行価格補正率を用いた評価額の計算方法を定めています。

◎奥行価格補正率表

奥行距離(m) \ 地区区分	ビル街地区	高度商業地区	繁華街地区	普通商業・併用住宅地区	普通住宅地区	中小工場地区	大工場地区
4未満	0.80	0.90	0.90	0.90	0.90	0.85	0.85
4以上 6未満	0.80	0.92	0.92	0.92	0.92	0.90	0.90
6 〃 8 〃	0.84	0.94	0.95	0.95	0.95	0.93	0.93
8 〃 10 〃	0.88	0.96	0.97	0.97	0.97	0.95	0.95
10 〃 12 〃	0.90	0.98	0.99	0.99		0.96	0.96
12 〃 14 〃	0.91	0.99			1.00	0.97	0.97
14 〃 16 〃	0.92				1.00	0.98	0.98
16 〃 20 〃	0.93		1.00	1.00		0.99	0.99
20 〃 24 〃	0.94						
24 〃 28 〃	0.95			0.99			
28 〃 32 〃	0.96	1.00	0.98	0.98			
32 〃 36 〃	0.97		0.96	0.98	0.96		
36 〃 40 〃	0.98		0.94	0.96	0.94	1.00	
40 〃 44 〃	0.99		0.92	0.94	0.92		
44 〃 48 〃			0.90	0.92	0.91		
48 〃 52 〃		0.99	0.88	0.90	0.90		
52 〃 56 〃		0.98	0.87	0.88	0.88		
56 〃 60 〃		0.97	0.86	0.87	0.87		
60 〃 64 〃		0.96	0.85	0.86	0.86	0.99	1.00
64 〃 68 〃		0.95	0.84	0.85	0.85	0.98	
68 〃 72 〃	1.00	0.94	0.83	0.84	0.84	0.97	
72 〃 76 〃		0.93	0.82	0.83	0.83	0.96	
76 〃 80 〃		0.92	0.81	0.82			
80 〃 84 〃		0.90		0.81	0.82	0.93	
84 〃 88 〃		0.88					
88 〃 92 〃		0.86	0.80				
92 〃 96 〃	0.99	0.84		0.80	0.81	0.90	
96 〃 100 〃	0.97	0.82					
100 〃	0.95	0.80		0.80			

●計算事例

次の宅地の評価額はいくらになりますか。

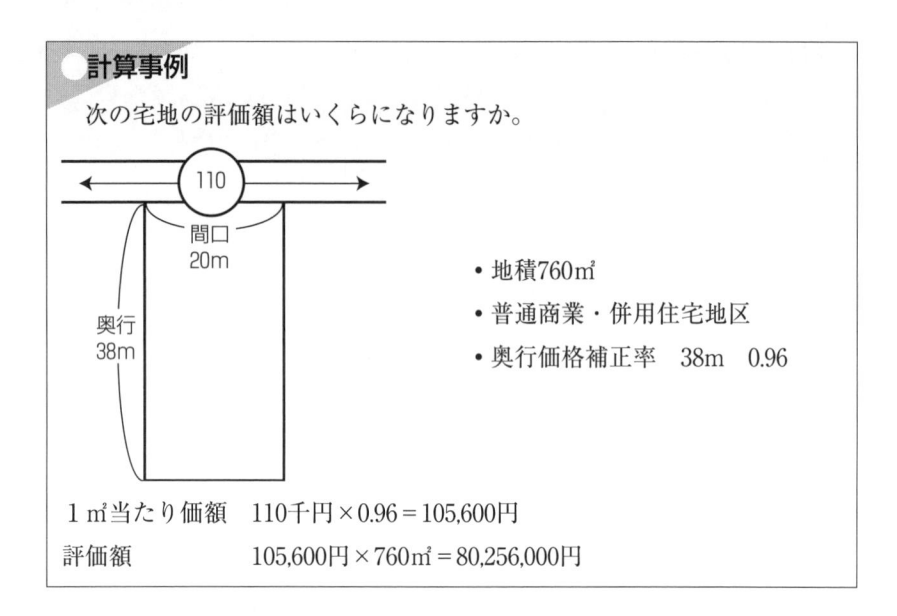

```
         110
  ←─────○─────→
       間口
       20m

  奥行
  38m
```

- 地積760㎡
- 普通商業・併用住宅地区
- 奥行価格補正率　38m　0.96

1㎡当たり価額　　110千円×0.96＝105,600円
評価額　　　　　105,600円×760㎡＝80,256,000円

ロ．側方路線影響加算

　正面と側方に路線がある宅地（角地）の価額は、(1)正面路線（奥行価格補正率適用後の1㎡当たりの価額の高い方の路線）の路線価に基づき計算した価額と(2)側方路線（正面路線以外の路線）の路線価に「側方路線影響加算率表」を乗じて計算した価額との合計額にその宅地の地積を乗じて計算した価額によって評価します。なお、(1)正面路線、(2)側方路線とも奥行価格補正率の適用がある場合には、その適用後の価額になります（評基通16）。

　角地は、正面と側面に異なる2系統の路線があるため、利用間口が大きくなって、出入りの便が良くなるほか、採光、通風にも有利であるため、正面路線だけに接する宅地より価額が高くなります。このような考えに基づいて、評価する宅地の側方路線に応ずる側方路線影響加算率を用いた評価額の計算方法を定めています。

◎側方路線影響加算率表

地区区分	加算率	
	角地の場合	準角地の場合
ビル街地区	0.07	0.03
高度商業地区 繁華街地区	0.10	0.05
普通商業・併用住宅地区	0.08	0.04
普通住宅地区 中小工場地区	0.03	0.02
大工場地区	0.02	0.01

●計算事例

次の宅地の評価額はいくらになりますか。

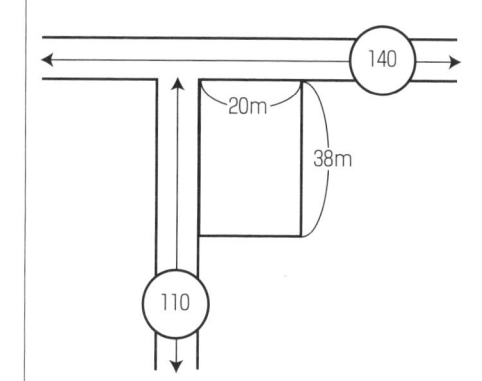

- 地積760㎡
- 普通商業・併用住宅地区
- 奥行価格補正率　38m　0.96
  　　　　　　　　20m　1.00
- 側方路線影響加算率　0.08

それぞれの路線価に奥行価格補正率を乗じた金額

　140千円×0.96＝134,400円

　110千円×1.00＝110,000円

　134,400円＞110,000円のため、134,400円が正面路線価となります。

評価額

　(134,400円＋110,000円×0.08)×760㎡＝108,832,000円

なお、一系統の路線の屈折部の内側に位置する角地を準角地といいます。準角地は、通常の角地と比べると、出入りの便利さや採光通風の有利さも

低下するため、通常の角地よりも低い側方路線影響加算率が定められています。

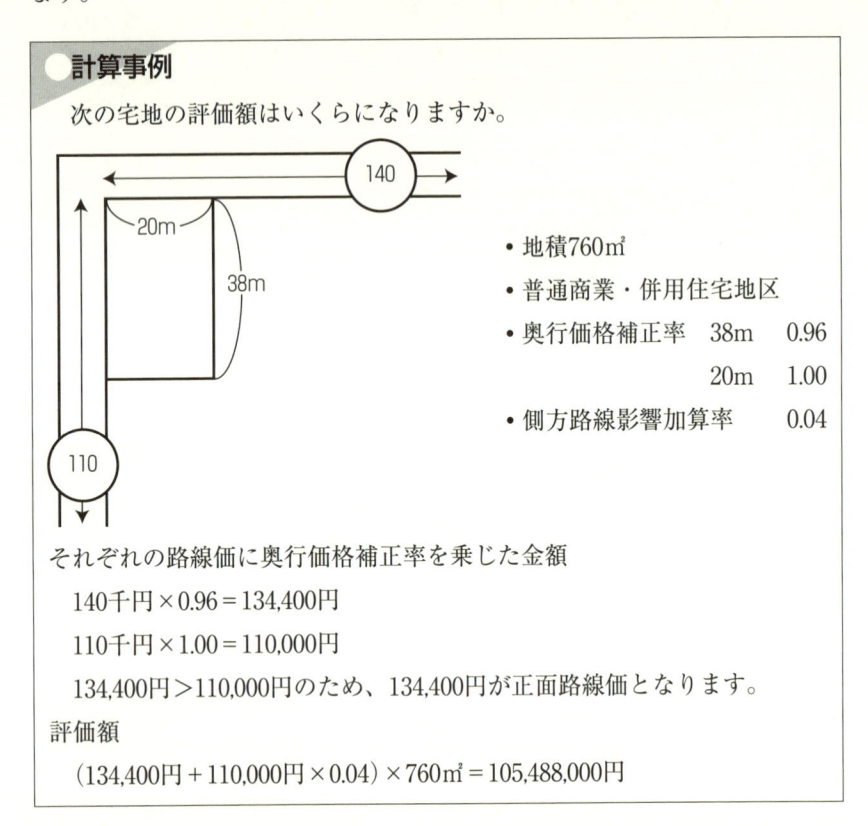

●計算事例

次の宅地の評価額はいくらになりますか。

- 地積760㎡
- 普通商業・併用住宅地区
- 奥行価格補正率　38m　0.96
- 　　　　　　　　 20m　1.00
- 側方路線影響加算率　0.04

それぞれの路線価に奥行価格補正率を乗じた金額
　140千円×0.96＝134,400円
　110千円×1.00＝110,000円
　134,400円＞110,000円のため、134,400円が正面路線価となります。
評価額
　(134,400円＋110,000円×0.04)×760㎡＝105,488,000円

ハ．二方路線影響加算

　正面と裏面に路線がある宅地の価額は、(1)正面路線（奥行価格補正率適用後の1㎡当たりの価額の高い方の路線）の路線価に基づき計算した価額と(2)裏面路線（正面路線以外の路線）の路線価に「二方路線影響加算率表」を乗じて計算した価額との合計額にその宅地の地積を乗じて計算した価額によって評価します。なお、(1)正面路線、(2)裏面路線とも奥行価格補正率の適用がある場合には、その適用後の価額になります（評基通17）。

　正面と裏面の路線に接する宅地の価額は、正面だけの路線に接する宅地よりも、採光、通風、出入りの便が有利であるので価額が高くなります。

第1章　不動産等（土地）

このような考えに基づいて、評価する宅地の二方路線に応ずる二方路線影響加算率を用いた評価額の計算方法を定めています。

◎二方路線影響加算率表

地区区分	加算率
ビル街地区	0.03
高度商業地区 繁華街地区	0.07
普通商業・併用住宅地区	0.05
普通住宅地区 中小工場地区 大工場地区	0.02

●計算事例

次の宅地の評価額はいくらになりますか。

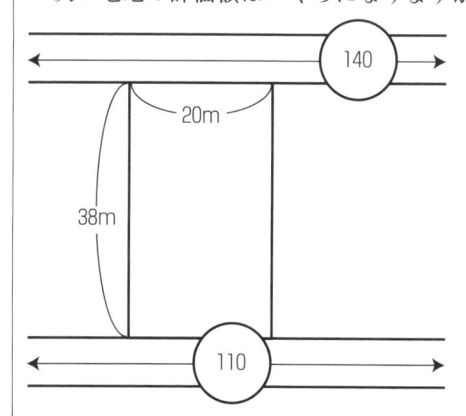

- 地積760㎡
- 普通商業・併用住宅地区
- 奥行価格補正率　38m　0.96
- 二方路線影響加算率　0.05

それぞれの路線価に奥行価格補正率を乗じた金額

　140千円×0.96＝134,400円

　110千円×0.96＝105,600円

　134,400円＞105,600円のため、134,400円が正面路線価となります。

評価額

　（134,400円＋105,600円×0.05）×760㎡＝106,156,800円

ニ. 三方又は四方路線影響加算

　三方に路線がある宅地の価額は、(1)正面路線（奥行価格補正率適用後の1㎡当たりの価額の高い方の路線）の路線価に基づき計算した価額と(2)側方路線（正面路線に対して、その側方に位置する路線）の路線価に「側方路線影響加算率表」を乗じて計算した価額と(3)もう一つの路線が、側方路線である場合は、その側方路線の路線価について(2)と同じ方法で求めた価額を、裏面路線（正面路線に対して、その裏面に位置する路線）である場合は、その裏面路線の路線価に「二方路線影響加算率表」を乗じて計算した価額の合計額に、その三方路線地の地積を乗じた金額により評価します。なお、(1)正面路線、(2)側方路線、(3)もう一つの路線とも奥行価格補正率の適用がある場合には、その適用後の価額になります（評基通18）。

　三方の路線に接する宅地の価額は、二方が路線に接する宅地よりも、採光、通風、出入りの便が有利であるので価額が高くなります。このような考えに基づいて、評価する宅地の三方路線に応ずる評価額の計算方法を定めています。

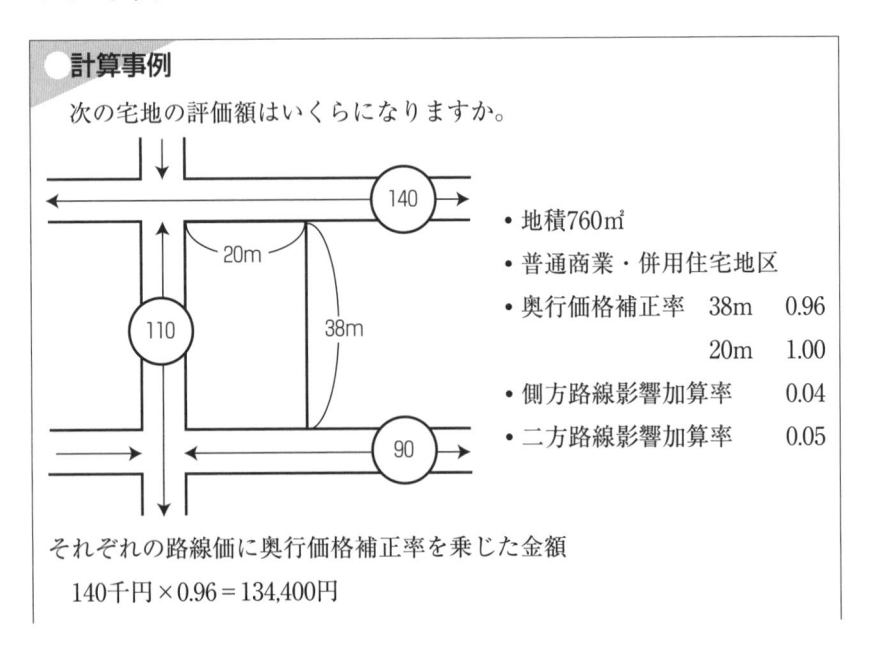

●計算事例

次の宅地の評価額はいくらになりますか。

- 地積760㎡
- 普通商業・併用住宅地区
- 奥行価格補正率　38m　0.96
　　　　　　　　　20m　1.00
- 側方路線影響加算率　0.04
- 二方路線影響加算率　0.05

それぞれの路線価に奥行価格補正率を乗じた金額
　140千円×0.96＝134,400円

110千円×1.00＝110,000円

90千円×0.96＝86,400円

134,400円＞110,000円＞86,400円のため、134,400円が正面路線価となります。

評価額

(134,400円＋110,000円×0.04＋86,400円×0.05)×760㎡＝108,771,200円

　四方に路線がある宅地の価額は、三方に路線がある宅地の価額に、もう一つの路線が、側方路線（正面路線に対して、その側方に位置する路線）である場合は、側方路線の路線価に「側方路線影響加算率表」を乗じて計算した価額を、裏面路線（正面路線に対して、その裏面に位置する路線）である場合は、裏面路線の路線価に「二方路線影響加算率表」を乗じて計算した価額を加えた金額の合計額に、その四方路線地の地積を乗じた金額により評価します。なお、側方路線、裏面路線とも奥行価格補正率の適用がある場合には、その適用後の価額になります。

　四方の路線に接する宅地の価額は、三方が路線に接する宅地よりも、さらに採光、通風、出入りの便が有利であるので価額が高くなります。このような考えに基づいて、評価する宅地の四方路線に応ずる評価額の計算方法を定めています。

●計算事例

次の宅地の評価額はいくらになりますか。

- 地積760㎡
- 普通商業・併用住宅地区
- 奥行価格補正率　38m　0.96
  　　　　　　　　20m　1.00
- 側方路線影響加算率　0.04
- 二方路線影響加算率　0.05

> それぞれの路線価に奥行価格補正率を乗じた金額
> 　　140千円×0.96＝134,400円
> 　　110千円×1.00＝110,000円
> 　　100千円×1.00＝100,000円
> 　　90千円×0.96＝86,400円
> 　　134,400円＞110,000円＞100,000円＞86,400円のため、134,400円が正面路線価となります。
> 評価額
> 　　(134,400円＋110,000円×0.04＋100,000円×0.04＋86,400円×0.05)×760㎡
> 　　＝111,811,200円

ホ．不整形地の評価

　不整形地（三角地を含む。以下同じ。）の価額は、その不整形地の地形に応じて、(1)不整形地区分評価法、(2)平均奥行距離法、(3)近似整形地法、(4)近似整形地控除法のうち、いずれか有利な方法により計算した整形地としての価額に、その不整形の程度、位置及び地積の大小に応じて、「地積区分表」に掲げる地区区分及び地積区分に応じた「不整形地補正率表」に定める補正率を乗じて計算した価額により評価します（評基通20）。

　不整形地は、その形状から宅地の全部が宅地としての機能を十分に発揮できないため、整形地と比べてその価額が低くなります。このため、標準的な整形地としての価額である路線価を不整形の程度に応じて補正してその価額を評価することになっています。

◎地積区分表

地区区分＼地積区分	A	B	C
高度商業地区	1,000㎡未満	1,000㎡以上1,500㎡未満	1,500㎡以上
繁華街地区	450㎡未満	450㎡以上700㎡未満	700㎡以上
普通商業・併用住宅地区	650㎡未満	650㎡以上1,000㎡未満	1,000㎡以上
普通住宅地区	500㎡未満	500㎡以上750㎡未満	750㎡以上
中小工場地区	3,500㎡未満	3,500㎡以上5,000㎡未満	5,000㎡以上

◎不整形地補正率表

地区区分	高度商業地区、繁華街地区、普通商業・併用住宅地区、中小工場地区			普通住宅地区		
地積区分 / かげ地割合	A	B	C	A	B	C
10％以上	0.99	0.99	1.00	0.98	0.99	0.99
15％ 〃	0.98	0.99	0.99	0.96	0.98	0.99
20％ 〃	0.97	0.98	0.99	0.94	0.97	0.98
25％ 〃	0.96	0.98	0.99	0.92	0.95	0.97
30％ 〃	0.94	0.97	0.98	0.90	0.93	0.96
35％ 〃	0.92	0.95	0.98	0.88	0.91	0.94
40％ 〃	0.90	0.93	0.97	0.85	0.88	0.92
45％ 〃	0.87	0.91	0.95	0.82	0.85	0.90
50％ 〃	0.84	0.89	0.93	0.79	0.82	0.87
55％ 〃	0.80	0.87	0.90	0.75	0.78	0.83
60％ 〃	0.76	0.84	0.86	0.70	0.73	0.78
65％ 〃	0.70	0.75	0.80	0.60	0.65	0.70

- 不整形地区分法

　不整形地を区分して求めたそれぞれの整形地を基として評価した価額の合計によって評価する方法です。

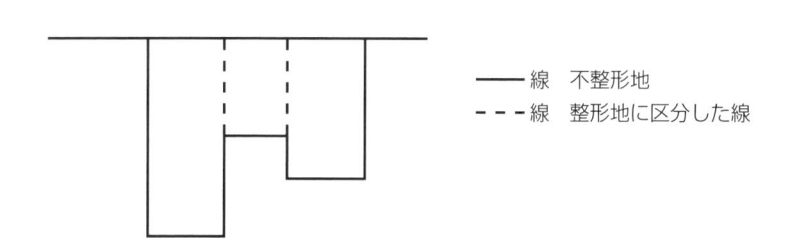

―――線　不整形地
－－－線　整形地に区分した線

●**計算事例**

次の宅地の評価額はいくらになりますか。

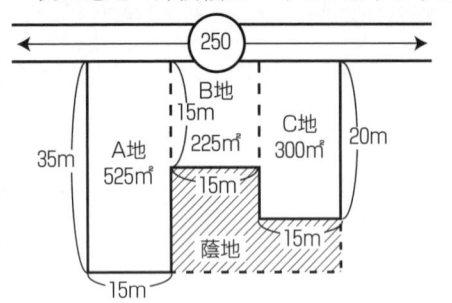

- 普通商業・併用住宅地区
- 奥行価格補正率　35m　0.98
　　　　　　　　　15m　1.00
　　　　　　　　　20m　1.00

区分した宅地の評価額

　A地　250千円×0.98×525㎡＝128,625,000円

　B地　250千円×1.00×225㎡＝56,250,000円

　C地　250千円×1.00×300㎡＝75,000,000円

　合計額　259,875,000円

不整形地補正率

　蔭地割合　{1,575㎡－(525㎡＋225㎡＋300㎡)}÷1,575㎡＝0.333

　不整形地補正率　地積区分1,050㎡　C

　　　　　　　　　蔭地割合　33％

　　　　　　　　　補正率　0.98

評価額

　259,875,000円×0.98＝254,677,500円

- 平均奥行距離法

　不整形地の地積を間口距離で除して算出した計算上の奥行距離を基として求めた整形地により計算する方法です。ただし、計算上の奥行距離は、不整形地の全域を囲む、正面路線に面する長方形又は正方形の土地（想定整形地）の奥行距離を限度とします。

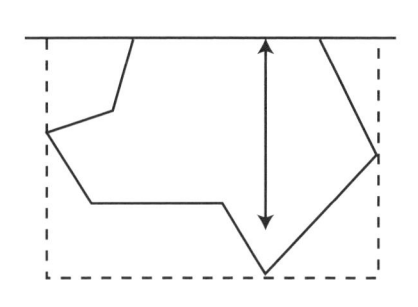

第1章　不動産等（土地）

―――― 線　不整形地
------ 線　想定整形地
←→ 線　計算上の奥行距離

● **計算事例**

次の宅地の評価額はいくらになりますか。

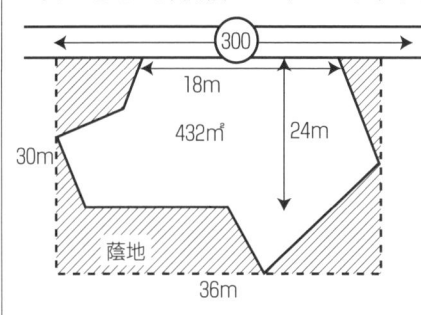

- 普通商業・併用住宅地区
- 奥行価格補正率　30m　1.00
　　　　　　　　　24m　1.00

奥行価格補正率

　432㎡÷18m＝24m＜30m　奥行価格補正率は1.00

土地の評価額

　300千円×1.00×432㎡＝129,600,000円

不整形地補正率

　蔭地割合　（1,080㎡－432㎡＝648㎡）÷1,080㎡＝0.60

　　不整形地補正率　地積区分432㎡　A

　　　　　　　　　　蔭地割合　60％

　　　　　　　　　　補正率　0.76

評価額

　129,600,000円×0.76＝98,496,000円

- 近似整形地法

　不整形地に近似する整形地（近似整形地）を求め、その設定した近似整形地を基として計算する方法です。近似整形地は、近似整形地からはみ出す不整形地の部分の地積と近似整形地に含まれる不整形地以外の部分の地積がおおむね等しく、かつ、その合計地積ができるだけ小さくなるように求めます。

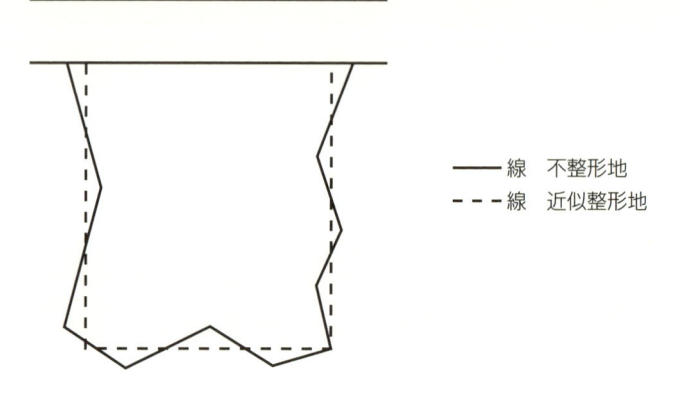

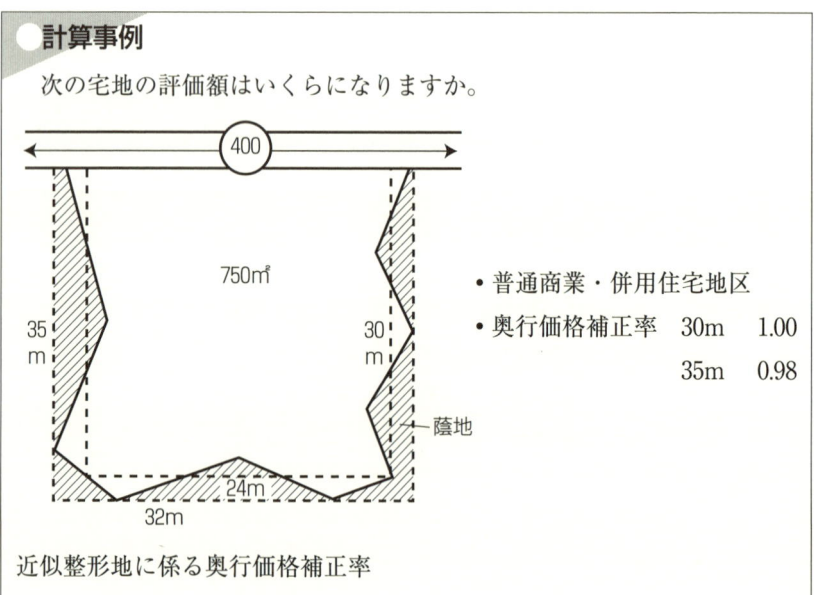

――― 線　不整形地
- - - 線　近似整形地

●計算事例

次の宅地の評価額はいくらになりますか。

- 普通商業・併用住宅地区
- 奥行価格補正率　30m　1.00
　　　　　　　　　35m　0.98

近似整形地に係る奥行価格補正率

30m　奥行価格補正率は1.00
土地の評価額
　400千円×1.00×750㎡＝300,000,000円
不整形地補正率
　蔭地割合　（1,120㎡－750㎡＝370㎡）÷1,120㎡＝0.330
　不整形地補正率　地積区分750㎡　B
　　　　　　　　蔭地割合　33％
　　　　　　　　補正率　0.97
評価額
　300,000,000円×0.97＝291,000,000円

- 近似整形地控除法

　近似整形地を求め、隣接する整形地と合わせて全体の整形地の価額の計算をしてから、隣接する整形地の価額を差し引いた価額を基として計算する方法です。近似整形地からはみ出す不整形地の部分の地積と近似整形地に含まれる不整形地以外の部分の地積がおおむね等しく、かつ、その合計地積ができるだけ小さくなるように求めます。

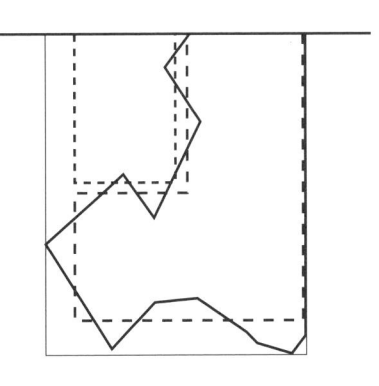

　　──── 線　不整形地
　　-　-　- 線　近似整形地
　　- - - 　線　隣接する整形地
　　──── 線　想定整形地

第3部　相続財産別の節税手法

●計算事例

次の宅地の評価額はいくらになりますか。

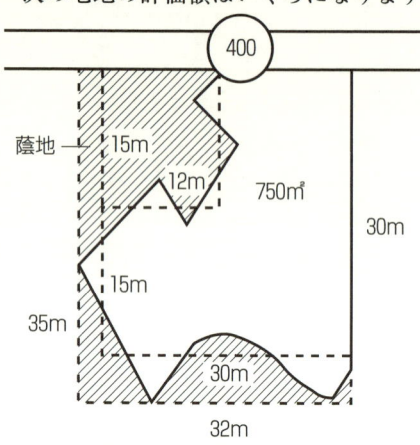

- 普通商業・併用住宅地区
- 奥行価格補正率　30m　1.00
　　　　　　　　　15m　1.00
- 想定整形地　1,120㎡

全体の評価額

　400千円×1.00×900㎡（＝30m×30m）＝360,000,000円

隣接地の評価額

　400千円×1.00×180㎡（＝12m×15m）＝72,000,000円

対象地の価額

　360,000,000円－72,000,000円＝288,000,000円

　288,000,000円÷750㎡＝384千円

不整形地補正率

　蔭地割合　（1,120㎡－750㎡＝370㎡）÷1,120㎡＝0.330

　不整形地補正率　地積区分750㎡　B

　　　　　　　　　蔭地割合　33％

　　　　　　　　　補正率　0.97

評価額

　384千円×0.97×750㎡＝279,360,000円

ヘ．間口が狭小な宅地等の評価

　間口が狭小な宅地又は奥行が長大な宅地（不整形地及び無道路地を除く。）の価額は、次のように評価します（評基通20-3）。

- 間口が狭小な宅地

> 路線価×奥行価格補正率×間口狭小補正率×地積＝評価額

- 奥行が長大な宅地

> 路線価×奥行価格補正率×奥行長大補正率×地積＝評価額

- 間口が狭小で奥行長大な宅地

> 路線価×奥行価格補正率×間口狭小補正率×奥行長大補正率×地積＝評価額

　路線価は、間口と奥行が均衡のとれた宅地における価額として設定されており、奥行価格補正率も間口と奥行の均衡がとれた宅地を前提として定められています。

　間口が狭小な宅地は、宅地としての利用効率が低くなるため、その利用効率の低下に応じて減額するために、間口狭小補正率を乗じて評価します。

　また、奥行が長大で、間口と奥行との均衡がとれていない宅地は、宅地としての利用効率が低くなるため、その利用効率の低下に応じて減額するために、奥行長大補正率を乗じて評価します。

◎間口狭小補正率表

間口距離(m) \ 地区区分	ビル街地区	高度商業地区	繁華街地区	普通商業・併用住宅地区	普通住宅地区	中小工場地区	大工場地区
4未満	—	0.85	0.90	0.90	0.90	0.80	0.80
4以上 6未満	—	0.94		0.97	0.94	0.85	0.85
6 〃 8 〃	—	0.97			0.97	0.90	0.90
8 〃 10 〃	0.95		1.00			0.95	0.95
10 〃 16 〃	0.97			1.00			0.97
16 〃 22 〃	0.98	1.00			1.00		0.98
22 〃 28 〃	0.99					1.00	0.99
28 〃	1.00						1.00

◎奥行長大補正率表

地区区分 奥行距離 間口距離	ビル街地区	高度商業地区 繁華街地区 普通商業・ 併用住宅地区	普通住宅地区	中小工場地区	大工場地区
2以上　3未満	1.00	1.00	0.98	1.00	1.00
3 〃　　4 〃	1.00	0.99	0.96	0.99	1.00
4 〃　　5 〃	1.00	0.98	0.94	0.98	1.00
5 〃　　6 〃	1.00	0.96	0.92	0.96	1.00
6 〃　　7 〃	1.00	0.94	0.90	0.94	1.00
7 〃　　8 〃	1.00	0.92	0.90	0.92	1.00
8 〃	1.00	0.90	0.90	0.90	1.00

● 計算事例

次の宅地の評価額はいくらになりますか。

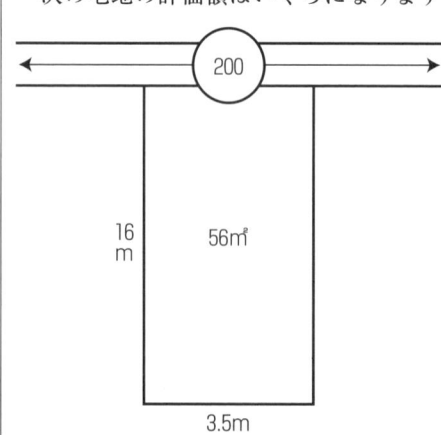

- 普通商業・併用住宅地区
- 奥行価格補正率　　16m　　1.00
- 間口狭小補正率　　3.5m　　0.90
- 奥行長大補正率　　4.57倍　0.98

1 ㎡当たりの価額

　200千円×1.00×0.90×0.98＝176,400円

評価額

　176,400円×56㎡＝9,878,400円

ト．無道路地の評価

　無道路地とは、道路に直接接していない宅地（接道義務を満たしていない宅地を含む。）であり、実際には第三者の宅地を通路として利用して道路に連絡しています。その価額は、実際に利用している路線の路線価に基づき、不整形地として評価した価額から、その価額の$\frac{40}{100}$の範囲内において相当と認める金額を控除した価額によって評価します。この場合の$\frac{40}{100}$の範囲内において相当と認める金額は、無道路地について建築基準法その他の法令において規定されている建築物を建築するために必要な、道路に接すべき最小限の間口距離の要件（接道義務）に基づき、最小限度の通路を開設する場合のその通路に相当する部分の価額（路線価に地積を乗じた価額）とされています。なお、不整形地としての評価を行う際は、不整形地補正率を適用するに当たって、無道路地が接道義務に基づく最小限度の間口距離を有するものとして間口狭小補正率を適用します（評基通20-2）。

　無道路地は、道路に接していない宅地ですが、実際には他の宅地の一部を通路として道路と連絡しているものです。無道路地は、道路に面している宅地と比べるとその利用価値が低くなるため、道路に面した宅地の価額である路線価を補正してその価額を評価することになります。

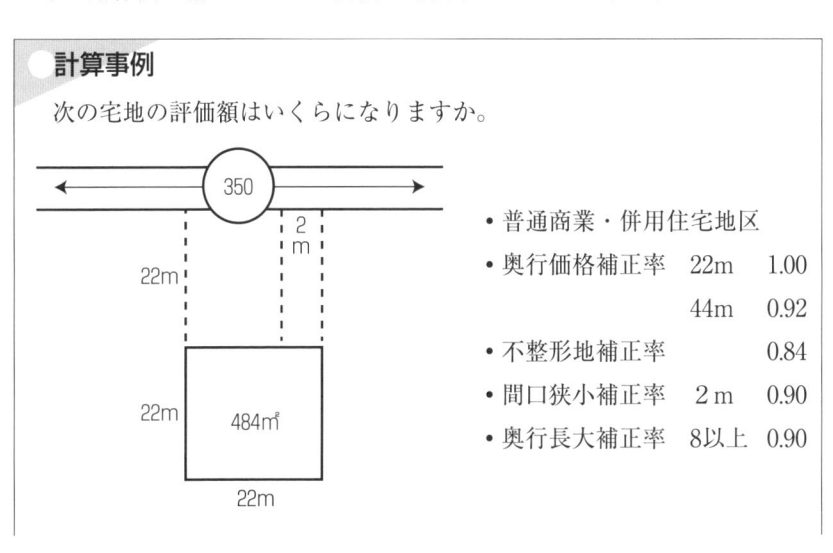

● 計算事例

次の宅地の評価額はいくらになりますか。

- 普通商業・併用住宅地区
- 奥行価格補正率　22m　1.00
- 　　　　　　　　44m　0.92
- 不整形地補正率　　　　0.84
- 間口狭小補正率　2m　0.90
- 奥行長大補正率　8以上　0.90

111

無道路地を整形地とした場合の価額
　前面宅地を含めた土地の奥行価格補正後の価額
　　350千円×0.92×968㎡＝311,696,000円
　前面宅地の奥行価格補正後の価額
　　350千円×1.00×484㎡＝169,400,000円
　無道路地を整形地とした場合の価額
　　311,696,000円－169,400,000円＝142,296,000円
不整形地補正率と間口狭小補正率及び間口狭小補正率と奥行長大補正率の適用
　不整形地補正率と間口狭小補正率を適用した場合の価額
　142,296,000円×0.84×0.90＝107,575,776円
　間口狭小補正率と奥行長大補正率を適用した場合の価額
　142,296,000円×0.90×0.90＝115,259,760円
　不整形地補正後の価額
　107,575,776円＜115,259,760円　よって　107,575,776円
無道路地としての斟酌
　350千円×44㎡＝15,400,000円
　（107,575,776円×40％＝43,030,310円が限度）
評価額
　107,575,776円－15,400,000円＝92,175,776円

チ．がけ地等を有する宅地の評価

　がけ地等で通常の用途に供することができないと認められる部分を有する宅地の価額は、その宅地のうちに存するがけ地等ががけ地等でないとした場合の価額に、その宅地の総地積に対するがけ地部分等通常の用途に供することができないと認められる部分の地積の割合に応じて「がけ地補正率表」に定める補正率を乗じて計算した価額によって評価します。なお、がけ地の方位とは、その斜面が向いている方向をいいます（評基通20-4)。

　宅地の一部のがけ地等は、通常の用途に供することができない部分といえますが、採光、通風等で有益である場合もあるので、これらを考慮して

がけ地補正率を乗じて評価されます。

◎がけ地補正率表

がけ地地積/総地積	南	東	西	北
0.10以上	0.96	0.95	0.94	0.93
0.20 〃	0.92	0.91	0.90	0.88
0.30 〃	0.88	0.87	0.86	0.83
0.40 〃	0.85	0.84	0.82	0.78
0.50 〃	0.82	0.81	0.78	0.73
0.60 〃	0.79	0.77	0.74	0.68
0.70 〃	0.76	0.74	0.70	0.63
0.80 〃	0.73	0.70	0.66	0.58
0.90 〃	0.70	0.65	0.60	0.53

●計算事例

次の宅地の評価額はいくらになりますか。

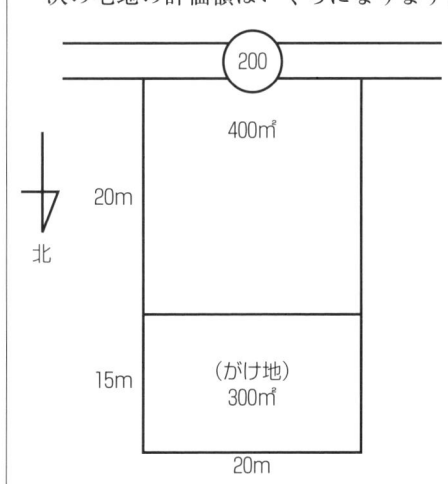

- 普通商業・併用住宅地区
- 奥行価格補正率　35m　0.98

整形地としての1㎡当たりの価額
　200千円×0.98＝196千円

がけ地補正率
　がけ地割合　0.428
　南斜面
　補正率　0.85
評価額
　196千円×0.85×700㎡＝116,620,000円

リ．容積率の異なる2以上の地域にわたる宅地の評価

　容積率（建築物の延べ面積の敷地面積に対する割合）の異なる2以上の地域にわたる宅地の価額は、イ．奥行価格補正からチ．がけ地等を有する宅地の評価までの定めにより評価した価額から、その価額に次の算式により計算した割合を乗じて計算した金額を控除した価額によって評価します。この場合において適用する「容積率が価額に及ぼす影響度」は、地区に応じて下表のとおりとされています。

　なお、正面路線に接する部分の容積率が他の部分の容積率よりも低い宅地のように、この算式により計算した割合がマイナスとなるときは適用しません。

　また、正面路線に対して容積率補正による減額調整率を適用した価額が、裏面路線に対して奥行価格補正率を適用した価額を下回るときは、裏面路線を正面路線として計算することになっています（評基通20-5）。

$$\left\{ 1 - \frac{\text{容積率の異なる部分の各部分に適用される容積率にその各部分の地積を乗じて計算した数値の合計}}{\text{正面路線に接する部分の容積率} \times \text{宅地の総地積}} \right\} \times \text{容積率が価額に及ぼす影響度}$$

◎容積率が価額に及ぼす影響度

地区区分	影響度
高度商業地区、繁華街地区	0.8
普通商業・併用住宅地区	0.5
普通住宅地区	0.1

　１街区のうち表道路に面する地域と裏道路に面する地域で容積率に違いがある場合等、１つの宅地が２つの容積率の地域にわたるときは、表道路に面する地域の容積率を考慮した路線価を使用して評価すると、裏道路に面する地域の容積率が考慮されないことになります。そこで、容積率に違いがある２以上の地域にわたる１つの宅地について、その評価方法を定めています。

計算事例

次の宅地の評価額はいくらになりますか。

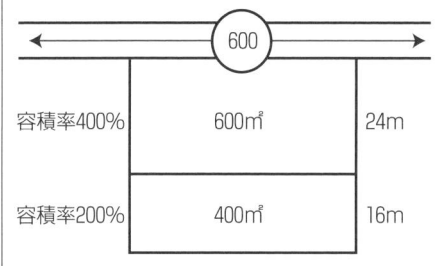

- 普通商業・併用住宅地区
- 奥行価格補正率　40m　0.94

容積率を考慮しない場合の価額
　600千円 × 0.94 × 1,000㎡ = 564,000,000円

減額調整割合
$$\left(1 - \frac{400\% \times 600㎡ + 200\% \times 400㎡}{400\% \times 1,000㎡}\right) \times 0.5 = 0.1$$

評価額
　564,000,000円 − 564,000,000円 × 0.1 = 507,600,000円

第3部 相続財産別の節税手法

ヌ．地区の異なる2以上の路線に接する宅地の評価

地区の異なる2以上の路線に接する宅地の価額は、正面路線の地区の奥行価格補正率を適用して評価します。

また、側方路線影響加算額についても正面路線の地区の奥行価格補正率及び側方路線影響加算率を適用します。

●計算事例

次の宅地の評価額はいくらになりますか。

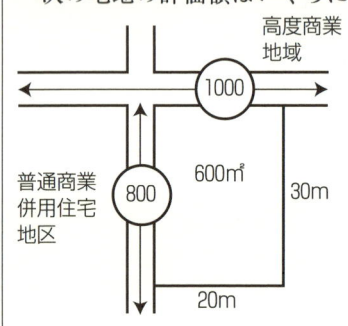

```
              高度商業
              地域
    ←――――1000――――→
              ↑
  普通商業    600㎡
  併用住宅  800      30m
  地区        ↓
    ←―20m―→
```

- 高度商業地区の奥行価格補正率
  - 30m　1.00
  - 20m　1.00
- 高度商業地区の側方路線影響加算率
  - 0.10

正面路線価の奥行価格補正
　1,000千円×1.00＝1,000,000円
側方路線影響加算額
　800千円×1.00×0.10＝80,000円
評価額
　(1,000,000円＋80,000円)×600㎡＝648,000,000円

④　評価のポイント

土地は所在地、地目、利用形態などで評価方法が異なってきます。したがって財産評価に当たっては、必要資料を漏れなく収集し、現地調査を綿密に行うことでどの評価方法となるのかを正確に把握することが必要となります。

(3) 節税手法

① 現地調査による評価額を下げる要因の把握

不動産については、現地調査を行う必要があります。なぜなら、不動産

は、形も条件も同じものはありませんので、一つひとつ確認して、どのように評価額を下げることができるかを検討する必要があります。例えば、前述しているような奥行価格や不整形などの調整補正を利用できるかどうかも登記簿謄本だけでは把握できません。

また、土地の登記簿謄本に記載されている地積が実際の地積と異なっていることを知らずに高い相続税になってしまうということも考えられます。

② アパートの利用

自用地にアパートを建設することによって、土地の評価を下げることができます。アパート等の用に供されている宅地は、貸家建付地といいますが、その価額は、次の算式により計算した価額によって評価します（評基通26）。

> 貸家建付地の評価額＝その宅地の自用地としての価額－控除額※
>
> ※控除額＝その宅地の自用地としての価額×借地権割合×借家権割合×賃貸割合

したがって、自用地として評価した価格からその価格に借地権割合と借家権割合と賃貸割合を乗じた金額を乗じた金額を控除することができます。ただし、アパート等の建設には、多額の費用がかかりますので、入居者の確保ができるか、また納税資金が確保できるか等のシミュレーションを十分に行うことが必要です。

③ 広大地を利用

相続対象土地が広大地に該当する場合、以下の計算式のように広大地補正率により評価額が大きく減額されることがあります。

> 広大地の評価額＝正面路線価×広大地補正率※×地積
>
> ※広大地補正率 = $0.6 - 0.05 \times \dfrac{\text{広大地の地積}}{1,000\text{㎡}}$

2．自宅

(1) 財産評価方法

　宅地の評価方式には、路線価方式と倍率方式が一般的であり、市街地的形態を形成する地域にある宅地は路線価方式、それ以外の宅地は倍率方式で評価します（評基通11）。

① 路線価方式

　路線価方式とは、評価対象の宅地の面する路線に付された路線価を基として、その宅地の所在地区、路線に接している状況、形状、地積等に応じて、奥行価格補正、不整形地補正、無道路地補正、間口狭小補正、がけ地補正等の減額調整、又は、側方（角地）、二方、三方、四方路線影響加算等の加算調整により価額の調整を行った金額により評価する方法です（評基通13）。

　基本的な計算式は、

　　評価額 ＝ 路線価 × 画地調整率 × 地積

となっています。

　画地調整率については、前述「１．基本的評価方法(2)財産評価実施上の留意事項③特殊な形状等」において、各補正・調整のある場合の計算方法を説明しています。

② 倍率方式

　倍率方式とは、宅地の固定資産税評価額に国税局長が一定の地域ごとにその地域の実情に即するように定める倍率を乗じて計算した金額によって評価する方式です（評基通21、21-2）。

　固定資産税評価額は、土地課税台帳又は土地補充課税台帳に登録された課税時期の属する年の価格又は比準価格をいいます。

　また、倍率は、その宅地の地価事情の類似する地域ごとに、その地域にある宅地の売買実例価額、公示価格、不動産鑑定士等による鑑定評価額、精通者意見価格等を基として国税局長が定めるもので、国税庁ホームペー

ジで閲覧することができます。

なお、倍率方式により評価する宅地について、その宅地が不整形、間口が狭小、無道路等であったとしても、路線価方式のような調整は原則として行いません。

計算式は以下のようになります。

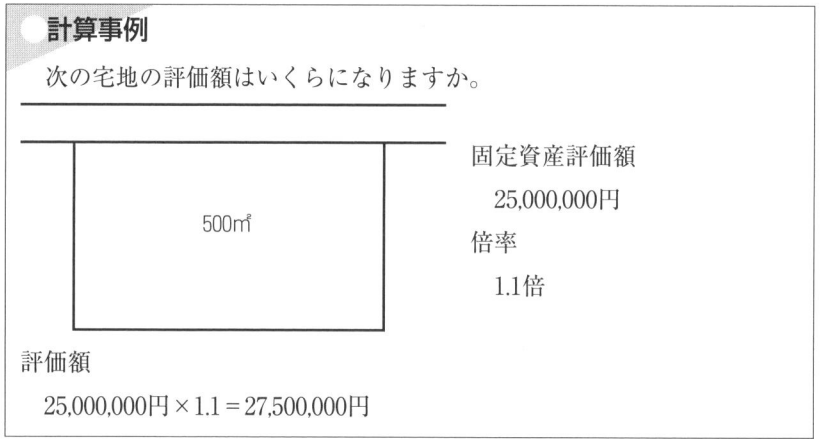

評価額 ＝ 固定資産税評価額 × 評価倍率

●計算事例

次の宅地の評価額はいくらになりますか。

500㎡

固定資産評価額
　25,000,000円
倍率
　1.1倍

評価額
25,000,000円 × 1.1 ＝ 27,500,000円

③ その他の方式

通常は前述の①路線価方式、②倍率方式により評価を行いますが、その利用形態、状況、規制等により、以下のイ～トの評価方法を使用する場合があります。

イ．余剰容積率の移転がある場合の宅地の評価

容積率を移転した土地の価額は、建築の制限を受けるため、これに応じた減価が発生し、容積率の移転を受けた土地の価額は、建築基準法の容積率を超えた容積の建物を建築できるため、これに応じた増価が発生することとなり、それぞれに応じた評価方法が定められています（評基通23、23-2）。

ⅰ) 余剰容積率を移転している宅地

　余剰容積率を移転している宅地とは、容積率の制限に満たない延べ面積の建築物が存する宅地（余剰容積率を有する宅地）で、その宅地以外の宅地に容積率の制限を超える延べ面積の建築物を建築することを目的とし、区分地上権、地役権、賃借権等の建築物の建築に関する制限が存する宅地をいいます。

　余剰容積率を移転している宅地の価額は、原則として、これまで記載した宅地の評価方法により評価したその宅地の価額を基に、設定されている権利の内容、建築物の建築制限の内容等を勘案して評価します。

　ただし、次の算式により計算した金額によって評価することができます。

$$A \times \left(1 - \frac{B}{C}\right)$$

「A」＝余剰容積率を移転している宅地についての自用地としての評価額
「B」＝区分地上権の設定等に当たり収受した対価の額
「C」＝区分地上権の設定等の直前における余剰容積率を移転している宅地の通常の取引価額に相当する金額

ⅱ) 余剰容積率の移転を受けている宅地

　余剰容積率の移転を受けている宅地とは、余剰容積率を有する宅地に区分地上権、地役権、賃借権の設定を行う等の方法により建築物の建築に関する制限をすることによって容積率の制限を超える延べ面積の建築物を建築している宅地をいいます。

　余剰容積率の移転を受けている宅地の価額は、原則として、これまで記載した宅地の評価方法により評価したその宅地の価額を基に、容積率の制限を超える延べ面積の建築物を建築するために設定している権利の内容、建築物の建築状況等を勘案して評価します。

　ただし、次の算式により計算した金額によって評価することができます。

$$D \times \left(1 + \frac{E}{F}\right)$$

「D」＝余剰容積率の移転を受けている宅地についての自用地としての評価額
「E」＝区分地上権の設定等に当たり支払った対価の額
「F」＝区分地上権の設定等の直前における余剰容積率の移転を受けている宅地の通常の取引価額に相当する金額

計算事例

甲は、隣地を所有する乙からその容積率の余剰分を取得しています。甲、乙所有の土地について、その評価額はいくらになりますか。

甲所有地	乙所有地

乙から甲へ容積率の余剰分を移転
甲から乙への支払金額　2,000万円
甲土地の時価　8,000万円
甲土地の自用地としての評価額　6,000万円
乙土地の時価　6,000万円
乙土地の自用地としての評価額　4,500万円

評価額

甲土地

$$6,000万円 \times \left(1 + \frac{2,000万円}{8,000万円}\right) = 7,500万円$$

乙土地

$$4,500万円 \times \left(1 - \frac{2,000万円}{6,000万円}\right) = 3,000万円$$

ロ．私道の用に供されている宅地の評価

私道とは、私人が保有して維持管理している道路で、専ら特定の者の通行の用に供されている宅地をいいます。私道の用に供されている宅地の価額は、路線価方式又は倍率方式により計算した価額の$\frac{30}{100}$に相当する価額によって評価します。ただし、その私道が不特定多数の者の通行の用に供されているときは、その私道の価額は評価しません（評基通24）。

不特定多数の者の通行の用に供されている私道は、私有物としての勝手

な処分が著しく制限されていることから、評価しないこととなっています。これに対して、もっぱら特定の者の通行の用に供される私道は、私有物としての勝手な処分の可能性が残されていることから、路線価方式又は倍率方式により計算した価額の$\frac{30}{100}$に相当する価額によって評価することとされています。

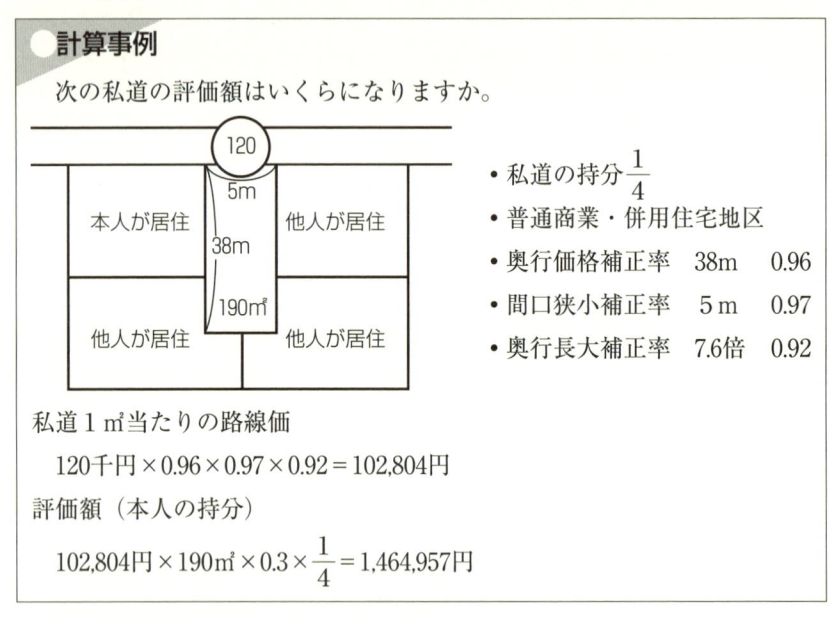

> ●計算事例
>
> 次の私道の評価額はいくらになりますか。
>
> ```
>                120
>                5m
>  本人が居住  |      | 他人が居住
>              38m
>              190㎡
>  他人が居住  |      | 他人が居住
> ```
>
> - 私道の持分 $\frac{1}{4}$
> - 普通商業・併用住宅地区
> - 奥行価格補正率　38m　0.96
> - 間口狭小補正率　5 m　0.97
> - 奥行長大補正率　7.6倍　0.92
>
> 私道1㎡当たりの路線価
>
> 　120千円×0.96×0.97×0.92＝102,804円
>
> 評価額（本人の持分）
>
> 　102,804円×190㎡×0.3×$\frac{1}{4}$＝1,464,957円

ハ．土地区画整理事業施行中の宅地の評価

　土地区画整理事業が施行され、その施行地区内にある宅地について、仮換地が指定されている段階で課税時期が到来した場合の土地の評価方法が定められています（評基通24-2）。

　ⅰ）原則的評価

　　　土地区画整理事業の施行地区内にある仮換地が指定されている宅地の価額は、その仮換地の価額に相当する価額によって評価します。

　　　仮換地の指定があった場合には、その指定を受けた者はその所有する従前の宅地を使用収益することができず、その代わりに仮換地を従前の宅地について使用収益していたのと同じ内容で、使用収益するこ

とができます。このことから、評価についても換地処分があるまでは従前地について行うべきとも考えられますが、造成工事等の進行に伴って、従前地の確認ができなくなる場合も生じるため、従前地について評価を行うことは不可能になることから、仮換地の価額に相当する価額によって評価することとされています。

$$\boxed{評価額} = \boxed{仮換地の価額に相当する価額}$$

ただし、その仮換地の造成工事が施工中で、当該工事が完了するまでの期間が1年を超えると見込まれる場合の仮換地の価額に相当する価額は、その仮換地について造成工事が完了したものとして評価した価額の$\frac{95}{100}$に相当する金額によって評価します。

ⅱ）例外的評価

仮換地が指定されている場合であっても、仮換地について使用又は収益を開始する日を別に定めるとされているため、当該仮換地について使用又は収益を開始することができない場合で、かつ、仮換地の造成工事が行われていない場合には、従前の宅地の価額により評価します。

仮換地が指定されても使用開始の日が定められず、造成工事等の着工時期も未定で、従前の宅地を使用している場合には、道路状況が仮換地指定の前後で変更ないため、従前の道路に路線価を付すことにより、従前の宅地の評価が可能であること、仮換地に指定された土地の現況に応じて、清算金の額、換地処分までの期間等の諸事情を勘案して仮換地の価額に相当する価額を算定することが困難であることから、従前の宅地の価額により評価することとされています。

$$\boxed{評価額} = \boxed{従前の宅地の価額}$$

ニ．造成中の宅地の評価

造成中の宅地の価額は、その土地の造成工事着手直前の地目により評価した課税時期における価額に、その宅地の造成に係る費用現価（課税時期

までに投下した費用の額を課税時期の価額に引き直した額の合計額）の$\frac{80}{100}$に相当する金額を加算した金額によって評価します（評基通24-3）。

　宅地の造成に係る費用現価の$\frac{80}{100}$に相当する金額としているのは、造成中の宅地の評価に当たって、安全性の配慮を加えようという趣旨によります。

$$\boxed{評価額} = \boxed{\begin{array}{c}造成工事着手直前の地目により\\評価した課税時期における価額\end{array}} + \boxed{\begin{array}{c}造成に係る費用現価\\の\ \frac{80}{100}\end{array}}$$

ホ．都市計画道路予定地の区域内にある宅地の評価

　都市計画道路予定地は、将来、道路用地として時価で買収されることから、買収までの期間が短期間であれば、影響は少なくなります。しかし、道路用地として買収されるまでの期間は長期間に及ぶことが一般的であり、その間、その土地の利用に制限が課されることになります（評基通24-7）。

　このため、都市計画道路予定地の区域内となる部分を有する宅地の価額は、その宅地のうちの都市計画道路予定地の区域内となる部分が都市計画道路予定地の区域内となる部分でないものとした場合の価額に、地区区分、容積率、地積割合の別に応じて定める補正率を乗じて計算した価額によって評価します。

$$\boxed{評価額} = \boxed{\begin{array}{c}自用地として\\の価額\end{array}} \times \boxed{\begin{array}{c}道路予定地の地積割合\\に応じた補正率\end{array}}$$

地区区分 容積率 地積割合	ビル街地区、高度商業地区 600%未満	600%以上700%未満	700%以上	繁華街地区、普通商業・併用住宅地区 300%未満	300%以上400%未満	400%以上	普通住宅地区、中小工場地区、大工場地区 200%未満	200%以上
30%未満	0.91	0.88	0.85	0.97	0.94	0.91	0.99	0.97
30%以上60%未満	0.82	0.76	0.70	0.94	0.88	0.82	0.98	0.94
60%以上	0.70	0.60	0.50	0.90	0.80	0.70	0.97	0.90

● 計算事例

次の宅地の評価額はいくらになりますか。

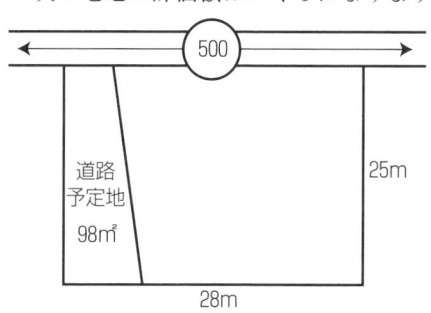

```
        ←――――― 500 ―――――→
    ┌────────────────────┐
    │\                   │
    │ \                  │
道路 │  \                 │ 25m
予定地│   \                │
98㎡ │    \               │
    └─────\──────────────┘
         ←―― 28m ――→
```

- 普通商業・併用住宅地区
- 奥行価格補正率　25m　1.00
- 容積率　200％

自用地としての価額

　500千円×1.00×700㎡＝350,000,000円

道路予定地の割合

　98㎡÷700㎡＝14.0％　　補正率は、0.97

評価額

　350,000,000円×0.97＝339,500,000円

ヘ．文化財建造物である家屋の敷地の用に供されている宅地の評価

文化財保護法第27条第1項に規定する重要文化財に指定された建造物、同法第58条第1項に規定する登録有形文化財である建造物及び文化財保護法施行令第4条第3項第1号に規定する伝統的建造物である家屋の敷地の用に供されている宅地の価額は、それが文化財建造物である家屋の敷地でないものとした場合の価額から、その価額に文化財建造物の種類に応じて定める割合を乗じて計算した金額を控除した金額によって評価します（評基通24-6）。

文化財建造物は、文化財保護法による規制を受けると同時に保護がなされています。そこで、規制の程度又は利用の制限等に応じて一定の評価減を行うこととなっています。

文化財建造物の種類	控除割合
重要文化財	0.7
登録有形文化財	0.3
伝統的建造物	0.3

評価額 = 自用地としての価額 − 自用地としての価額 × 控除割合

ト．利用価値が著しく低下している宅地の評価

　普通住宅地区にある宅地で、次のようにその利用価値が付近にある他の宅地の利用状況からみて、著しく低下していると認められるものの価額は、その宅地について利用価値が低下していないものとして評価した場合の価額から、利用価値が低下していると認められる部分の面積に対応する価額に10％を乗じて計算した金額を控除した価額によって評価することができます。

　ⅰ）道路より高い位置にある宅地又は低い位置にある宅地で、その付近にある宅地に比べて著しく高低差のあるもの
　ⅱ）地盤に甚だしい凹凸のある宅地
　ⅲ）震動の甚だしい宅地
　ⅳ）ⅰ）からⅲ）までの宅地以外の宅地で、騒音、日照阻害（建築基準法第56条の２に定める日影時間を超える時間の日照阻害のあるもの）、臭気、忌み等により、その取引金額に影響を受けると認められるもの

　ただし、路線価又は倍率が、利用価値の著しく低下している状況を考慮して付されている場合には適用できません。

第1章　不動産等（土地）

> ● **計算事例**
>
> 次のA宅地の評価額はいくらになりますか。 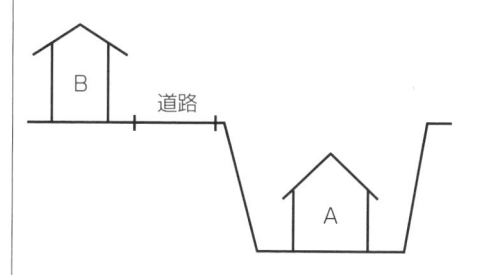 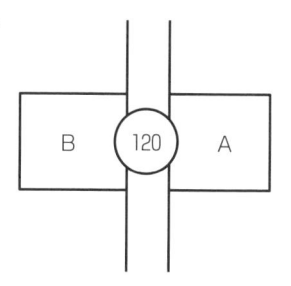
>
> ・普通商業・併用住宅地区
> ・A宅地
> 　　地積　　200㎡
> 　　奥行価格補正率　1.00
>
> 利用価値低下の考慮前の価額
> 　　120千円×1.00×200㎡＝24,000,000円
> 利用価値低下の考慮後の価額
> 　　24,000,000円×（1－0.1）＝21,600,000円

(2) 評価のポイント

前述のように、その場所、形状、法的規制の状況、利用状況などで様々な評価方法が存在します。現況の正確な把握によって、当該宅地の事情に適した評価方法を選択する必要があります。

(3) 節税手法

① 現地調査による各種調整補正の利用

前述「1．基本的評価方法(3)節税手法」にもあるように、現地調査を行うことにより各種の調整・補正計算が行えることが判明することがあります。

② セットバックの利用

都市計画区域内にある建築基準法第42条第2項の道路に面する宅地は、その道路の中心線から左右に2mずつ後退した線が道路の境界線とみなされ、将来、建築物の建て替え等を行う場合には、その境界線まで後退（セ

127

ットバック）して道路敷きとして提供しなければならないことになっています（評基通24-6）。

　セットバックを必要とする宅地は、セットバックを要しない宅地の価額に比較して減価することから、セットバックを必要とする部分について、70％相当額を控除して評価することができます。その計算方法は以下のようになります。

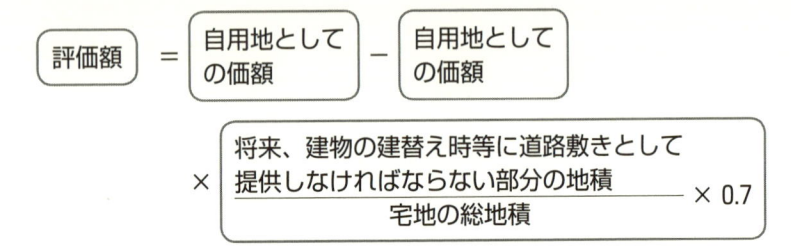

$$評価額 = 自用地としての価額 - 自用地としての価額 \times \frac{将来、建物の建替え時等に道路敷きとして提供しなければならない部分の地積}{宅地の総地積} \times 0.7$$

● **計算事例**

次の宅地の評価額はいくらになりますか。

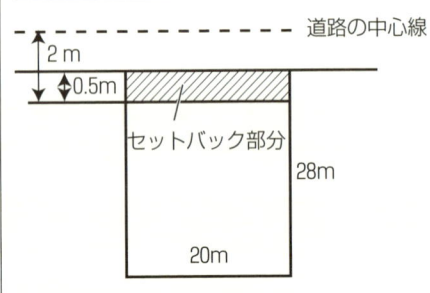

- 普通商業・併用住宅地区
- 路線価　200千円
- 奥行価格補正率　28m　1.00
- 全体の地積　560㎡
- セットバック部分の地積　10㎡

自用地としての評価額
　200千円×1.00×560㎡＝112,000,000円
セットバックを要する宅地として評価
　$112,000,000円 - 112,000,000円 \times \frac{10㎡}{560㎡} \times 0.7 = 110,600,000円$

③ 小規模宅地等の特例

イ．特例の概要

　被相続人の事業用宅地や居住用宅地は、被相続人が亡くなった後も相続人の生活の基盤となるものです。このため、個人が相続又は遺贈により取得した財産の中に、居住用や事業用に使われていた宅地等（土地又は土地の上に存する権利をいいます。以下同じです。）で、一定の建物又は構築物の敷地の用に供されているものがある場合には、一定の面積を限度として、その宅地等の評価額の80％又は50％を減額する特例設けられています。これを小規模宅地等についての相続税の課税価格の計算の特例といいます（措法69の4）。

ロ．特例の対象となる宅地等の前提要件

　この特例の適用を受けられる宅地等は、個人が相続や遺贈により取得した宅地等で、次のすべての要件に該当するものです。ただし、相続開始前3年以内の贈与財産及び相続時精算課税の適用を受ける財産は含まれません。

　ⅰ）相続開始の直前において、被相続人又は被相続人と生計を一にしていた被相続人の親族（以下「被相続人等」といいます。）の事業の用又は居住の用に供されていた宅地等であること。

　　この場合、事業には、事業と称するに至らない不動産の貸付けその他これに類する行為で相当の対価を得て継続的に行うもの（以下「準事業」といいます。）が含まれます。

　ⅱ）建物又は構築物の敷地の用に供されていた宅地等であること。

　　ただし、温室その他の建物で、その敷地が耕作の用に供されるもの及び暗きょその他の構築物で、その敷地が耕作の用又は耕作若しくは養畜のための採草若しくは家畜の放牧の用に供されるものは除きます。

　ⅲ）棚卸資産及びこれに準ずる資産に該当しない宅地等で、被相続人等の事業（準事業を含みます。）の用又は居住の用に供されていた部分に限るものであること。

　ⅳ）特定事業用宅地等、特定居住用宅地等、特定同族会社事業用宅地等

及び貸付事業用宅地等のいずれかに該当する宅地等であること。

ハ．減額される割合

特定事業用宅地等、特定居住用宅地等、特定同族会社事業用宅地等及び貸付事業用宅地等の区分に従って、次の表に掲げられている割合を減額します。

相続開始の直前における宅地等の利用区分			要件	限度面積	減額される割合
被相続人等の事業の用に供されていた宅地等	貸付事業以外の事業用の宅地等		特定事業用宅地等に該当する宅地等	400㎡	80%
	貸付事業用の宅地	一定の法人に貸し付けられ、その法人の事業（貸付事業を除く）用の宅地等	特定同族会社事業用宅地等に該当する宅地等	400㎡	80%
			貸付事業用宅地等に該当する宅地等	200㎡	50%
		一定の法人に貸し付けられ、その法人の貸付事業用の宅地等	貸付事業用宅地等に該当する宅地等	200㎡	50%
		被相続人等の貸付事業用の宅地等	貸付事業用宅地等に該当する宅地等	200㎡	50%
被相続人等の居住の用に供されていた宅地等			特定居住用宅地等に該当する宅地等	240㎡	80%

限度面積は、その選択した宅地等の利用状況等により次のようになります。

宅地等の利用状況等	限度面積
選択した宅地等のすべてが、特定事業用宅地等、特定同族会社事業用宅地等である場合	400㎡
選択した宅地等のすべてが、特定居住用宅地等である場合	240㎡
選択した宅地等のすべてが、貸付事業用宅地等である場合	200㎡

選択した宅地等のすべてが、特定事業用宅地等、特定同族会社事業用宅地等、特定居住用宅地等又は貸付事業用宅地等である場合	特定事業用宅地等の面積＋特定同族会社事業用宅地等の面積＋特定居住用宅地等の面積×$\frac{5}{3}$＋貸付事業用宅地等の面積×2 ≦ 400㎡

ニ．特例の対象となる宅地等の区分

ⅰ）特定事業用宅地等

　特定事業用宅地等とは、相続開始の直前において被相続人等の事業（不動産貸付業、駐車場業、自転車駐車場業及び準事業を除きます。）の用に供されていた宅地等で、次に掲げる要件のいずれかを満たす、被相続人の親族が相続又は遺贈により取得したものをいいます。

　ただし、その宅地等のうち次に掲げる要件に該当する被相続人の親族が相続又は遺贈により取得した持分の割合に応ずる部分に限ります。

- 被相続人の事業（不動産貸付業、駐車場業、自転車駐車場業及び準事業を除きます。）の用に供されていた宅地等を取得した被相続人の親族（その親族が死亡した場合にはその親族の相続人を含みます。）が、相続税の申告書の提出期限（以下「申告期限」といいます。）までの間にその宅地等の上で営まれていた被相続人の事業を引き継ぎ、申告期限まで引き続きその宅地等を有し、かつ、その事業を営んでいること。
- 被相続人と生計を一にしていた親族の事業（不動産貸付業、駐車場業、自転車駐車場業及び準事業を除きます。）の用に供されていた宅地等をその親族が取得した場合であって、その親族が相続開始時から申告期限（その親族が申告期限前に死亡した場合には、その死亡の日）まで引き続きその宅地等を有し、かつ、相続開始前から申告期限（その親族が申告期限前に死亡した場合には、その死亡の日）まで引き続きその宅地等を自己の事業の用に供していること。

ⅱ）特定居住用宅地等

　特定居住用宅地等とは、相続開始の直前において被相続人等の居住

の用に供されていた宅地等（その宅地等が２つ以上ある場合には、通常は主としてその居住の用に供していた１つの宅地等で一定のものに限ります。）で、被相続人の配偶者が相続又は遺贈により取得したものをいいます。ただし、その宅地等のうち被相続人の配偶者が相続又は遺贈により取得した持分の割合に応ずる部分に限ります。

又は、次に掲げる要件のいずれかを満たす被相続人の親族（被相続人の配偶者を除きます。）が相続又は遺贈により取得したものをいいます。ただし、その宅地等のうち次に掲げる要件に該当する被相続人の親族が相続又は遺贈により取得した持分の割合に応ずる部分に限ります。

- 被相続人の居住の用に供されていた宅地等を取得した被相続人の親族（被相続人の配偶者を除きます。）が相続開始の直前においてその宅地等の上に存する被相続人の居住の用に供されていた家屋に居住していた者であって、相続開始時から申告期限（その親族が申告期限前に死亡した場合には、その死亡の日）まで引き続きその宅地等を有し、かつ、その家屋に居住していること
- 被相続人の配偶者又は相続開始の直前においてその宅地等の上に存する被相続人の居住の用に供されていた家屋に居住していた被相続人の法定相続人（相続の放棄があった場合には、その放棄がなかったものとした場合における相続人）がいない場合において、被相続人の居住の用に供されていた宅地等を取得した被相続人の親族が相続開始前３年以内に日本国内にあるその者又はその者の配偶者の所有する家屋（相続開始の直前において被相続人の居住の用に供されていた家屋を除きます。）に居住したことがない者（相続開始時に住所が日本国内にない人で、日本国籍を有しない人を除きます。）であり、かつ、相続開始時から申告期限（その親族が申告期限前に死亡した場合には、その死亡の日）まで引き続きその宅地等を有していること
- 被相続人と生計を一にしていた被相続人の親族（被相続人の配偶

者を除きます。）の居住の用に供されていた宅地等をその親族が取得した場合であって、その親族が相続開始時から申告期限（その親族がその申告期限前に死亡した場合には、その死亡の日）まで引き続きその宅地等を有し、かつ、相続開始前から申告期限（その親族がその申告期限前に死亡した場合には、その死亡の日）まで引き続きその宅地等を自己の居住の用に供していること

ⅲ）特定同族会社事業用宅地等

特定同族会社事業用宅地等とは、相続開始の直前に被相続人及び被相続人の親族その他被相続人と特別の関係がある者が有する株式の総数又は出資の総額がその株式又は出資に係る法人の発行済株式の総数又は出資の総額（株式、出資及び発行済株式には、議決権に制限のある株式又は出資を除きます。）の50％を超える法人（申告期限において清算中の法人を除きます。）の事業（不動産貸付業、駐車場業、自転車駐車場業及び準事業を除きます。）の用に供されていた宅地等で、その宅地等を相続又は遺贈により取得した被相続人の親族（申告期限（その親族が申告期限前に死亡した場合には、その死亡の日）においてその法人の法人税法第2条第15号に規定する役員（清算人を除きます。）である者に限ります。）が相続開始時から申告期限（その親族が申告期限前に死亡した場合には、その死亡の日）まで引き続き有し、かつ、申告期限（その親族が申告期限前に死亡した場合には、その死亡の日）まで引き続きその法人の事業（不動産貸付業、駐車場業、自転車駐車場業及び準事業を除きます。）の用に供されているものをいいます。ただし、その宅地等のうちこの要件に該当する親族が相続又は遺贈により取得した持分の割合に応ずる部分に限ります。

ⅳ）貸付事業用宅地等

貸付事業用宅地等とは、相続開始の直前において被相続人等の事業（不動産貸付業、駐車場業、自転車駐車場業及び準事業に限ります。以下「貸付事業」といいます。）の用に供されていた宅地等で、次に掲げる要件のいずれかを満たす被相続人の親族が相続又は遺贈により

取得したものをいいます。ただし、その宅地等のうち次に掲げる要件に該当する親族が相続又は遺贈により取得した持分の割合に応ずる部分に限ります。

- 被相続人の貸付事業の用に供されていた宅地等を取得した被相続人の親族（その親族が死亡した場合にはその親族の相続人を含みます。）が、相続開始時から申告期限までの間にその宅地等に係る被相続人の貸付事業を引き継ぎ、申告期限まで引き続きその宅地等を有し、かつ、その貸付事業の用に供していること
- 被相続人と生計を一にしていた被相続人の親族の貸付事業の用に供されていた宅地等をその親族が取得した場合であって、その親族が相続開始時から申告期限（その親族がその申告期限前に死亡した場合には、その死亡の日）まで引き続きその宅地等を有し、かつ、相続開始前から申告期限（その親族がその申告期限前に死亡した場合には、その死亡の日）まで引き続きその宅地等を自己の貸付事業の用に供していること

ホ．特例を受けるための手続

この特例の適用を受けるためには、相続税の申告書に、この特例を受けようとする旨など所定の事項を記載するとともに、計算明細書や遺産分割協議書の写し等一定の書類を添付する必要があります。

なお、この特例を適用した結果、納付すべき相続税額が計算されなかったとしても申告書を提出しなければこの特例の適用を受けることはできません。

> ●計算事例
> 次の場合の相続税の課税価額に算入すべき価額はいくらになりますか。
> - 配偶者が相続した宅地　300㎡　　自用地としての評価額　7,500万円
> - この宅地の上には、被相続人及び配偶者が居住の用に供していた家屋が建てられている。配偶者は、相続税の申告期限においてもこの宅地を有しており、引き続き居住している。

減額される価額

$$7,500万円 \times \frac{240㎡}{300㎡} \times \frac{80\%}{100\%} = 4,800万円$$

評価額

$$7,500万円 - 4,800万円 = 2,700万円$$

3．駐車場

(1) 財産評価方法

貸駐車場として使用している宅地は、その賃貸の態様により、

- 土地の所有者が自らその土地を貸駐車場として利用している場合
- 車庫などの施設を駐車場の利用者の費用で造ることを認めるような契約の場合

に分けて評価します。

イ．土地の所有者が自らその土地を貸駐車場として利用している場合

土地の所有者が、自らその土地を貸駐車場として利用している場合には、その土地の自用地としての価額により評価します。

このように自用地としての価額により評価するのは、土地の所有者が、その土地をそのままの状態で（又は土地に設備を施して）貸駐車場を経営することは、その土地で一定の期間、自動車を保管することを引き受けることであり、このような自動車を保管することを目的とする契約は、土地の利用そのものを目的とした賃貸借契約とは本質的に異なる権利関係ですので、この場合の駐車場の利用権は、その契約期間に関係なく、その土地自体に及ぶものではないと考えられるためです。

$$\boxed{評価額} = \boxed{自用地としての価額}$$

ロ．車庫などの施設を駐車場の利用者の費用で造ることを認めるような契約の場合

車庫などの施設を、駐車場の利用者の費用で造ることを認めるような契約の場合には、土地の賃貸借になると考えられますので、その土地の自用

地としての価額から、賃借権の価額を控除した金額によって評価します。

$$評価額 = 自用地としての価額 - 賃借権の価額$$

この場合の賃借権の価額は、次の区分に応じたそれぞれの価額によります。

ⅰ）地上権に準ずる権利として評価することが相当と認められる賃借権（例えば、賃借権の登記がされているもの、設定の対価として権利金その他の一時金の授受があるもの、堅固な構築物の所有を目的とするものなど）の場合は、自用地としての価額に、賃借権の残存期間に応じてその賃借権が地上権であるとした場合の法定地上権割合、又は、借地権であるとした場合の借地権割合、のいずれか低い割合を乗じて計算した金額によって評価します。

$$賃借権の価額 = 自用地としての価額 \times \begin{cases} 賃借権の残存期間に応じてその賃借権が地上権であるとした場合の法定地上権割合 \\ 借地権であるとした場合の借地権割合 \end{cases} のいずれか低い割合$$

ただし、自用地としての価額に乗ずる割合が、次の割合を下回る場合には、自用地としての価額に次の割合を乗じて計算した金額を賃借権の価額とします。

自用地としての価額に乗じる割合の表

賃借権の残存期間	5年以下	5年超10年以下	10年超15年以下	15年超
割合	5%	10%	15%	20%

ⅱ）ⅰ）に掲げる賃借権以外の賃借権の場合は、自用地としての価額に、賃借権の残存機関に応じてその賃借権が地上権であるとした場合の法

定地上権割合の$\frac{1}{2}$に相当する割合を乗じて計算した金額によって評価します。

$$\boxed{賃借権の価額} = \boxed{自用地としての価額} \times \boxed{\begin{array}{l}賃借権の残存期間に応じてその\\賃借権が地上権であるとした場\\合の法定地上権割合の\frac{1}{2}に相当\\する割合\end{array}}$$

ただし、自用地としての価額に乗ずる割合が、次の割合を下回る場合には、自用地としての価額に次の割合を乗じて計算した金額を賃借権の価額とします。

自用地としての価額に乗じる割合の表

賃借権の残存期間	5年以下	5年超10年以下	10年超15年以下	15年超
割合	2.50%	5.00%	7.50%	10.00%

計算事例

次の貸駐車場として使用している宅地の評価額はいくらになりますか。

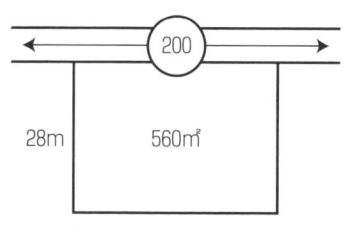

- 賃借人は堅固な構築物を建てて駐車場として利用している
- 普通商業・併用住宅地区
- 奥行価格補正率　28m　1.00
- 地上権の残存期間　12年
  地上権割合　10%

（図：間口200、奥行28m、560㎡）

自用地としての価額
　200千円×1.00×560㎡＝112,000,000円

賃借権の価額
　112,000,000円×0.15＝16,800,000円

評価額
　112,000,000円－16,800,000円＝95,200,000円

(2) 評価のポイント

上述のように駐車場の評価は、自用地としての評価になるか、あるいはそこに賃借権が発生しており、その分の減価が発生しているかが判断のポイントになります。

(3) 節税手法

被相続人の事業用宅地については、一定の要件の下、課税評価額を減額する小規模宅地等の特例制度があります。詳細については「2．自宅(3)節税手法③小規模宅地等の特例」を参照してください。

4．貸地

(1) 財産評価方法

宅地の上に存する権利には、借地権、定期借地権等、地上権、区分地上権及び区分地上権に準ずる地役権があります。これらの権利が設定されている宅地については、宅地の利用に一定の制限があり、その分の減価が生じていると考えられることから、原則として、その宅地の自用地の価額から設定されている権利の価額を控除して評価します（評基通25）。

基本的な計算の概念は以下のようになっています。

$$\boxed{貸地の価額} = \boxed{自用地としての価額} - \boxed{土地の上に存する権利の価額}$$

① 借地権の目的となっている宅地

借地権の目的となっている宅地の価額は、その宅地の自用地としての価額から借地権の価額を控除した金額によって評価します。

$$\boxed{貸地の価額} = \boxed{自用地としての価額} \times \left(1 - \boxed{借地権割合}\right)$$

借地権割合は、その借地権の目的となっている宅地の自用地としての価額に対する、借地権の売買実例価額、精通者意見価格、地代の額等を基として評定した借地権の価額の割合（借地権割合）が、おおむね同一と認め

られる地域ごとに、国税局長の定める割合によって評価することとなっており、路線価図又は倍率表に記載されています。

ただし、借地権の設定に際しその設定の対価として通常権利金その他の一時金を支払うなどの借地権の取引慣行があると認められる地域以外の地域の借地権割合は$\frac{20}{100}$とされています。

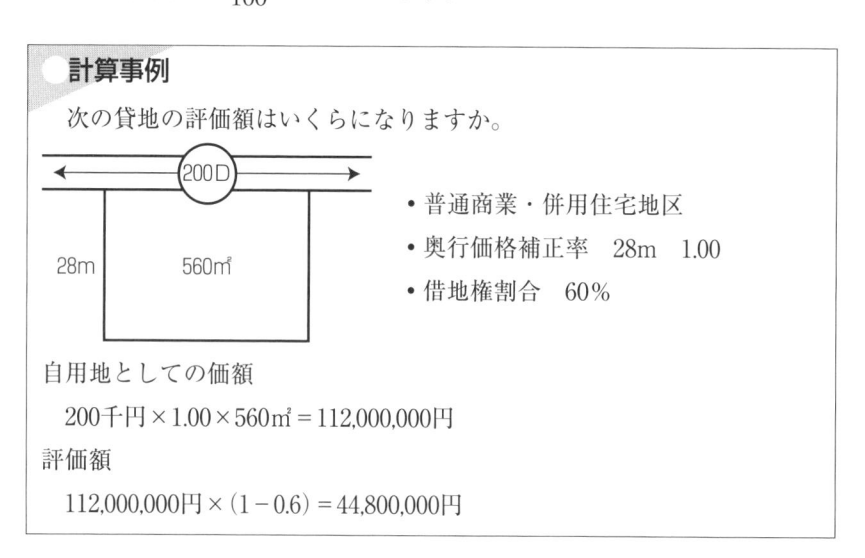

> ●**計算事例**
>
> 次の貸地の評価額はいくらになりますか。
>
> ［200D］ 28m 560㎡
>
> - 普通商業・併用住宅地区
> - 奥行価格補正率　28m　1.00
> - 借地権割合　60％
>
> 自用地としての価額
>
> 　200千円×1.00×560㎡＝112,000,000円
>
> 評価額
>
> 　112,000,000円×（1－0.6）＝44,800,000円

② 定期借地権等の目的となっている宅地

定期借地権等の目的となっている宅地の価額は、以下のように評価します。

定期借地権の種類		評価方法
ⅰ）	一般定期借地権のうち、下記ⅱ）以外の場合、及びその他の定期借地権（建物譲渡特約付借地権、事業用借地権）の場合	評価方法1
ⅱ）	一般定期借地権のうち、普通借地権の割合が30％～70％の地域にあって課税上弊害のない場合	評価方法2

「課税上弊害がない場合」とは、租税回避行為を目的としたものでない場合や、この方法によって評価することが著しく不適当と認められない場合をいいます。定期借地権者と地主との関係が親族間や同族法人等の特殊関係者間であるものは、課税上弊害がある場合に該当するとされます。

〔評価方法１〕

　上記①の種類の定期借地権の目的となっている宅地の価額は、次の（ケース１）又は（ケース２）のうち、いずれか低い金額で評価します。

　（ケース１）その宅地の自用地としての価額から、定期借地権等の価額を控除した金額によって評価します。

$$\boxed{貸地の価額} = \boxed{自用地としての価額} - \boxed{定期借地権等の価額}$$

　定期借地権等の評価は、「５．借地(1)財産評価方法②定期借地権等の評価」を参照してください。

　（ケース２）その宅地の自用地としての価額から、その宅地の自用地としての価額に定期借地権等の残存期間に応じる割合を乗じて計算した金額を控除した金額によって評価します。

$$\boxed{貸地の価額} = \boxed{自用地としての価額} \times \left(1 - \boxed{定期借地権等の残存期間に応じる割合}\right)$$

残存期間	評価割合
残存期間が５年以下のもの	$\frac{5}{100}$
残存期間が５年を超え10年以下のもの	$\frac{10}{100}$
残存期間が10年を超え15年以下のもの	$\frac{15}{100}$
残存期間が15年を超えるもの	$\frac{20}{100}$

〔評価方法２〕

　上記②の種類の定期借地権の目的となっている宅地の価額は、次のように底地割合を基にして評価します。

$$\boxed{貸地の価額} = \boxed{自用地としての価額} - \boxed{自用地としての価額} \times \left(1 - \boxed{底地割合}\right) \times \boxed{逓減率}$$

底地割合は以下のように定められています。

借地権割合		底地割合
路線価図	評価倍率表	
C地域	70%	55%
D地域	60%	60%
E地域	50%	65%
F地域	40%	70%
G地域	30%	75%

逓減率は、次のとおりです。

$$\frac{定期借地権等の残存期間に応ずる基準年利率による複利年金現価率}{定期借地権等の設定期間年数に応ずる基準年利率による複利年金現価率}$$

●計算事例

次の貸地の評価額はいくらになりますか。

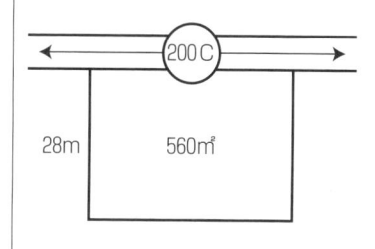

- 普通商業・併用住宅地区
- 奥行価格補正率　28m　1.00
- 底地割合　55%
- 定期借地権の内容
    - 設定期間　50年
    - 経過期間　10年
    - 残存期間　40年
- 複利年金現価率　1.5%　50年　35.000
- 　　　　　　　　　　　　40年　29.916

自用地としての価額
　200千円×1.00×560㎡＝112,000,000円

評価額
　$112,000,000円 - 112,000,000円 \times (1 - 0.55) \times \dfrac{29.916}{35.000} = 68,920,960円$

③ 地上権の目的となっている宅地

地上権の目的となっている宅地の価額は、その宅地の自用地としての価額から、地上権の価額を控除した金額によって評価します。

$$\boxed{貸地の価額} = \boxed{自用地としての価額} - \boxed{地上権の価額}$$

地上権の評価は、「5．借地(1)財産評価方法③地上権の評価」を参照してください。

④ 区分地上権の目的となっている宅地

区分地上権の目的となっている宅地の価額は、その宅地の自用地としての価額から、区分地上権の価額を控除した金額によって評価します。

$$\boxed{貸地の価額} = \boxed{自用地としての価額} - \boxed{区分地上権の価額}$$

区分地上権の評価は、「5．借地(1)財産評価方法④区分地上権の評価」を参照してください。

⑤ 区分地上権に準ずる地役権の目的となっている承役地である宅地

区分地上権に準ずる地役権の目的となっている承役地である宅地の価額は、その宅地の自用地としての価額から、区分地上権に準ずる地役権の価額を控除した金額によって評価します。

$$\boxed{貸地の価額} = \boxed{自用地としての価額} - \boxed{区分地上権に準ずる地役権の価額}$$

区分地上権に準ずる地役権の評価は、「5．借地(1)財産評価方法⑤区分地上権に準ずる地役権の評価」を参照してください。

⑥ 土地の上に存する権利が競合する場合の宅地の評価

土地の上に存する権利が競合する場合の宅地の価額は、次に掲げる区分に従い、それぞれ次の算式により計算した金額によって評価します（評基通25-3）。

ⅰ）借地権、定期借地権等又は地上権及び区分地上権の目的となっている宅地の価額

貸地の価額 ＝ 自用地としての価額 － 区分地上権の価額 － 借地権、定期借地権等又は地上権の価額（権利調整後）

　区分地上権の評価は、「5．借地⑴財産評価方法④区分地上権の評価」を、権利調整後の借地権の評価は、「5．借地⑴財産評価方法⑥土地の上に存する権利が競合する場合の借地権等の評価」を参照してください。

ⅱ）区分地上権及び区分地上権に準ずる地役権の目的となっている承役地である宅地の価額

貸地の価額 ＝ 自用地としての価額 － 区分地上権の価額 － 区分地上権に準ずる地役権の価額

　区分地上権の評価は、「5．借地⑴財産評価方法④区分地上権の評価」を、区分地上権に準ずる地役権の評価は、「5．借地⑴財産評価方法⑤区分地上権に準ずる地役権の評価」を参照してください。

ⅲ）借地権、定期借地権等又は地上権及び区分地上権に準ずる地役権の目的となっている承役地である宅地の価額

貸地の価額 ＝ 自用地としての価額 － 区分地上権に準ずる地役権の価額 － 借地権、定期借地権等又は地上権の価額（権利調整後）

　区分地上権に準ずる地役権の評価は、「5．借地⑴財産評価方法⑤区分地上権に準ずる地役権の評価」を、権利調整後の借地権の評価は、「5．借地⑴財産評価方法⑥土地の上に存する権利が競合する場合の借地権等の評価」を参照してください。

⑵ 評価のポイント

　上述のように貸地は、自用地としての評価額からそこに発生している権利の評価額を控除して計算します。よって評価しようとしている宅地の上に存する権利が存在するか否か、存在する場合には当該権利がどのような

ものかを識別する必要があります。

(3) 節税手法

被相続人の事業用宅地については、一定の要件のもと、課税評価額を減額する小規模宅地等の特例制度があります。詳細については「2．自宅(3)節税手法③小規模宅地等の特例」を参照してください。

5．借地

(1) 財産評価方法

土地の上に存する権利の価額は、その権利を以下のように区分して、その区分別に評価します。

区分	概要
借地権	建物の所有を目的とする地上権又は土地の賃借権（定期借地権等を除く）
定期借地権等	借地契約の更新がなく、契約期間満了により確定的に消滅する借地権
地上権	他人の土地において工作物又は竹木を所有するために、その土地を使用する権利（区分地上権、借地権及び定期借地権等を除く）
区分地上権	地下又は空中の地上権をいい、地下鉄等のトンネル、高架道路、モノレール、橋梁等の所有を目的とする
区分地上権に準ずる地役権	特別高圧架空電線の架設若しくは高圧ガス導管の敷設、飛行場の設置等の目的のために地下又は空中に上下の範囲を定めて設定される地役権で、建造物の設置を制限するもの

① 借地権の評価

借地権の価額は、その借地権の目的となっている宅地の自用地としての価額に対する、借地権の売買実例価額、精通者意見価格、地代の額等を基として評定した借地権の価額の割合（借地権割合）が、おおむね同一と認められる地域ごとに国税局長の定める割合を乗じて計算した金額によって評価します。国税局長の定める借地権割合は、路線価図又は評価倍率表に記載されています（評基通27）。

ただし、借地権の設定に際しその設定の対価として通常権利金その他の

一時金を支払うなどの借地権の取引慣行があると認められる地域以外の地域にある借地権の価額は評価しないことになっています。

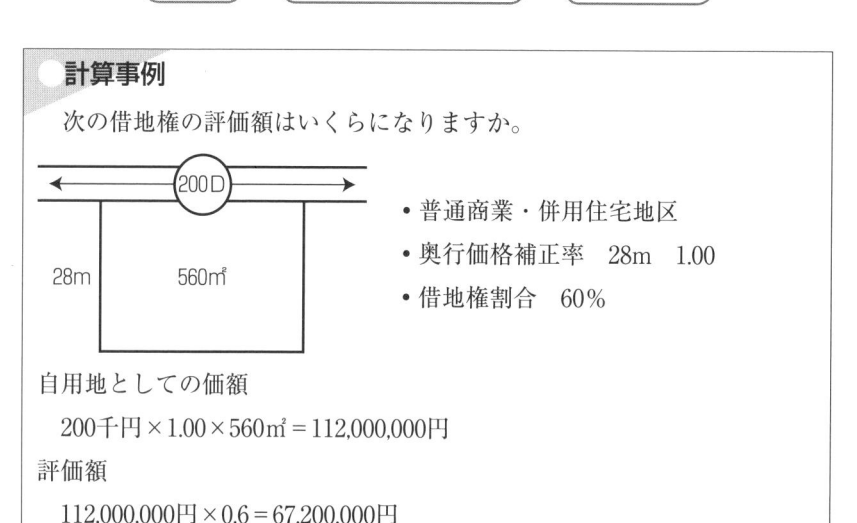

$$ 評価額 = 自用地としての価額 \times 借地権割合 $$

> **計算事例**
>
> 次の借地権の評価額はいくらになりますか。
>
> - 普通商業・併用住宅地区
> - 奥行価格補正率　28m　1.00
> - 借地権割合　60%
>
> （間口 200D、奥行 28m、地積 560㎡）
>
> 自用地としての価額
> 　200千円×1.00×560㎡＝112,000,000円
> 評価額
> 　112,000,000円×0.6＝67,200,000円

② 定期借地権等の評価

　定期借地権等の価額は、原則として、課税時期において借地権者に帰属する経済的利益及びその存続期間を基として評定した価額によって評価することになっています（評基通27-2、27-3）。

　しかし、この原則的方法による評価額の算定が容易でないことから、課税上弊害がない限り、次の算式により計算した金額によって評価します。

$$ 定期借地権の価額 = 自用地としての価額 \times 定期借地権設定時における定期借地権割合 \times 定期借地権の逓減率 $$

「定期借地権設定時における定期借地権割合」及び「定期借地権の逓減率」は次のように計算します。

$$\text{定期借地権設定時における定期借地権割合} = \frac{\text{定期借地権等の設定の時における借地権者に帰属する経済的利益の総額}}{\text{定期借地権等の設定の時におけるその宅地の通常の取引価額}}$$

$$\text{定期借地権の逓減率} = \frac{\text{課税時期におけるその定期借地権等の残存期間年数に応ずる基準年利率による複利年金現価率}}{\text{定期借地権等の設定期間年数に応ずる基準年利率による複利年金現価率}}$$

基準年利率の複利表は国税庁から公表されているものを使用します。

また、「定期借地権等の設定の時における借地権者に帰属する経済的利益の総額」は、次のⅰ）、ⅱ）、ⅲ）の合計額をいいます。

	内容	定期借地権等の設定の時における借地権者に帰属する経済的利益
ⅰ）	定期借地権等の設定に際し、借地権者から借地権設定者に対し、権利金、協力金、礼金などその名称のいかんを問わず借地契約の終了の時に返還を要しないものとされる金銭の支払い又は財産の供与がある場合	支払われた金銭の金額又は供与された財産の価額
ⅱ）	定期借地権等の設定に際し、借地権者から借地権設定者に対し、保証金、敷金などその名称のいかんを問わず借地契約の終了の時に返還を要するものとされる金銭等（保証金等）の預託があった場合において、その保証金等につき基準年利率未満の約定利率による利息の支払いがあるとき又は無利息のとき	次の算式により計算した金額 保証金等の額に相当する金額 −（保証金等の額に相当する金額 × 定期借地権等の設定期間年数に応じる基準年利率による複利現価率）−（保証金等の額に相当する金額 × 約定利率 × 定期借地権等の設定期間年数に応じる基準年利率による複利年金現価率）

第1章 不動産等（土地）

ⅲ)	定期借地権等の設定に際し、実質的に贈与を受けたと認められる差額地代の額がある場合	次の算式により計算した金額 差額地代の額 × 定期借地権等の設定期間年数に応じる基準年利率による複利年金現価率

計算事例

次の定期借地権の評価額はいくらになりますか。

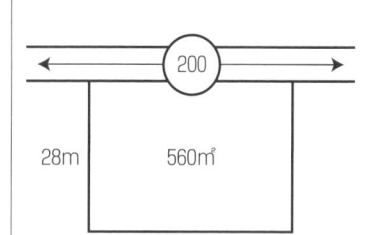

- 普通商業・併用住宅地区
- 奥行価格補正率　28m　1.00
- 契約時の通常の取引価額　80,000,000円
- 受け取った権利金（不返還）
　　　　　　　　　　　10,000,000円
- 預かった保証金（無利息）
　　　　　　　　　　　25,000,000円
- 契約期間　50年　複利現価率　0.475
　　　　　　　　　複利年金現価率　35.000
- 経過期間　20年　複利現価率　0.742
　　　　　　　　　複利年金現価率　17.169
- 残存年数　30年　複利現価率　0.640
　　　　　　　　　複利年金現価率　24.016

（図：間口200、奥行28m、560㎡）

自用地としての価額
　200千円×1.00×560㎡＝112,000,000円
定期借地権設定時における定期借地権割合
　(10,000,000円＋25,000,000円×(1－0.475))÷80,000,000円＝0.2890625
定期借地権の逓減率
　24.016÷35.000＝0.686171428
評価額
　112,000,000円×0.2890625×0.686171428＝22,214,799円

147

③ 地上権の評価

地上権の価額は、その地上権の目的となっている宅地の自用地としての価額に、次に定める割合を乗じて計算した金額によって評価します（相法23）。

残存期間	地上権割合
10年以下	$\frac{5}{100}$
10年超15年以下	$\frac{10}{100}$
15年超20年以下	$\frac{20}{100}$
20年超25年以下	$\frac{30}{100}$
25年超30年以下及び存続期間の定めのないもの	$\frac{40}{100}$
30年超35年以下	$\frac{50}{100}$
35年超40年以下	$\frac{60}{100}$
40年超45年以下	$\frac{70}{100}$
45年超50年以下	$\frac{80}{100}$
50年超	$\frac{90}{100}$

$$評価額 = 自用地としての価額 \times 地上権割合$$

●計算事例

次の地上権の評価額はいくらになりますか。

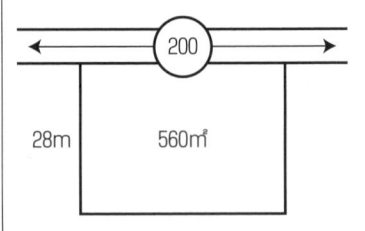

- 普通商業・併用住宅地区
- 奥行価格補正率　28m　1.00
- 地上権が設定されている
  契約の残存期間　15年

（間口200、奥行28m、560㎡）

自用地としての価額
　200千円×1.00×560㎡＝112,000,000円

> 評価額
>
> 　112,000,000円×0.1＝11,200,000円

④　区分地上権の評価

　区分地上権の価額は、その区分地上権の目的となっている宅地の自用地としての価額に、その区分地上権の設定契約の内容に応じた土地利用制限率を基とした割合（区分地上権の割合）を乗じて計算した金額によって評価します（評基通27-4）。

　土地利用制限率は、土地収用に関わる、国土交通省を始めとした中央省庁と電力会社やJRなどで構成された公的機関である用地対策連絡協議会が定めた「公共用地の取得に伴う損失補償基準細則」に記載されています。

　また、地下鉄等のずい道の所有を目的として設定した区分地上権を評価するときにおける区分地上権の割合は、$\frac{30}{100}$とすることができるものとされています。

　さらに、区分地上権が1画地の宅地の一部分に設定されているときは、「その区分地上権の目的となっている宅地の自用地としての価額」は、1画地の宅地の自用地としての価額のうち、その区分地上権が設定されている部分の地積に対応する価額となります。

$$\boxed{評価額} = \boxed{自用地としての価額} \times \boxed{区分地上権割合}$$

> **計算事例**
>
> 　次の区分地上権の評価額はいくらになりますか。
> ・自用地としての価額
> 　　2億5,000万円
> ・区分地上権設定契約書の内容
> 　　地下鉄のトンネルの設置を目的とするもので、地下2階以下は利用できない。
> 　　荷重制限のため、4階建までしか建築できない。

制限がなければ、7階建の店舗、事務所用の建物を建設することができる。

区分地上権割合

```
         （階層別利用率）
7階  ▨▨▨   33.0
6   ▨▨▨   36.9
5   ▨▨▨   40.1
4   □□□   42.8
3   □□□   44.1
2   □□□   61.5
1   □□□  100.0
───────────────
B1          55.7
B2  ▨▨▨   33.1
         計447.2
```

(33.0 + 36.9 + 40.1 + 33.1) ÷ 447.2 = 0.320

評価額

2億5,000万円 × 0.320 = 8,000万円

⑤ 区分地上権に準ずる地役権の評価

　区分地上権に準ずる地役権の価額は、その区分地上権に準ずる地役権の目的となっている承役地である宅地の自用地としての価額に、その区分地上権に準ずる地役権の設定契約の内容に応じた土地利用制限率を基とした割合（区分地上権に準ずる地役権の割合）を乗じて計算した金額によって評価します（評基通27-5）。

　この場合において、区分地上権に準ずる地役権の割合は、次に掲げるその承役地に係る制限の内容の区分に従って、それぞれ次の割合とすることができます。

区分	区分地上権に準ずる地役権の割合
家屋の建築が全くできない場合	$\frac{50}{100}$ 又はその区分地上権に準ずる地役権が借地権であるとした場合にその承役地に適用される借地権割合のいずれか高い割合
家屋の構造、用途等に制限を受ける場合	$\frac{30}{100}$

$$\boxed{評価額} = \boxed{自用地としての価額} \times \boxed{区分地上権に準ずる地役権の割合}$$

計算事例

次の区分地上権に準ずる地役権の評価額はいくらになりますか。

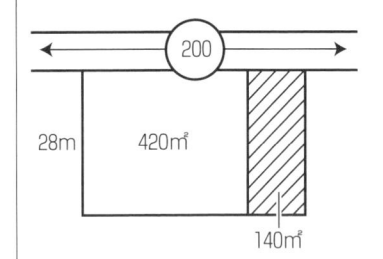

- 普通商業・併用住宅地区
- 奥行価格補正率　28m　1.00
- 地役権設定の内容
  地役権の設定により、総地積560㎡のうち140㎡部分について、家屋の構造用途に制限を受ける

自用地としての価額

　200千円×1.00×560㎡＝112,000,000円

評価額

　$112,000,000 円 \times 0.3 \times \dfrac{140㎡}{560㎡} = 8,400,000 円$

⑥　土地の上に存する権利が競合する場合の借地権等の評価

　土地の上に存する権利が競合する場合の借地権、定期借地権等又は地上権の価額は、次に掲げる区分に従い、それぞれ次のように評価します（評基通27-6）。

ⅰ）借地権、定期借地権等又は地上権及び区分地上権が設定されている場合

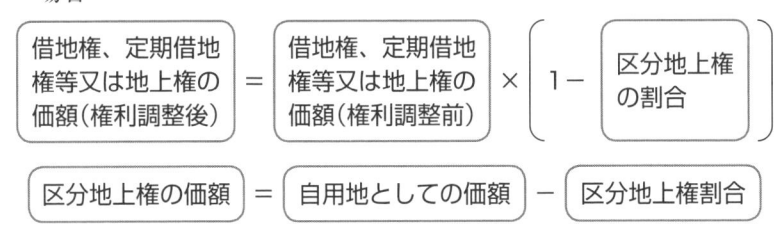

$$\boxed{\begin{array}{c}借地権、定期借地\\権等又は地上権の\\価額（権利調整後）\end{array}} = \boxed{\begin{array}{c}借地権、定期借\\地権等又は地上権の\\価額（権利調整前）\end{array}} \times \left(1 - \boxed{\begin{array}{c}区分地上権\\の割合\end{array}}\right)$$

$$\boxed{区分地上権の価額} = \boxed{自用地としての価額} - \boxed{区分地上権割合}$$

　区分地上権は競合による調整はしません。

ⅱ）区分地上権に準ずる地役権が設定されている承役地に借地権、定期

借地権等又は地上権が設定されている場合

$$\begin{pmatrix}借地権、定期借地\\権等又は地上権の\\価額（権利調整後）\end{pmatrix} = \begin{pmatrix}借地権、定期借地\\権等又は地上権の\\価額（権利調整前）\end{pmatrix} \times \begin{pmatrix}1 - \begin{pmatrix}区分地上権\\に準ずる地\\役権の割合\end{pmatrix}\end{pmatrix}$$

$$評価額 = 自用地としての価額 \times 区分地上権に準ずる地役権の割合$$

区分地上権に準ずる地役権は競合による調整はしません。

(2) 評価のポイント

　上述のように借地は、貸地とは逆に他人の土地の上に存在する権利自体を評価します。よって、評価しようとしている宅地の上に存する権利が存在するか否か、存在する場合には当該権利がどのようなものかを識別する必要があります。

6．広大地

(1) 財産評価手法

① 路線価地域

　その広大地の面する路線の路線価に、奥行価格補正（評基通15）から容積率の異なる2以上の地域にわたる宅地の評価（評基通20-5）までの定めに代わるものとして次の算式により求めた広大地補正率を乗じて計算した価額にその広大地の地積を乗じて計算した金額とされています。

　具体的な計算方法は以下のようになります。

イ．広大地補正率の計算

$$広大地補正率 = 0.6 - 0.05 \times \frac{広大地の地積}{1,000㎡}$$

（注）当計算方法は5,000㎡以下の地積の広大地について適用することから、広大地補正率の下限は0.35となります。ただし地積が5,000㎡を超える場合について、広大地補正率の下限の0.35を適用することは差し支えないとされています。

広大地補正率の計算例

地積	広大地補正率
1,000㎡	0.55
2,000㎡	0.50
3,000㎡	0.45
4,000㎡	0.40
5,000㎡	0.35

ロ．広大地の評価額の計算

広大地の評価額 ＝ 正面路線価 × 広大地補正率 × 地積

（注1）広大地の面する路線が2以上ある場合には、原則として最も高い路線価を使用します。
（注2）広大地補正率には土地の個別要因の事情補正が含まれているという考え方から、「奥行価格補正」(評基通15)から「容積率の異なる2以上の地域にわたる宅地の評価」(評基通20-5)までと「セットバックを必要とする宅地の評価」(評基通24-6)の適用はありません。
（注3）上記により計算した価額が、その広大地を通常の評価（「評価の方式」(評基通11)から「倍率方式による評価」(評基通21-2)までと「セットバックを必要とする宅地の評価」(評基通24-6)）により計算した価額を上回る場合には、通常の評価により計算した評価額を用います。
（注4）市街地周辺農地、市街地農地、市街地山林、市街地原野についても、当該広大地評価の適用があります。ただし、広大地補正率には宅地造成費等を考慮してあることから造成費の控除はしません。

② 倍率地域

　その広大地が標準的な間口距離及び奥行距離を有する宅地であるとした場合の1㎡当たりの価格を路線価として、上記①に準じて計算した金額とされており、計算方法は①と同様になります。

(2) **評価のポイント**

① 広大地の定義

　広大地評価額の計算方法は比較的単純ですが、そもそも評価対象地が広大地に該当するか否かが重要なポイントと考えられます。

　財産評価基本通達24-4が適用される広大地とは、「その地域における標準的な宅地の地積に比して著しく地積が広大な宅地で都市計画法第4条第12項に規定する開発行為を行うとした場合に公共公益的施設用地の負担が

<u>必要と認められるもの</u>（ただし大規模工場用地に該当するもの及び<u>中高層の集合住宅等の敷地用地に適しているものを除く</u>）」とされており、以下の事項に留意する必要があります。

イ．「その地域における標準的な宅地の地積」とは

「その他地域」とは、原則として、評価対象地周辺の

- 河川や山などの自然的状況
- 土地の利用状況の連続性や地域の一体性を分断する道路、鉄道及び公園などの状況
- 行政区域
- 都市計画法による土地利用の規制等の公法上の規制など、土地利用上の利便性や利用形態に影響を及ぼすもの

などを総合勘案し、利用状況、環境等がおおむね同一と認められる、住宅、商業、工業など特定の用途に供されることを中心としたひとまとまりの地域を指すものをいいます。

また、「標準的な宅地の地積」は、評価対象地の付近で状況の類似する地価公示の標準地又は都道府県地価調査の基準地の地積、評価対象地の付近の標準的使用に基づく宅地の平均的な地積などを総合勘案して判断します。

なお、標準的使用とは、「その地域」で一般的な宅地の使用方法をいいます。

ロ．「著しく地積が広大」とは

評価対象地が都市計画法施行令第19条第１項及び第２項の規定に基づき各自治体の定める開発許可を要する面積基準（以下「開発許可面積基準」といいます。）以上であれば、原則として、その地域の標準的な宅地に比して著しく地積が広大であると判断することができます。

なお、評価対象地の地積が開発許可面積基準以上であっても、その地域の標準的な宅地の地積と同規模である場合は、広大地に該当しません。

［面積基準］

ⅰ）市街化区域、非線引き都市計画区域及び準都市計画区域（ⅱ）に該

当するものを除く。)……都市計画法施行令第19条第1項及び第2項に定める面積※

※以下のように分類されます。

区域		面積
市街化区域	三大都市圏	500㎡
	それ以外の地域	1,000㎡
非線引き都市計画区域及び準都市計画区域		3,000㎡

(注1) 三大都市圏とは、次の地域をいいます。
　ⅰ) 首都圏整備法第2条第3項に規定する既成市街地又は同条第4項に規定する近郊整備地帯
　ⅱ) 近畿圏整備法第2条第3項に規定する既成都市区域又は同条第4項に規定する近郊整備区域
　ⅲ) 中部圏開発整備法第2条第3項に規定する都市整備区域
(注2) 「非線引き都市計画区域」とは、市街化区域と市街化調整区域の区域区分が行われていない都市計画区域をいいます。
(注3) 「準都市計画区域」とは、都市計画区域に準じた規制が行われ、開発許可制度を適用し、用途地域、特定用途制限地域、風致地区などを定めることができる都市計画区域外の区域をいいます。

ⅱ) 非線引き都市計画区域及び準都市計画区域のうち、用途地域が定められている区域……………………………………市街化区域に準じた面積

ただし、都道府県等の条例により、開発許可面積基準を別に定めている場合はその面積によります。

ハ. 「開発行為を行うとした場合に公共公益的施設用地の負担が必要と認められるもの」とは

広大地の評価は、戸建住宅分譲用地として開発した場合に相当規模の公共公益的施設用地の負担が生じる宅地を前提としていることから、「公共公益的施設用地の負担が必要と認められるもの」とは、経済的に最も合理的に戸建住宅の分譲を行った場合にその開発区域内に道路の開設が必要なものをいいます。

したがって、例えば、次のような場合は、開発行為を行うとした場合に公共公益的施設用地の負担がほとんど生じないと認められるため、広大地

には該当しないことになります。

 ⅰ）公共公益的施設用地の負担が、ごみ集積所などの小規模な施設の開設のみの場合
 ⅱ）セットバック部分のみを必要とする場合
 ⅲ）間口が広く、奥行が標準的な場合

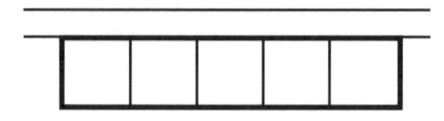

 ⅳ）道路が二方、三方又は四方にあり、道路の開設が必要ない場合

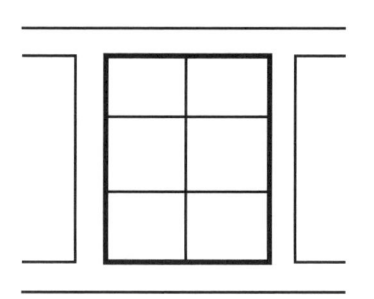

 ⅴ）開発指導等により道路敷きとして一部宅地を提供しなければならないが、道路の開設は必要ない場合

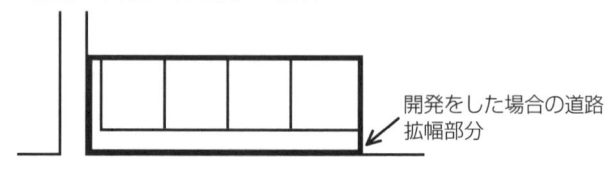

　　開発をした場合の道路拡幅部分

　　（注）セットバックを必要とする土地ではありませんが、開発行為を行う場合に道路敷きを提供しなければならない土地部分については、開発区域内の道路開設に当たらないことから、広大地に該当しません。

 ⅵ）路地状開発を行うことが合理的と認められる場合
　　（路地状開発とは、路地状部分を有する宅地を組み合わせ、戸建住宅分譲用地として開発することをいいます。）

第1章　不動産等（土地）

路地状部分

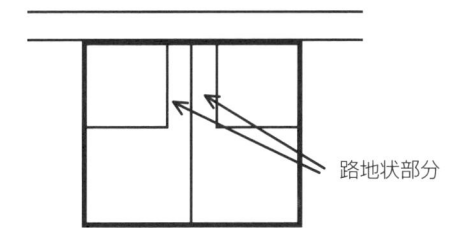

（注）なお、「路地状開発を行うことが合理的と認められる」かどうかは次の事項などを総合的に勘案して判断します。
- 路地状部分を有する画地を設けることによって、評価対象地の存する地域における「標準的な宅地の地積」に分割できること
- その開発が都市計画法、建築基準法、都道府県等の条例等の法令に反しないこと
- 容積率及び建ぺい率の計算上有利であること
- 評価対象地の存する地域において路地状開発による戸建住宅の分譲が一般的に行われていること

（注）区画割をする際の１区画当たりの地積は、評価対象地の存する地域の標準的使用に基づく「標準的な宅地の地積」になります。

ニ．「中高層の集合住宅等の敷地用地に適しているもの」とは

　評価対象地が、「中高層の集合住宅等の敷地用地に適しているもの」（中高層の集合住宅等の敷地用地として使用するのが最有効使用と認められるもの）かどうかの判断については、その宅地の存する地域の標準的使用の状況を参考とすることになります。

　しかし、戸建住宅と中高層の集合住宅等が混在する地域（主に都市計画により指定された容積率（指定容積率）が200％以下の地域）にある場合には、最有効使用の判定が困難な場合もあることから、例えば、次のように「中高層の集合住宅等の敷地用地に適しているもの」に該当すると判断できる場合を除いて、「中高層の集合住宅等の敷地用地に適しているもの」には該当しないこととして差し支えありません。
- その地域における用途地域・建ぺい率・容積率や地方公共団体の開発規制等が厳しくなく、交通、教育、医療等の公的施設や商業地への接近性（社会的・経済的・行政的見地）から判断して中高層の集合住宅

等の敷地用地に適していると認められる場合
- その地域に現に中高層の集合住宅等が建てられており、また、現在も建築工事中のものが多数ある場合、つまり、中高層の集合住宅等の敷地としての利用に地域が移行しつつある状態で、しかもその移行の程度が相当進んでいる場合

　一方、指定容積率が300％以上の地域内にある場合には、戸建住宅の敷地用地として利用するよりも中高層の集合住宅等の敷地用地として利用する方が最有効使用と判断される場合が多いことから、原則として「中高層の集合住宅等の敷地用地に適しているもの」に該当することになります。

　地域によっては、指定容積率が300％以上でありながら、戸建住宅が多く存在する地域もありますが、このような地域は指定容積率を十分に活用しておらず、①将来的にその戸建住宅を取り壊したとすれば、中高層の集合住宅等が建築されるものと認められる地域か、あるいは、②例えば道路の幅員などの何らかの事情により指定容積率を活用することができない地域であると考えられます。したがって、②のような例外的な場合を除き、評価対象地が存する地域の指定容積率が300％以上である場合には、「中高層の集合住宅等の敷地用地に適しているもの」と判断することになります。

　また、「中高層」には、原則として「地上階数3以上」のものが該当し、「集合住宅等」には、分譲マンションのほか、賃貸マンション等も含まれます。

② 市街化調整区域内における広大地の評価の可否

　市街化調整区域は市街化を抑制すべき区域で、原則として、周辺地域住民の日常生活用品の店舗や農林漁業用の一定の建築物などの建築の用に供する目的など、一定のもの以外は開発行為を行うことができない区域です。そのため、市街化調整区域内の宅地は、通常、広大地の評価を行うことはできません。

　しかし、都市計画法の規定により開発行為を許可することができることとされた区域内の土地等（例えば、都市計画法第34条第11号の規定に基づき都道府県等が条例で定めた区域内の宅地）で、都道府県等の条例の内容により戸建分譲を目的とした開発行為を行うことができる場合には、市街

化調整区域内の宅地であっても広大地の評価における他の要件を満たせば広大地の評価を行うことができます。

③ 都市計画道路予定地の区域内にある広大地の評価

広大地補正率により評価した後、都市計画道路予定地の区域内にある宅地としての補正率を乗じて計算した価額により評価します。

(3) **節税手法**

相続対象土地が広大地に該当する場合、以下の計算式のように広大地補正率により評価額が大きく減額されることがあります。

$$広大地の評価額＝正面路線価 \times 広大地補正率^※ \times 地積$$

$$※広大地補正率 = 0.6 - 0.05 \times \frac{広大地の地積}{1,000㎡}$$

計算事例

広大地の要件を満たす次のような宅地（地積2,145㎡）の評価はどのようになるでしょうか。

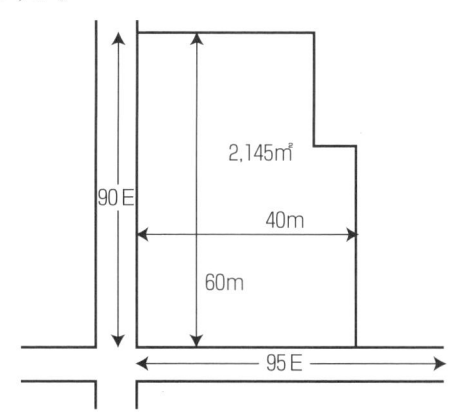

正面路線価の選定：95千円と90千円の２つの路線が面していますが、高い方の路線価（95千円）を正面路線価とします。

広大地補正率の計算：$0.6 - 0.05 \times \frac{2,145㎡}{1,000㎡} = 0.49275$

(注) 広大地補正率は端数処理を行いません

> 評価額の計算：95千円×0.49275×2,145㎡＝100,410,131円

ただし、広大地評価に用いる計算方法は、鑑定評価事例を基に統計学の手法（最小二乗法による回帰分析）を用いて分析・検討を行った結果採用されたもので、汎用性が高いものの個別性の高い事情は考慮されません。したがって、個別性の高い減価要因がある場合には広大地の評価方法によらず、通常の評価方法の方が有利となる場合があると考えられますので注意が必要です。

7．農地

(1) 財産評価手法

① 純農地

純農地の価額は、その農地の固定資産税評価額に、田又は畑の別に、地勢、土性、水利等の状況の類似する地域ごとに、その地域にある農地の売買実例価額、精通者意見価格等を基として国税局長の定める倍率を乗じて計算した金額によって評価します。

$$評価額 = 固定資産税評価額 \times 評価倍率$$

② 中間農地

中間農地の価額は、その農地の固定資産税評価額に、田又は畑の別に、地価事情の類似する地域ごとに、その地域にある農地の売買実例価額、精通者意見価格等を基として国税局長の定める倍率を乗じて計算した金額によって評価します。

$$評価額 = 固定資産税評価額 \times 評価倍率$$

③ 市街地周辺農地

市街地周辺農地の価額は、その農地が市街地農地であるとした場合（④市街地農地の宅地比準方式）の価額の$\frac{80}{100}$に相当する金額によって評価します。

第1章 不動産等（土地）

$$評価額 = \left(\begin{array}{c} 宅地であるとした場合 \\ の1㎡当たりの価額 \end{array} - \begin{array}{c} 1㎡当たり \\ の造成費 \end{array} \right) \times 地積 \times \frac{80}{100}$$

(注) 1 その農地が宅地であるとした場合の1㎡当たりの価額は、その付近にある宅地について評価の方式（評基通11）に定める方式によって評価した1㎡当たりの価額を基とし、その宅地とその農地との位置、形状等の条件の差を考慮して評価するものとされています。
　　　具体的には、その農地が路線価方式によって評価する地域においては路線価を基として、倍率地域においてはその農地に近接し、道路からの位置や形状などが最も類似する宅地の評価額を基として計算します。
　　2 造成費については、「(2)評価のポイント②宅地造成費」にて後述します。

●計算事例

倍率地域に属する次のような市街地周辺農地の評価はどのようになるでしょうか。（1㎡当たりの造成費は400円とします。）

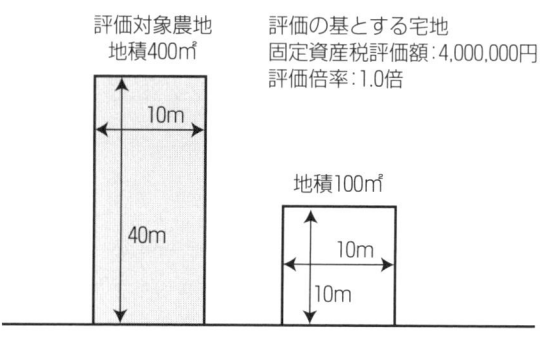

評価対象農地
地積400㎡

評価の基とする宅地
固定資産税評価額：4,000,000円
評価倍率：1.0倍

評価の基とする近傍の宅地の固定資産税評価額40,000円/㎡を基に、道路からの位置や形状を考慮します。

ここで普通住宅地の奥行価格補正率0.92と、奥行長大補正率0.94を参考とし、当該農地の宅地であるとした場合の1㎡当たりの価額は、

$$\frac{4,000,000円}{100㎡} \times 1.0 \times 0.92 \times 0.94 = 34,592円/㎡$$

したがって、当該市街地周辺農地の評価額は、

$$(34,592円/㎡ - 400円/㎡) \times 400㎡ \times \frac{80}{100} = 10,941,440円$$

④ 市街地農地

　市街地農地の価額は、その農地が宅地であるとした場合の1㎡当たりの価額からその農地を宅地に転用する場合において通常必要と認められる1㎡当たりの造成費に相当する金額として、整地、土盛り又は土止めに要する費用の額がおおむね同一と認められる地域ごとに国税局長の定める金額を控除した金額に、その農地の地積を乗じて計算した金額によって評価します（宅地比準方式）。

$$評価額 = \left(宅地であるとした場合の1㎡当たりの価額 - 1㎡当たりの造成費 \right) \times 地積$$

●計算事例

　倍率地域に属する次のような市街地農地の評価はどのようになるでしょうか。（1㎡当たりの造成費は400円とします。）

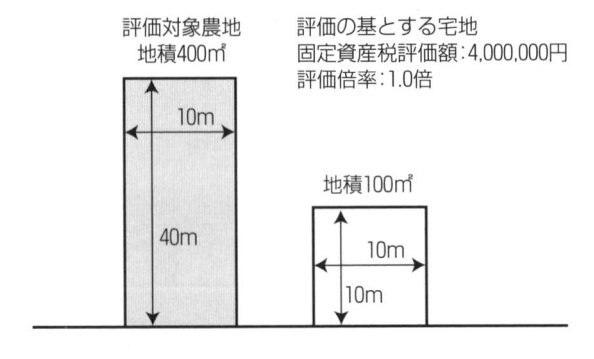

評価対象農地
地積400㎡
10m
40m

評価の基とする宅地
固定資産税評価額：4,000,000円
評価倍率：1.0倍
地積100㎡
10m
10m

　評価の基とする近傍の宅地の固定資産税評価額40,000円/㎡を基に、道路からの位置や形状を考慮します。

　ここで普通住宅地の奥行価格補正率0.92と、奥行長大補正率0.94を参考とし、当該農地の宅地であるとした場合の1㎡当たりの価額は、

$$\frac{4,000,000円}{100㎡} \times 1.0 \times 0.92 \times 0.94 = 34,592円/㎡$$

したがって、当該市街地農地の評価額は、

　(34,592円/㎡ − 400円/㎡) × 400㎡ = 13,676,800円

ただし、市街化区域内に存する市街地農地については、その農地の固定資産税評価額に地価事情の類似する地域ごとに、その地域にある農地の売買実例価額、精通者意見価格等を基として国税局長の定める倍率を乗じて計算した金額によって評価することができるものとし、その倍率が定められている地域にある市街地農地の価額は、その農地の固定資産税評価額にその倍率を乗じて計算した金額によって評価します（倍率方式）。

$$評価額 = 固定資産税評価額 \times 評価倍率$$

⑤　広大な市街地農地等

上記③、④の市街地周辺農地及び市街地農地が宅地であるとした場合において、これらが広大地に該当するときは、その市街地周辺農地及び市街地農地の価額は、広大地の評価の定めに準じて評価します。ただし、市街地周辺農地及び市街地農地を広大地の評価により評価した価額が上記③、④の方式によって評価した価額を上回る場合には、上記③、④の方式によって評価することに留意が必要です。

また、広大地の評価の適用を受ける農地が市街地周辺農地である場合には、広大地の評価の定めに準じて評価した価額の$\frac{80}{100}$に相当する金額によって評価することに留意が必要です。

⑥　生産緑地

生産緑地（生産緑地法（昭和49年法律第68号）第２条第３号に規定する生産緑地のうち、課税時期において同法第10条の規定により市町村長に対し生産緑地を時価で買い取るべき旨の申出（以下「買取りの申出」）を行った日から起算して３月（生産緑地法の一部を改正する法律（平成３年法律第39号）附則第２条第３項の規定の適用を受ける同項に規定する旧第二種生産緑地地区に係る旧生産緑地にあっては１月）を経過しているもの以外のもの）の価額は、その生産緑地が生産緑地でないものとして評価した価額から、その価額に次に掲げる生産緑地の別にそれぞれ次に掲げる割合を乗じて計算した金額を控除した金額によって評価します。

イ．課税時期において市町村長に対し買取りの申出をすることができない生産緑地

課税時期から買取りの申出をすることができることとなる日までの期間	割合
5年以下のもの	$\frac{10}{100}$
5年を超え10年以下のもの	$\frac{15}{100}$
10年を超え15年以下のもの	$\frac{20}{100}$
15年を超え20年以下のもの	$\frac{25}{100}$
20年を超え25年以下のもの	$\frac{30}{100}$
25年を超え30年以下のもの	$\frac{35}{100}$

評価額 ＝ 生産緑地でないとして評価した価額 × （1 － 上表の割合）

ロ．課税時期において市町村長に対し買取りの申出が行われていた生産緑地又は買取りの申出をすることができる生産緑地

$\frac{5}{100}$

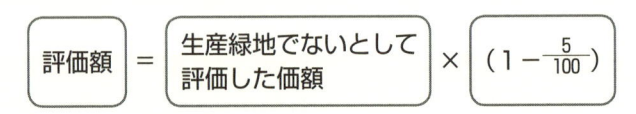

評価額 ＝ 生産緑地でないとして評価した価額 × $\left(1 - \frac{5}{100}\right)$

⑦ 農地の上に存する権利

イ．耕作権

耕作権の評価は、次に掲げる区分に従い、それぞれ次に掲げるところによります。

ⅰ）純農地及び中間農地に係る耕作権の価額は、前述①、②に定める方式により評価したその農地の価額に、$\frac{50}{100}$を乗じて計算した金額によって評価します。

$$\boxed{評価額} = \boxed{固定資産税評価額} \times \boxed{評価倍率} \times \boxed{\tfrac{50}{100}}$$

ⅱ）市街地周辺農地、市街地農地に係る耕作権の価額は、その農地が転用される場合に通常支払われるべき離作料の額、その農地の付近にある宅地に係る借地権の価額等を参酌して求めた金額によって評価します。ただし、一定の耕作権割合（東京国税局：$\frac{35}{100}$、大阪国税局：$\frac{40}{100}$など）を乗じて計算しても差し支えないこととされています。

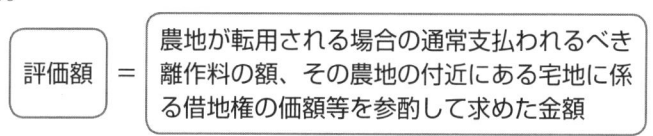

$$\boxed{評価額} = \boxed{\begin{array}{l}農地が転用される場合の通常支払われるべき\\離作料の額、その農地の付近にある宅地に係\\る借地権の価額等を参酌して求めた金額\end{array}}$$

又は、

$$\boxed{評価額} = \boxed{農地の評価額} \times \boxed{\tfrac{35}{100}}$$

（注）東京国税局管内の耕作権割合の場合

ロ．永小作権

ⅰ）存続期間の定めのあるもの

その残存期間に応じ、その目的となっている土地のこれらの権利を取得した時におけるこれらの権利が設定されていない場合の時価に、次に定める割合を乗じて算出した金額によります。

残存期間	割合
10年以下	$\frac{5}{100}$
10年超15年以下	$\frac{10}{100}$
15年超20年以下	$\frac{20}{100}$
20年超25年以下	$\frac{30}{100}$
25年超30年以下	$\frac{40}{100}$
30年超35年以下	$\frac{50}{100}$
35年超40年以下	$\frac{60}{100}$

40年超45年以下	$\frac{70}{100}$
45年超50年以下	$\frac{80}{100}$
50年超	$\frac{90}{100}$

$$\boxed{評価額} = \boxed{農地の評価額} \times \boxed{上表の割合}$$

ⅱ) 存続期間の定めのないもの

存続期間の定めのない永小作権の価額は、存続期間を30年（別段の慣習があるときは、それによります。）とみなし、上記ⅰ)において、$\frac{40}{100}$の割合を用いた計算により評価します。

$$\boxed{評価額} = \boxed{農地の評価額} \times \boxed{\frac{40}{100}}$$

ハ．区分地上権

農地に係る区分地上権の価額は、区分地上権の評価（評基通27-4）の定めを準用して評価します。

「5．借地(1)財産評価方法④区分地上権の評価」を参照してください。

ニ．区分地上権に準ずる地役権

農地に係る区分地上権に準ずる地役権の価額は、その区分地上権に準ずる地役権の目的となっている承役地である農地の自用地としての価額を基とし、区分地上権に準ずる地役権の評価（評基通27-5）の定めを準用して評価します。

「5．借地(1)財産評価方法⑤区分地上権に準ずる地役権の評価」を参照してください。

ホ．土地の上に存する権利が競合する場合の耕作権又は永小作権

土地の上に存する権利が競合する場合の耕作権又は永小作権の価額は、次の区分に従い、それぞれ次の算式により計算した金額によって評価します。

ⅰ）耕作権又は永小作権及び区分地上権が設定されている場合の耕作権又は永小作権の価額

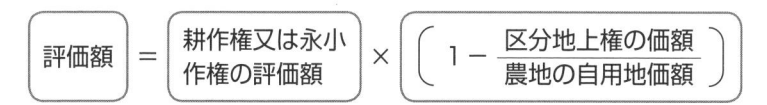

$$\boxed{評価額} = \boxed{\begin{array}{c}耕作権又は永小\\作権の評価額\end{array}} \times \left(1 - \dfrac{区分地上権の価額}{農地の自用地価額}\right)$$

ⅱ）区分地上権に準ずる地役権が設定されている承役地に耕作権又は永小作権が設定されている場合の耕作権又は永小作権の価額

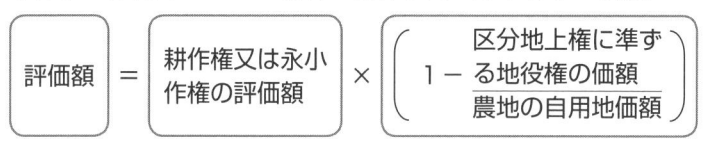

$$\boxed{評価額} = \boxed{\begin{array}{c}耕作権又は永小\\作権の評価額\end{array}} \times \left(1 - \dfrac{区分地上権に準ずる地役権の価額}{農地の自用地価額}\right)$$

⑧　貸し付けられている農地

　耕作権、永小作権等の目的となっている農地の評価は、次に掲げる区分に従い、それぞれ次に掲げるところによります。

イ．耕作権の目的となっている農地

　その農地の自用地としての価額から、耕作権の評価（評基通42）の定めにより評価した耕作権の価額を控除した金額によって評価します。

ロ．永小作権の目的となっている農地

　その農地の自用地としての価額から、地上権及び永小作権の評価（相法23）又は地上権及び永小作権の評価（地価税法24）の規定により評価した永小作権の価額を控除した金額によって評価します。

ハ．区分地上権の目的となっている農地

　その農地の自用地としての価額から、区分地上権の評価（評基通43-2）の定めにより評価した区分地上権の価額を控除した金額によって評価します。

ニ．区分地上権に準ずる地役権の目的となっている農地

　その農地の自用地としての価額から、区分地上権に準ずる地役権の評価（評基通43-3）の定めにより評価した区分地上権に準ずる地役権の価額を控除した金額によって評価します。

　すなわち上記のそれぞれの貸し付けられている農地の評価額の計算は、

評価額 ＝ 農地の自用地価額 − 各土地の上に存する権利の価額

となります。

　各土地の上に存する権利の価額は、前述「⑦農地の上に存する権利」を参照してください。

⑨　土地の上に存する権利が競合する場合の農地

　土地の上に存する権利が競合する場合の農地の価額は、次に掲げる区分に従い、それぞれ次の算式により計算した金額によって評価します。

イ．耕作権又は永小作権及び区分地上権の目的となっている農地の価額

評価額 ＝ 農地の自用地価額 −（区分地上権の価額 ＋ 区分地上権が設定されている場合の耕作権又は永小作権の価額※）

　※前述の「⑦農地の上に存する権利　ホ．土地の上に存する権利が競合する場合の耕作権又は永小作権」参照

ロ．区分地上権及び区分地上権に準ずる地役権の目的となっている承役地である農地の価額

評価額 ＝ 農地の自用地価額 −（区分地上権の価額 ＋ 区分地上権に準ずる地役権の価額）

ハ．耕作権又は永小作権及び区分地上権に準ずる地役権の目的となっている承役地である農地の価額

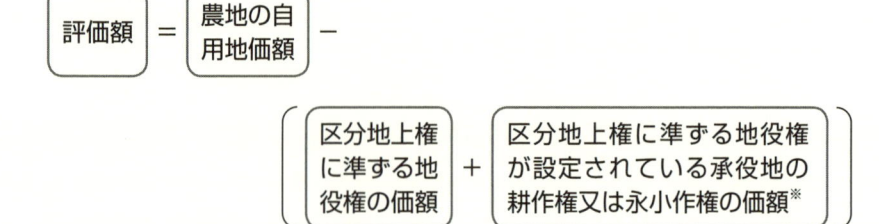

評価額 ＝ 農地の自用地価額 −（区分地上権に準ずる地役権の価額 ＋ 区分地上権に準ずる地役権が設定されている承役地の耕作権又は永小作権の価額※）

　※前述の「⑦農地の上に存する権利　ホ．土地の上に存する権利が競合する場合の耕作権又は永小作権」参照

(2) 評価のポイント
① 農地の分類
　農地の中には、農地法によりその転用に制限が加えられているものから、市街地に存在し、その取引価格も宅地転用を見込まれるものなど、その種類によって取引価格は大きく異なるといえます。

　そこで、農地法等を基に農地を以下のように分類し、それぞれ評価方法が規定されています。

イ．純農地

　純農地とは、次に掲げる農地のうち、そのいずれかに該当するものをいいます。ただし、市街地農地の範囲（評基通36-4）に該当する農地を除きます。

　　ⅰ）農用地区域内にある農地
　　ⅱ）市街化調整区域内にある農地のうち、第1種農地又は甲種農地に該当するもの
　　ⅲ）上記ⅰ）及びⅱ）に該当する農地以外の農地のうち、第1種農地に該当するもの。ただし、近傍農地の売買実例価額、精通者意見価格等に照らし、第2種農地又は第3種農地に準ずる農地と認められるものを除く。

ロ．中間農地

　中間農地とは、次に掲げる農地のうち、そのいずれかに該当するものをいいます。ただし市街地農地の範囲（評基通36-4）に該当する農地を除きます。

　　ⅰ）第2種農地に該当するもの
　　ⅱ）上記ⅰ）に該当する農地以外の農地のうち、近傍農地の売買実例価額、精通者意見価格等に照らし、第2種農地に準ずる農地と認められるもの

ハ．市街地周辺農地

　市街地周辺農地とは、次に掲げる農地のうち、そのいずれかに該当するものをいいます。ただし、市街地農地の範囲（評基通36-4）に該当する農

地を除きます。
 ⅰ）第3種農地に該当するもの
 ⅱ）上記ⅰ）に該当する農地以外の農地のうち、近傍農地の売買実例価額、精通者意見価格等に照らし、第3種農地に準ずる農地と認められるもの
ニ．市街地農地
　市街地農地とは、次に掲げる農地のうち、そのいずれかに該当するものをいいます。
 ⅰ）農地法第4条又は第5条に規定する許可（以下「転用許可」）を受けた農地
 ⅱ）市街化区域内にある農地
 ⅲ）農地法等の一部を改正する法律附則第2条第5項の規定によりなお従前の例によるものとされる改正前の農地法第7条第1項第4号の規定により、転用許可を要しない農地として、都道府県知事の指定を受けたもの

　（注）上記にいう「甲種農地」、「第1種農地」、「第2種農地」、「第3種農地」は農地法に規定されているもので以下のものをいいます。

甲種農地	農地法第4条第2項第1号ロに掲げる農地のうち市街化調整区域内にある農地法施行令第12条に規定する農地
第1種農地	農地法第4条第2項第1号ロに掲げる農地のうち甲種農地以外の農地
第2種農地	農地法第4条第2項第1号イ及びロに掲げる農地（同号ロ(1)に掲げる農地を含む。）以外の農地
第3種農地	農地法第4条第2項第1号ロ(1)に掲げる農地（農用地区域内にある農地を除く。）

② 宅地造成費
　宅地比準方式で使用する宅地造成費は、農地等を宅地に転用する場合において通常必要と認められる1㎡当たりの造成費に相当する金額として、整地、土盛り又は土止めに要する費用の額がおおむね同一と認められる地域ごとに国税局長が定めており、国税庁の公表する財産評価基準書で確認

できます。

「市街地農地」、「市街地周辺農地」、「市街地山林」(ゴルフ場用地と同様に評価することが相当と認められる遊園地等用地(市街化区域及びそれに近接する地域にある遊園地等に限ります。)を含みます。)及び「市街地原野」を評価する場合における宅地造成費の金額は、平坦地と傾斜地の区分によりそれぞれ次表に掲げる金額のとおりです。

イ．平坦地

東京国税局管内（平成24年分）

工事費目		造成区分	金額
整地費	整地費	整地を必要とする面積1㎡当たり	400円
	伐採・抜根費	伐採・抜根を必要とする面積1㎡当たり	500円
	地盤改良費	地盤改良を必要とする面積1㎡当たり	1,300円
土盛費		他から土砂を搬入して土盛りを必要とする場合の土盛り体積1㎡当たり	3,800円
土止費		土止めを必要とする場合の擁壁の面積1㎡当たり	38,500円

(注1)「整地費」とは、①凹凸がある土地の地面を地ならしするための工事費又は②土盛工事を要する土地について、土盛工事をした後の地面を地ならしするための工事費をいいます。
(注2)「伐採・抜根費」とは、樹木が生育している土地について、樹木を伐採し、根等を除去するための工事費をいいます。したがって、整地工事によって樹木を除去できる場合には、造成費に本工事費を含めません。
(注3)「地盤改良費」とは、湿田など軟弱な表土で覆われた土地の宅地造成に当たり、地盤を安定させるための工事費をいいます。
(注4)「土盛費」とは、道路よりも低い位置にある土地について、宅地として利用できる高さ（原則として道路面）まで搬入した土砂で埋め立て、地上げする場合の工事費をいいます。
(注5)「土止費」とは、道路よりも低い位置にある土地について、宅地として利用できる高さ（原則として道路面）まで地上げする場合に、土盛りした土砂の流出や崩壊を防止するために構築する擁壁工事費をいいます。

ロ. 傾斜地

東京国税局管内（平成24年分）

傾斜度	金額
3度超5度以下	8,900円/㎡
5度超10度以下	15,400円/㎡
10度超15度以下	21,300円/㎡
15度超20度以下	33,500円/㎡

(注1)「傾斜地の宅地造成費」の金額は、整地費、土盛費、土止費の宅地造成に要するすべての費用を含めて算定したものです。
　　　なお、この金額には、伐採・抜根費は含まれていないことから、伐採・抜根を要する土地については、「平坦地の宅地造成費」の「伐採・抜根費」の金額を基に算出し加算します。
(注2) 傾斜度3度以下の土地については、「平坦地の宅地造成費」の額により計算します。
(注3) 傾斜度については、原則として、測定する起点は評価する土地に最も近い道路面の高さとし、傾斜の頂点（最下点）は、評価する土地の頂点（最下点）が奥行距離の最も長い地点にあるものとして判定します。
(注4) 宅地への転用が見込めないと認められる市街地山林については、近隣の純山林の価額に比準して評価する（評基通49）こととしています。したがって、宅地であるとした場合の価額から宅地造成費に相当する金額を控除して評価した価額が、近隣の純山林に比準して評価した価額を下回る場合には、経済合理性の観点から宅地への転用が見込めない市街地山林に該当するので、その市街地山林の価額は、近隣の純山林に比準して評価することになります。

(3) 納税資金対策

① 農地の納税猶予の特例

イ. 概要

　農業を営んでいた被相続人又は特定貸付けを行っていた被相続人から相続人が一定の農地等を相続し、農業を営む場合又は特定貸付けを行う場合には、農地等の価額のうち農業投資価格による価額を超える部分に対応する相続税額については、その相続した農地等について相続人が農業を営んでいる又は特定貸付けを行っている限り、その納税が猶予されます（猶予される相続税額を「農地等納税猶予税額」といいます。）。

　この農地等納税猶予税額は、次のいずれかに該当することとなった場合

には、その納税が免除されます。
- ⅰ）特例の適用を受けた相続人が死亡した場合
- ⅱ）特例の適用を受けた相続人が、この特例の適用を受けている農地等（特例農地等といいます。）の全部を贈与税の納税猶予が適用される生前一括贈与をした場合
- ⅲ）特例の適用を受けた相続人が相続税の申告期限から農業を20年間継続した場合（市街化区域内農地等に対応する農地等納税猶予税額の部分に限ります。）

(注1) 特定貸付けとは、農業経営基盤強化促進法の規定による一定の貸付けをいいます。
(注2) 農業投資価格とは、農地等が恒久的に農業の用に供されるとした場合に通常成立すると認められる取引価格として所轄国税局長が決定した価格をいいます。

ロ．適用要件

この特例を受けることができるのは、次の要件に該当する場合です。

ⅰ）被相続人の要件

次のいずれかに該当する人であること

- 死亡の日まで農業を営んでいた人
- 農地等の生前一括贈与をした人

　　死亡の日まで受贈者が贈与税の納税猶予又は納期限の延長の特例の適用を受けていた場合に限られます。

- 死亡の日まで相続税の納税猶予の適用を受けていた農業相続人又は農地等の生前一括贈与の適用を受けていた受贈者で、障害、疾病などの事由により自己の農業の用に供することが困難な状態であるため賃借権等の設定による貸付けをし、税務署長に届出をした人
- 死亡の日まで特定貸付けを行っていた人

ⅱ）農業相続人の要件

被相続人の相続人で、次のいずれかに該当する人であること

- 相続税の申告期限までに農業経営を開始し、その後も引き続き農業経営を行うと認められる人
- 農地等の生前一括贈与の特例の適用を受けた受贈者で、特例付加年

金又は経営移譲年金の支給を受けるためその推定相続人の1人に対し農地等について使用貸借による権利を設定して、農業経営を移譲し、税務署長に届出をした人

　贈与者の死亡の日後も引き続いてその推定相続人が農業経営を行うものに限ります。
- 農地等の生前一括贈与の特例の適用を受けた受贈者で、障害、疾病などの事由により自己の農業の用に供することが困難な状態であるため賃借権等の設定による貸付けをし、税務署長に届出をした人
贈与者の死亡後も引き続いて賃借権等の設定による貸付けを行うものに限ります。
- 相続税の申告期限までに特定貸付けを行った人

ⅲ）特例農地等の要件

　次のいずれかに該当するものであり、相続税の期限内申告書にこの特例の適用を受ける旨の記載されたものであること
- 被相続人が農業の用に供していた農地等で相続税の申告期限までに遺産分割されたもの
- 被相続人が特定貸付けを行っていた農地又は採草放牧地で相続税の申告期限までに遺産分割されたもの
- 被相続人が営農困難時貸付けを行っていた農地等で相続税の申告期限までに遺産分割されたもの
- 被相続人から生前一括贈与により取得した農地等で被相続人の死亡の時まで贈与税の納税猶予又は納期限の延長の特例の適用を受けていたもの
- 相続や遺贈によって財産を取得した人が相続開始の年に被相続人から生前一括贈与を受けていた農地等

（注）農地等とは、農地（特定市街化区域農地等に該当するもの及び農地法第32条の規定による耕作の放棄の通知（同条但書の公告を含みます。）に係るものを除きます。）及び採草放牧地（特定市街化区域農地等に該当するものを除きます。）、準農地（10年以内に農地や採草放牧地に開発して、農業の用に供するもので一定のものをいいます。）をいいます。特例農地等のうち一定の公共事業のために一時的に

転用しているものも農地等に含まれます。

ハ．特例を受けるための手続等

ⅰ）相続税の申告手続

相続税の申告書に所定の事項を記載し期限内に提出するとともに農地等納税猶予税額及び利子税の額に見合う担保を提供することが必要です。申告書には相続税の納税猶予に関する適格者証明書や担保関係書類など一定の書類を添付することが必要です。

ⅱ）納税猶予期間中の継続届出

納税猶予期間中は相続税の申告期限から３年目ごとに、引き続いてこの特例の適用を受ける旨及び特例農地等に係る農業経営に関する事項等を記載した届出書（この届出書を「継続届出書」といいます。）を提出することが必要です。

ニ．相続税額の計算

ⅰ）相続税の総額の計算

次の２通りの計算をします。

- 通常の評価額による各人の相続税の総額(A)
- 農業相続人の相続する特例農地等の価額を農業投資価格（注）によって評価した相続税の総額(B)

（注）農業投資価格とは、特例農地等に該当する農地、採草放牧地又は準農地につき、それぞれ、その所在する地域において恒久的に耕作又は養畜の用に供されるべき農地若しくは採草放牧地又は農地若しくは採草放牧地に開発されるべき土地として自由な取引が行われるものとした場合におけるその取引において通常成立すると認められる価格として当該地域の所轄国税局長が決定した価格をいい、所轄局の財産評価基準書（国税局の路線価図ホームページ等）で確認できます。

ⅱ）各人の相続税額の計算

特例農地等を農業投資価格で評価した課税価格を「特例課税価格」、これによる相続税の総額を「特例相続税の総額」とすると、各人の相続税額は以下の様に計算されます。

- 農業相続人

$$\text{特例相続税の総額} \times \frac{\text{農業相続人の特例課税価格}}{\text{特例課税価格の合計額}}$$

- 農業相続人以外の相続税額

$$\text{特例相続税の総額} \times \frac{\text{各人の課税価格}}{\text{特例課税価格の合計額}}$$

- 納税猶予額

上記ⅰ）の(A)－(B)

ホ．農地等納税猶予税額の納付

ⅰ）農地等納税猶予税額を納付しなければならなくなる場合

次のいずれかに該当することとなった場合には、その農地等納税猶予税額の全部又は一部を納付しなければなりません。

- 特例農地等について、譲渡等があった場合

譲渡等には、譲渡、贈与若しくは転用のほか、地上権、永小作権、使用貸借による権利若しくは賃借権の設定（一定の要件を満たすものは除きます。）又はこれらの権利の消滅若しくは農地について農地法第32条の規定による耕作の放棄の通知（同条ただし書の公告を含みます。）があった場合も含まれます。

- 特例農地等に係る農業経営を廃止した場合
- 継続届出書の提出がなかった場合
- 担保価値が減少したことなどにより、増担保又は担保の変更を求められた場合で、その求めに応じなかったとき
- 都市営農農地等について生産緑地法の規定による買取りの申出があった場合や都市計画の変更等により特例農地等が特定市街化区域農地等に該当することとなった場合
- 特例の適用を受けている準農地について、申告期限後10年を経過する日までに農業の用に供していない場合

ⅱ）納付すべき税額に係る利子税

上記ⅰ）に該当して農地等納税猶予税額を納付しなければならなくなった場合には、その納付すべき税額について相続税の申告期限の翌日から納税猶予の期限までの期間に応じて年3.6％（一定の部分は年6.6％となります。）の割合で利子税がかかります。

ただし、この利子税の割合は、各年分の前年11月30日の日本銀行が定める基準割引率に4％を加算した割合が年7.3％に満たない場合には、その年中においては次の算式により計算した割合（0.1％未満の端数切捨て）になります。

（算式）

3.6％又は6.6％×（前年11月30日の日本銀行が定める基準割引率＋4％）÷7.3％

8．山林

(1) 財産評価手法

① 純山林

純山林の価額は、その山林の固定資産税評価額に、地勢、土層、林産物の搬出の便等の状況の類似する地域ごとに、その地域にある山林の売買実例価額、精通者意見価格等を基として国税局長の定める倍率を乗じて計算した金額によって評価します。

$$\boxed{評価額} = \boxed{固定資産税評価額} \times \boxed{評価倍率}$$

② 中間山林

中間山林の価額は、その山林の固定資産税評価額に、地価事情の類似する地域ごとに、その地域にある山林の売買実例価額、精通者意見価格等を基として国税局長の定める倍率を乗じて計算した金額によって評価します。

$$\boxed{評価額} = \boxed{固定資産税評価額} \times \boxed{評価倍率}$$

③ 市街地山林

市街地山林の価額は、その山林が宅地であるとした場合の1㎡当たりの価額から、その山林を宅地に転用する場合において通常必要と認められる1㎡当たりの造成費に相当する金額として、整地、土盛り又は土止めに要する費用の額がおおむね同一と認められる地域ごとに国税局長の定める金額を控除した金額に、その山林の地積を乗じて計算した金額によって評価します（宅地比準方式）。

$$評価額 = \left(宅地であるとした場合の1㎡当たりの価額 - 1㎡当たりの造成費 \right) \times 地積$$

（注）具体的な計算方法は、農地の比準方式と同様です。

ただし、その市街地山林の固定資産税評価額に地価事情の類似する地域ごとに、その地域にある山林の売買実例価額、精通者意見価格等を基として国税局長の定める倍率を乗じて計算した金額によって評価することができるものとし、その倍率が定められている地域にある市街地山林の価額は、その山林の固定資産税評価額にその倍率を乗じて計算した金額によって評価します（倍率方式）。

$$評価額 = 固定資産税評価額 \times 評価倍率$$

なお、その市街地山林について宅地への転用が見込めないと認められる場合には、その山林の価額は、近隣の純山林の価額に比準して評価します（近隣純山林比準方式）。

（注）「その市街地山林について宅地への転用が見込めないと認められる場合」とは、その山林を本項本文によって評価した場合の価額が近隣の純山林の価額に比準して評価した価額を下回る場合、又はその山林が急傾斜地等であるために宅地造成ができないと認められる場合をいいます。

④ 広大な市街地山林

市街地山林が宅地であるとした場合において、広大地の評価（評基通24-4）に定める広大地に該当するときは、その市街地山林の価額は、広大地の評価の定めに準じて評価します。ただし、その市街地山林を広大地の

評価の定めによって評価した価額が上記③の定めによって評価した価額を上回る場合には、上記③の定めによって評価することに留意する必要があります。

⑤ 保安林等

森林法（昭和26年法律第249号）その他の法令の規定に基づき土地の利用又は立木の伐採について制限を受けている山林（下記⑥により評価するものを除きます。）の価額は、評価の方式（評基通45）から広大な市街地山林の評価（評基通49-2）までの定めにより評価した価額（その山林が森林法第25条《指定》の規定により保安林として指定されており、かつ、倍率方式により評価すべきものに該当するときは、その山林の付近にある山林につき評基通45から49-2までの定めにより評価した価額に比準して評価した価額とします。）から、その価額にその山林の上に存する立木について保安林等の立木の評価（評基通123）に定める割合を乗じて計算した金額を控除した金額によって評価します。

(注) ここで保安林等の立木の評価は、森林の主要樹種の立木の評価（評基通113）、森林の主要樹種以外の立木の評価（評基通117）、森林の立木以外の立木の評価（評基通122）に基づき評価した価額から、その伐採制限の程度に応じて以下の割合を乗じて計算した金額を控除して評価します。

法令に基づき定められた伐採関係の区分	控除割合
一部皆伐	0.3
択伐	0.5
単木選伐	0.7
禁伐	0.8

評価額 ＝ 制限がないとして評価した山林の評価額 × （1 － 上表の割合）

⑥ 特別緑地保全地区内にある山林

都市緑地法（昭和48年法律第72号）第12条に規定する特別緑地保全地区（首都圏近郊緑地保全法（昭和41年法律第101号）第4条第2項第3号に規

定する近郊緑地特別保全地区及び近畿圏の保全区域の整備に関する法律（昭和42年法律第103号）第6条第2項に規定する近郊緑地特別保全地区を含む。）内にある山林（林業を営むために立木の伐採が認められる山林で、かつ、純山林に該当するものを除く。）の価額は、評価の方式（評基通45）から広大な市街地山林の評価（評基通49-2）までの定めにより評価した価額から、その価額に$\frac{80}{100}$を乗じて計算した金額を控除した金額によって評価します。

$$\boxed{評価額} = \boxed{山林の評価額} \times \left(1 - \frac{80}{100}\right)$$

⑦　山林の上に存する権利

イ．残存期間の不確定な地上権

　立木一代限りとして設定された地上権などのように残存期間の不確定な地上権の価額は、課税時期の現況により、立木の伐採に至るまでの期間をその残存期間として地上権及び永小作権の評価（相法23）又は地上権及び永小作権の評価（地価税法24）の規定によって評価します。

　具体的には残存期間とみなした期間に応じて以下の割合を乗じて評価します。

残存期間	割合
10年以下	$\frac{5}{100}$
10年超15年以下	$\frac{10}{100}$
15年超20年以下	$\frac{20}{100}$
20年超25年以下	$\frac{30}{100}$
25年超30年以下	$\frac{40}{100}$
30年超35年以下	$\frac{50}{100}$
35年超40年以下	$\frac{60}{100}$
40年超45年以下	$\frac{70}{100}$
45年超50年以下	$\frac{80}{100}$

| 50年超 | $\frac{90}{100}$ |

評価額 ＝ 地上権がないとして評価した山林の評価額 × 上表の割合

ロ．区分地上権

　山林に係る区分地上権の価額は、区分地上権の評価（評基通27-4）の定めを準用して評価します。

　「５．借地⑴財産評価方法④区分地上権の評価」を参照してください。

ハ．区分地上権に準ずる地役権

　山林に係る区分地上権に準ずる地役権の価額は、その区分地上権に準ずる地役権の目的となっている承役地である山林の自用地としての価額を基とし、区分地上権に準ずる地役権の評価（評基通27-5）の定めを準用して評価します。

　「５．借地⑴財産評価方法⑤区分地上権に準ずる地役権の評価」を参照してください。

ニ．賃借権

　賃借権の評価は、次に掲げる区分に従い、それぞれ次に掲げるところによります。

　ⅰ）純山林に係る賃借権の価額は、その賃借権の残存期間に応じ、地上権及び永小作権の評価（相法23）又は地上権及び永小作権の評価（地価税法24）の規定を準用して評価します。この場合において、契約に係る賃借権の残存期間がその権利の目的となっている山林の上に存する立木の現況に照らし更新されることが明らかであると認める場合においては、その契約に係る賃借権の残存期間に更新によって延長されると認められる期間を加算した期間をもってその賃借権の残存期間とします。

　ⅱ）中間山林に係る賃借権の価額は、賃貸借契約の内容、利用状況等に応じ、純山林あるいは市街地山林の定めにより求めた価額によって評

価します。

　ⅲ）市街地山林に係る賃借権の価額は、その山林の付近にある宅地に係る借地権の価額等を参酌して求めた価額によって評価します。

ホ．土地の上に存する権利が競合する場合の賃借権又は地上権

　土地の上に存する権利が競合する場合の賃借権又は地上権の価額は、次に掲げる区分に従い、それぞれ次の算式により計算した金額によって評価します。

　ⅰ）賃借権又は地上権及び区分地上権が設定されている場合の賃借権又は地上権の価額

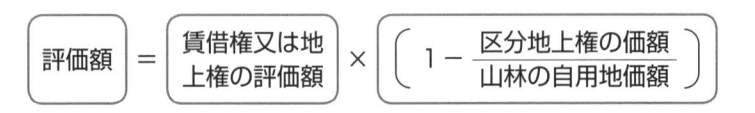

$$評価額 = 賃借権又は地上権の評価額 \times \left(1 - \frac{区分地上権の価額}{山林の自用地価額}\right)$$

　ⅱ）区分地上権に準ずる地役権が設定されている承役地に賃借権又は地上権が設定されている場合の賃借権又は地上権の価額

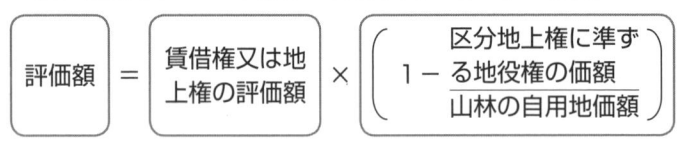

$$評価額 = 賃借権又は地上権の評価額 \times \left(1 - \frac{区分地上権に準ずる地役権の価額}{山林の自用地価額}\right)$$

ヘ．分収林契約に基づき設定された地上権等

　分収林契約に基づき設定された地上権又は賃借権の価額は、地上権及び永小作権の評価（相法23）若しくは地上権及び永小作権の評価（地価税法24）の規定又は残存期間の不確定な地上権の評価（評基通53）、賃借権の評価（評基通54）若しくは前項の定めにかかわらず、これらの定めにより評価したその地上権又は賃借権の価額にその分収林契約に基づき定められた造林又は育林を行う者に係る分収割合を乗じて計算した価額によって評価します。

⑧　貸し付けられている山林

　賃借権、地上権等の目的となっている山林の評価は、次に掲げる区分に従い、それぞれ次に掲げるところによります。

イ．賃借権の目的となっている山林

　自用地としての価額から、賃借権の評価（評基通54）の定めにより評価したその賃借権の価額を控除した金額によって評価します。

ロ．地上権の目的となっている山林

　自用地としての価額から地上権及び永小作権の評価（相法23）又は地上権及び永小作権の評価（地価税法24）の規定により評価したその地上権の価額を控除した金額によって評価します。

ハ．区分地上権の目的となっている山林

　自用地としての価額から区分地上権の評価（評基通53-2）の定めにより評価した区分地上権の価額を控除した金額によって評価します。

ニ．区分地上権に準ずる地役権の目的となっている承役地である山林

　自用地としての価額から区分地上権に準ずる地役権の評価（評基通53-3）の定めにより評価したその区分地上権に準ずる地役権の価額を控除した金額によって評価します。

　すなわち上記のそれぞれの貸し付けられている山林の評価額の計算は、

　評価額 ＝ 山林の自用地価額 － 各土地の上に存する権利の価額

となります。

　各土地の上に存する権利の価額は、前述⑦山林の上に存する権利を参照してください。

⑨　土地の上に存する権利が競合する場合の山林

　土地の上に存する権利が競合する場合の山林の価額は、次に掲げる区分に従い、それぞれ次の算式により計算した金額によって評価します。

イ．賃借権又は地上権及び区分地上権の目的となっている山林の価額

　評価額 ＝ 山林の自用地価額 －（区分地上権の価額 ＋ 区分地上権が設定されている場合の賃借権又は地上権の価額※）

※前述の「⑦山林の上に存する権利　ホ．土地の上に存する権利が競合する場合の賃借権又は地上権」参照

ロ．区分地上権及び区分地上権に準ずる地役権の目的となっている承役地である山林の価額

$$評価額 = 山林の自用地価額 - \left(区分地上権の価額 + 区分地上権に準ずる地役権の価額 \right)$$

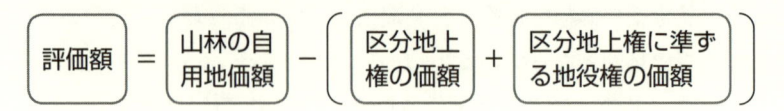

ハ．賃借権又は地上権及び区分地上権に準ずる地役権の目的となっている承役地である山林の価額

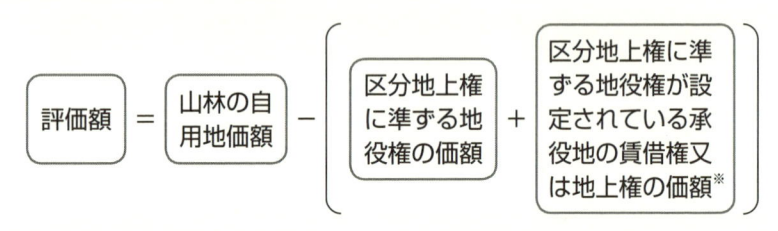

$$評価額 = 山林の自用地価額 - \left(区分地上権に準ずる地役権の価額 + 区分地上権に準ずる地役権が設定されている承役地の賃借権又は地上権の価額^{※} \right)$$

※前述の「⑦山林の上に存する権利　ホ．土地の上に存する権利が競合する場合の賃借権又は地上権」参照

⑩　分収林契約に基づいて貸し付けられている山林

　立木の伐採又は譲渡による収益を一定の割合により分収することを目的として締結された分収林契約（所得税法施行令第78条に規定する「分収造林契約」又は「分収育林契約」）に基づいて設定された地上権又は賃借権の目的となっている山林の価額は、その分収林契約により定められた山林の所有者に係る分収割合に相当する部分の山林の自用地としての価額と、その他の部分の山林について前述⑦又は⑧により評価した価額との合計額によって評価します。

(注１)　上記の「分収林契約」には、旧公有林野等官行造林法（大正９年法律第７号）第１条の規定に基づく契約も含まれる。
(注２)　上記の定めを算式によって示せば、次のとおりとなります。
　　　（その山林の自用地としての価額(A)×山林所有者の分収割合(B)）＋（(A)－地上権又は賃借権の価額）×（１－(B)）＝分収林契約に係る山林の価額

(2)　評価のポイント

　宅地比準方式で使用する宅地造成費は、山林等を宅地に転用する場合において通常必要と認められる１㎡当たりの造成費に相当する金額として、

整地、土盛り又は土止めに要する費用の額がおおむね同一と認められる地域ごとに国税局長が定めており、国税庁の公表する財産評価基準書で確認できます。(農地を宅地比準方式で評価する場合と同様です。)

(3) 納税資金対策

① 山林の納税猶予の特例

イ．概要

　平成24年4月1日以降に相続又は遺贈により取得する山林について、一定の要件を満たす場合に相続税の納税が猶予される制度が新設されました。

　これは、森林法に基づき山林経営の規模の拡大の目標及びその目標を達成するために必要な作業路網の整備などの措置を記載した森林経営計画の認定を市町村長等より受け、その計画に従って山林経営を行ってきた被相続人の所有する山林(土地又は立木。以下同じ。)のすべてを相続人のうち一人が相続又は遺贈により取得し、引き続きその計画に従って山林経営を行う場合には、その相続人が納付すべき相続税のうち、その山林の価額の80%に対応する相続税の納税が猶予される制度です。

ロ．適用要件

　この特例を受けることができるのは、次の要件に該当する場合です。

　ⅰ) 被相続人の要件
- 相続開始の前に森林経営計画に以下の事項を記載し、市町村長等の認定を受けてきたこと
  - ㈠　山林計画の規模の拡大に関する目標
    当初認定後10年間で、山林経営の受託や山林の取得などにより経営規模(作業路網の整備を行う部分の面積)を30%以上(150haが上限)拡大すること
  - ㈡　㈠の目標を達成するために必要な作業路網の整備
    当初認定後10年間で、作業路網の延長が市町村森林整備計画に定める一定水準以上となるよう、作業路網を整備すること
- 上記の森林経営計画を単独で作成し、その計画に従って自ら山林経営を行っていることについて、当初認定日から相続開始の直前まで

引き続き農林水産大臣の確認を受けてきたこと
- 自己が所有する山林の全部を相続又は遺贈により取得することが見込まれる推定相続人（後継者）について、農林水産大臣の確認を受けたこと

ⅱ）相続人（後継者）の要件
- 被相続人が受けた農林水産大臣の確認に係る推定相続人であること
- 森林経営計画の実行体制が整っていることについて、農林水産大臣の確認を受けたこと
- 相続開始の時から相続税の申告期限までの間に被相続人が所有していた山林のすべてを相続又は遺贈により取得し、そのすべてについて相続税の申告期限まで所有すること
- 被相続人から包括承継した森林経営計画に従って自ら単独で山林経営を行うこと

ⅲ）特例の対象となる山林の要件
- 以下の事項について市町村長等の認定を受けた森林経営計画の区域内に所在する山林であること
  - ㈠ 所有する山林（分収林などを除く）及び他の者から経営の委託を受けた山林のすべてを森林経営計画の対象とすること
  - ㈡ 所有する山林のうち、作業路網の整備を行う部分の面積が100ha以上であること
- 市街化区域内に所在するものではないこと
- 立木については、相続開始の時における「後継者の平均余命」と「30年」のいずれか短い期間内に標準伐期を迎えないものであること

ハ．特例を受けるための手続等

ⅰ）相続税の申告手続

相続税の申告期限内に、所轄税務署に必要書類（市町村長や農林水産大臣の証明書、森林経営計画の計画書や認定通知書の写しなど）を添付した相続税の申告書を提出する必要があります。

また、併せて納税が猶予される相続税額及び利子税額に見合う担保

を所轄税務署に提出する必要があります。
ⅱ）納税猶予期間中の継続届出

引き続きこの特例を受けるためには、その旨や山林経営に関する事項を記載した継続届出書を必要書類（農林水産大臣の証明書など）とともに、原則として1年（当初認定から10年を経過する日以降は3年）ごとに所轄税務署に提出する必要があります。継続届出書の提出がない場合には、猶予されている相続税の全額について、利子税と併せて納付しなければなりません。

ニ．相続税額の計算
  ⅰ）相続税額の計算
    次の計算をします。
    ・通常の評価額による後継者の相続税額(A)
    ・後継者が取得した財産が特例の対象となる山林のみであると仮定して計算した後継者の相続税額(B)
    ・上記(B)の20%(C)
  ⅱ）納付税額の計算
    上記ⅰ）で計算された、(A)、(B)、(C)を基に、以下のようになります。
    ・納付税額
      (A) − ((B) − (C))
    ・猶予税額
      (B) − (C)

ホ．猶予税額の納付

以下の場合においては、納税が猶予されている相続税の全部又は一部について、利子税と併せて納付する必要がでてきます。
  ⅰ）猶予税額の全部及び利子税を納付しなければならない場合
    ・森林経営計画の認定が取り消されたり、継続して認定を受けることができなかった場合
    ・森林経営計画の区域内において、伐採、造林又は作業路網の整備のいずれも行わない年があった場合

- 山林経営を廃止した場合や納税猶予の適用をやめる旨の届出書を提出した場合
- 後継者の山林所得に係る収入金額が０円となる年分が生じた場合
- 特例の対象となる山林のうち、譲渡があった、又は作業路網の整備が適正に行われていないなどの部分の面積の合計が、特例の対象となる山林の面積の20％を超えることとなった場合

ⅱ）猶予税額の一部及び利子税を納付しなければならない場合

特例の対象となる山林について、譲渡があった、又は作業路網の整備が適正に行われていない場合（上記の特例の対象となる山林の面積の20％を超えることとなった場合を除きます。）

この場合には、譲渡があった、又は作業路網の整備が適正に行われていないなどの部分の金額に応じた相続税及び利子税の納付が必要となります。

9．雑種地

(1) 財産評価手法

① 基本的な評価手法

雑種地の価額は、原則として、その雑種地と状況が類似する付近の土地について財産評価基本通達の定めるところにより評価した１㎡当たりの価額を基とし、その土地とその雑種地との位置、形状等の条件の差を考慮して評定した価額に、その雑種地の地積を乗じて計算した金額によって評価します（比準方式：現況の類似性により宅地比準、農地比準、山林比準など）。

ただし、その雑種地の固定資産税評価額に、状況の類似する地域ごとに、その地域にある雑種地の売買実例価額、精通者意見価格等を基として国税局長の定める倍率を乗じて計算した金額によって評価することができるものとし、その倍率が定められている地域にある雑種地の価額は、その雑種地の固定資産税評価額にその倍率を乗じて計算した金額によって評価します（倍率方式）。

② ゴルフ場

　ゴルフ場用地の評価は、次に掲げる区分に従い、それぞれ次に掲げるところによります。

イ．市街化区域及びそれに近接する地域にあるゴルフ場用地

　そのゴルフ場用地が宅地であるとした場合の1㎡当たりの価額にそのゴルフ場用地の地積を乗じて計算した金額の$\frac{60}{100}$に相当する金額から、そのゴルフ場用地を宅地に造成する場合において通常必要と認められる1㎡当たりの造成費に相当する金額として国税局長の定める金額にそのゴルフ場用地の地積を乗じて計算した金額を控除した価額によって評価します。

(注1) そのゴルフ場用地が宅地であるとした場合の1㎡当たりの価額は、そのゴルフ場用地が路線価地域にある場合には、そのゴルフ場用地の周囲に付されている路線価をそのゴルフ場用地に接する距離によって加重平均した金額によることができるものとし、倍率地域にある場合には、そのゴルフ場用地の1㎡当たりの固定資産税評価額（固定資産税評価額を土地課税台帳又は土地補充課税台帳に登録された地積で除して求めた額）にゴルフ場用地ごとに不動産鑑定士等による鑑定評価額、精通者意見価格等を基として国税局長の定める倍率を乗じて計算した金額によることができるものとされています。

(注2) そのゴルフ場用地を宅地に造成する場合において通常必要と認められる1㎡当たりの造成費に相当する金額は市街地農地等の評価に用いる宅地造成費と同様です。

ロ．イ以外の地域にあるゴルフ場用地

　そのゴルフ場用地の固定資産税評価額に、一定の地域ごとに不動産鑑定士等による鑑定評価額、精通者意見価格等を基として国税局長の定める倍率を乗じて計算した金額によって評価します。

③ 遊園地等

　遊園地、運動場、競馬場その他これらに類似する施設（以下「遊園地等」という。）の用に供されている土地の価額は、原則として、上記イの基本的な評価方法を準用して評価します。

　ただし、その規模等の状況から前項に定めるゴルフ場用地と同様に評価することが相当と認められる遊園地等の用に供されている土地の価額は、上記ロ．のゴルフ場の評価方法を準用して評価するものとされています。

④ 文化財建造物である構築物の敷地の用に供されている土地

　文化財建造物である構築物の敷地の用に供されている土地の価額は、上記イの定めにより評価した価額から、その価額に文化財建造物である家屋の敷地の用に供されている宅地の評価（評基通24-8）に定める割合を乗じて計算した金額を控除した金額によって評価します。

　なお、文化財建造物である構築物の敷地とともに、その文化財建造物である構築物と一体をなして価値を形成している土地がある場合には、その土地の価額は、評基通24-8に準じて評価します。

財産評価基本通達24-8

　文化財保護法（昭和25年法律第214号）第27条第1項に規定する重要文化財に指定された建造物、同法第58条第1項に規定する登録有形文化財である建造物及び文化財保護法施行令（昭和50年政令第267号）第4条第3項第1号に規定する伝統的建造物（以下本項、83-3《文化財建造物である構築物の敷地の用に供されている土地の評価》、89-2《文化財建造物である家屋の評価》及び97-2《文化財建造物である構築物の評価》において、これらを「文化財建造物」という。）である家屋の敷地の用に供されている宅地の価額は、それが文化財建造物である家屋の敷地でないものとした場合の価額から、その価額に次表の文化財建造物の種類に応じて定める割合を乗じて計算した金額を控除した金額によって評価する。

　なお、文化財建造物である家屋の敷地の用に供されている宅地（評基通21《倍率方式》に定める倍率方式により評価すべきものに限る。）に固定資産税評価額が付されていない場合には、文化財建造物である家屋の敷地でないものとした場合の価額は、その宅地と状況が類似する付近の宅地の固定資産税評価額を基とし、付近の宅地とその宅地との位置、形状等の条件差を考慮して、その宅地の固定資産税評価額に相当する額を算出し、その額に倍率を乗じて計算した金額とする。（平16課評2-7外追加・平18課評2-27外改正）

文化財建造物の種類	控除割合
重要文化財	0.7
登録有形文化財	0.3
伝統的建造物	0.3

（注）文化財建造物である家屋の敷地とともに、その文化財建造物である家屋と一体をなして価値を形成している土地がある場合には、その土地の価額は、本項の定めを適用して評価することに留意する。したがって、例えば、その文化財建造物である家屋と一体をなして価値を形成している山林がある場合には、この通達の定めにより評価した山林の価額から、その価額に本項の文化財建造物の種類に応じて定める割合を乗じて計算した金額を控除した金額によって評価する。

⑤ 鉄軌道用地

鉄軌道用地の価額は、その鉄軌道用地に沿接する土地の価額の$\frac{1}{3}$に相当する金額によって評価します。この場合における「その鉄軌道用地に沿接する土地の価額」は、その鉄軌道用地をその沿接する土地の地目、価額の相違等に基づいて区分し、その区分した鉄軌道用地に沿接するそれぞれの土地の価額を考慮して評定した価額の合計額によります。

⑥ 雑種地の上に存する権利

イ．賃借権

雑種地に係る賃借権の価額は、原則として、その賃貸借契約の内容、利用の状況等を勘案して評定した価額によって評価します。ただし、次に掲げる区分に従い、それぞれ次に掲げるところにより評価することができるものとされています。

　ⅰ）地上権に準ずる権利として評価することが相当と認められる賃借権（例えば、賃借権の登記がされているもの、設定の対価として権利金その他の一時金の授受のあるもの、堅固な構築物の所有を目的とするものなどがこれに該当します。）の価額は、その雑種地の自用地としての価額に、その賃借権の残存期間に応じその賃借権が地上権であるとした場合に適用される地上権及び永小作権の評価（相法23）若しくは地上権及び永小作権の評価（地価税法24）に規定する割合（以下「法

定地上権割合」といいます。）又はその賃借権が借地権であるとした場合に適用される借地権割合のいずれか低い割合を乗じて計算した金額によって評価します。

　ⅱ）上記以外の賃借権の価額は、その雑種地の自用地としての価額に、その賃借権の残存期間に応じその賃借権が地上権であるとした場合に適用される法定地上権割合の$\frac{1}{2}$に相当する割合を乗じて計算した金額によって評価します。

ロ．区分地上権

　雑種地に係る区分地上権の価額は、区分地上権の評価（評基通27-4）の定めを準用して評価します。

　「５．借地(1)財産評価方法④区分地上権の評価」を参照してください。

ハ．区分地上権に準ずる地役権

　雑種地に係る区分地上権に準ずる地役権の価額は、その区分地上権に準ずる地役権の目的となっている承役地である雑種地の自用地としての価額を基とし、区分地上権に準ずる地役権の評価（評基通27-5）の定めを準用して評価します。

　「５．借地(1)財産評価方法⑤区分地上権に準ずる地役権の評価」を参照してください。

ニ．土地の上に存する権利が競合する場合の賃借権又は地上権

　土地の上に存する権利が競合する場合の賃借権又は地上権の価額は、次に掲げる区分に従い、それぞれ次の算式により計算した金額によって評価します。

　ⅰ）賃借権又は地上権及び区分地上権が設定されている場合の賃借権又は地上権の価額

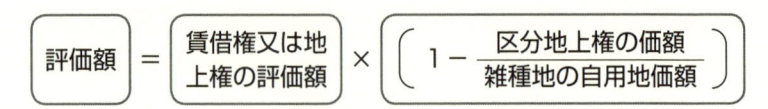

$$評価額 = 賃借権又は地上権の評価額 \times \left(1 - \frac{区分地上権の価額}{雑種地の自用地価額}\right)$$

　ⅱ）区分地上権に準ずる地役権が設定されている承役地に賃借権又は地

上権が設定されている場合の賃借権又は地上権の価額

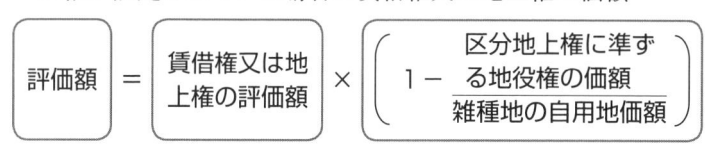

$$評価額 = 賃借権又は地上権の評価額 \times \left(1 - \frac{区分地上権に準ずる地役権の価額}{雑種地の自用地価額}\right)$$

ホ．占用権

　占用権の価額は、次項の定めにより評価したその占用権の目的となっている土地の価額に、次に掲げる区分に従い、それぞれ次に掲げる割合を乗じて計算した金額によって評価します。

　ⅰ）取引事例のある占用権

　　　売買実例価額、精通者意見価格等を基として占用権の目的となっている土地の価額に対する割合として国税局長が定める割合

　ⅱ）上記以外の占用権で、地下街又は家屋の所有を目的とする占用権

　　　その占用権が借地権であるとした場合に適用される借地権割合の$\frac{1}{3}$に相当する割合

　ⅲ）それ以外の占用権

　　　その占用権の残存期間に応じその占用権が地上権であるとした場合に適用される法定地上権割合の$\frac{1}{3}$に相当する割合

　　（注）「占用権の残存期間」は、占用の許可に係る占用の期間が、占用の許可に基づき所有する工作物、過去における占用の許可の状況、河川等の工事予定の有無等に照らし実質的に更新されることが明らかであると認められる場合には、その占用の許可に係る占用権の残存期間に実質的な更新によって延長されると認められる期間を加算した期間をもってその占用権の残存期間とされています。

ヘ．占用権の目的となっている土地

　占用権の目的となっている土地の価額は、その占用権の目的となっている土地の付近にある土地について、財産評価基本通達の定めるところにより評価した１㎡当たりの価額を基とし、その土地とその占用権の目的となっている土地との位置、形状等の条件差及び占用の許可の内容を勘案した価額に、その占用の許可に係る土地の面積を乗じて計算した金額によって評価します。

ト．占用の許可に基づき所有する家屋を貸家とした場合の占用権

占用の許可に基づき所有する家屋が貸家に該当する場合の占用権の価額は、次の算式により計算した価額によって評価します。

評価額 ＝ 占有権の評価額 ×（1－ 借家権割合 × 賃貸割合）

⑦ 貸し付けられている雑種地

賃借権、地上権等の目的となっている雑種地の評価は、次に掲げる区分に従い、それぞれ次に掲げるところによります。

イ．賃借権の目的となっている雑種地

原則として、上記①から⑥までの評価方法により評価した雑種地の価額（以下「自用地としての価額」）から、⑥イの評価方法により評価したその賃借権の価額を控除した金額によって評価します。

ただし、その賃借権の価額が、次に掲げる賃借権の区分に従いそれぞれ次に掲げる金額を下回る場合には、その雑種地の自用地としての価額から次に掲げる金額を控除した金額によって評価します。

ⅰ）地上権に準ずる権利として評価することが相当と認められる賃借権（例えば、賃借権の登記がされているもの、設定の対価として権利金その他の一時金の授受のあるもの、堅固な構築物の所有を目的とするものなどがこれに該当します。）

その雑種地の自用地としての価額に、その賃借権の残存期間に応じ次に掲げる割合を乗じて計算した金額

残存期間	割合
5年以下	$\frac{5}{100}$
5年を超え10年以下	$\frac{10}{100}$
10年を超え15年以下	$\frac{15}{100}$
15年を超えるもの	$\frac{20}{100}$

ⅱ）上記以外の賃借権

　　その雑種地の自用地としての価額に、その賃借権の残存期間に応じ、上表に掲げる割合の$\frac{1}{2}$に相当する割合を乗じて計算した金額

ロ．地上権の目的となっている雑種地

　自用地としての価額から地上権及び永小作権の評価（相法23）又は地上権及び永小作権の評価（地価税法24）の規定により評価したその地上権の価額を控除した金額によって評価します。

ハ．区分地上権の目的となっている雑種地

　自用地としての価額から⑥ロの評価方法により評価したその区分地上権の価額を控除した金額によって評価します。

ニ．区分地上権に準ずる地役権の目的となっている承役地である雑種地

　自用地としての価額から⑥ハの評価方法により評価したその区分地上権に準ずる地役権の価額を控除した金額によって評価します。

(注) 上記イ又はロにおいて、賃借人又は地上権者がその雑種地の造成を行っている場合には、その造成が行われていないものとして①の基本的な評価方法により評価した価額から、その価額を基として⑥イの評価方法に準じて評価したその賃借権の価額又は地上権及び永小作権の評価（相法23）若しくは地上権及び永小作権の評価（地価税法24）の規定により評価した地上権の価額を控除した金額によって評価します。

　すなわち上記のそれぞれの貸し付けられている雑種地の評価額の計算は、

　　評価額 ＝ 雑種地の自用地価額 － 各土地の上に存する権利の価額

となります。

　各土地の上に存する権利の価額は、「⑥雑種地の上に存する権利」を参照してください。

⑧　土地の上に存する権利が競合する場合の雑種地

　土地の上に存する権利が競合する場合の雑種地の価額は、次に掲げる区分に従い、それぞれ次の算式により計算した金額によって評価します。

イ．賃借権又は地上権及び区分地上権の目的となっている雑種地の価額

評価額 ＝ 雑種地の自用地価額 －（区分地上権の価額 ＋ 区分地上権が設定されている場合の賃借権又は地上権の価額※）

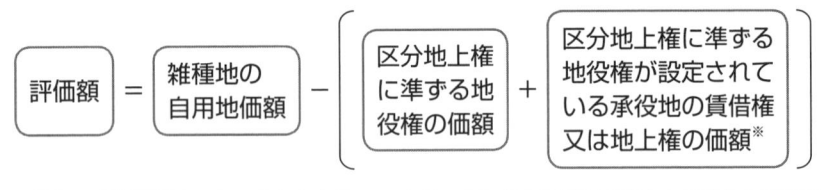

※前述の「⑥雑種地の上に存する権利 ニ．土地の上に存する権利が競合する場合の賃借権又は地上権」参照

ロ．区分地上権及び区分地上権に準ずる地役権の目的となっている承役地である雑種地の価額

評価額 ＝ 雑種地の自用地価額 －（区分地上権の価額 ＋ 区分地上権に準ずる地役権の価額）

ハ．賃借権又は地上権及び区分地上権に準ずる地役権の目的となっている承役地である雑種地の価額

評価額 ＝ 雑種地の自用地価額 －（区分地上権に準ずる地役権の価額 ＋ 区分地上権に準ずる地役権が設定されている承役地の賃借権又は地上権の価額※）

※前述の「⑥雑種地の上に存する権利 ニ．土地の上に存する権利が競合する場合の賃借権又は地上権」参照

(2) 評価のポイント

〔市街化調整区域内にある雑種地の評価〕

　雑種地（ゴルフ場用地、遊園地等用地、鉄軌道用地を除きます。）の価額は、原則として、その雑種地の現況に応じ、評価対象地と状況が類似する付近の土地について評価した1㎡当たりの価額を基とし、その土地と評価対象地である雑種地との位置、形状等の条件の差を考慮して評定した価額に、その雑種地の地積を乗じて評価することとしています。

　ところで、市街化調整区域内にある雑種地を評価する場合に、状況が類似する土地（地目）の判定をするときには、評価対象地の周囲の状況に応じて、下表により判定することになります。

がって一般的には以下のような資料を収集します。

準備資料	入手場所	目的
登記簿謄本（登記事項証明書）	法務局	権利関係の把握
固定資産税評価証明書	管轄の市区町村役場	権利関係の把握、評価額の調査
現地の写真	現地で撮影	現況の調査

　また、貸家、借家権などの場合には以下のような資料により権利内容を把握します。

準備資料	入手場所	目的
賃貸借契約書	（注）	権利関係の把握
借地等に関する契約書	（注）	権利関係の把握
貸家に関する契約書	（注）	権利関係の把握
家賃収入を証明できる資料	（注）	権利関係の把握

（注）被相続人の生前に確認しておく必要があります。

　さらに、附属設備等、構築物の場合には評価額を把握するために以下のような資料を入手します。

準備資料	入手場所	目的
再建築価額証明資料（見積書など）	設備工事会社等	評価額の調査

③　評価方法の検討
　上記②の結果を基に、家屋・構築物等の権利関係、利用状況等を把握し、評価方法の検討を行います。
(2)　**財産評価実施上の留意事項**
①　利用形態
　家屋には、まだ建築中である場合、一戸建てでの所有あるいは区分所有の場合、又は貸している場合、借りている場合でそれぞれ評価方法が異な

② 評価単位

家屋の評価は、原則として1棟の家屋ごとに評価します（評基通88）。

また、家屋の附属設備の評価は、イ．家屋と一体となっている設備、ロ．門・塀等、ハ．庭園設備の区分に従いそれぞれに評価方法を定めて評価することとされています（平16課評2-7外・平20課評2-5外改正）。ただし家屋の所有者が有する電気設備、ガス設備、衛生設備、給水設備、排水設備、衛生設備、冷暖房設備、空調設備、防災設備、運搬設備、成槽設備等の建築設備で、その家屋に取り付けられ、その家屋と構造上一体となっているものについては、その家屋の価額に含めて評価することとされています（「固定資産評価基準」昭和38年12月25日自治省告示第158号第2章家屋参照）。

すなわち、これらのものについては、別個にこれを取りだして評価する必要はないということです。

構築物（土地又は家屋と一括して評価するものを除きます。以下同じです。）の価額は、原則として、1個の構築物ごとに評価を行います。ただし、2個以上の構築物でそれらを分離した場合においては、それぞれの利用価値を著しく低下させると認められるものにあっては、それらを一括して評価を行います（評基通96）。

③ 評価のポイント

建物については、増改築により価値の変動がある場合にはそれも加味して評価する必要があります。また、貸家については空室状況を把握する必要があります。さらに附属設備等・構築物については、財産価値のあるものを識別することが必要です。

(3) **節税手法**

① 建替え・リフォームを利用

予想される納税額を十分上回る現金預金を保有している場合に限られますが、建物を利用する節税策として家屋の建て替えやリフォームを行うことが考えられます。

現金預金は相続税評価額としては額面のまま評価されてしまいます。し

かし、家屋の建て替えやリフォームを行えば、現金預金よりも評価額が抑えられる為、その差額分は節税となるでしょう。一般的に建物の固定資産税評価額は新築時の建築価格の6〜7割前後となっているようです。すなわち、その差額部分を節税することができるのです。また、固定資産税評価額を増価させない程度のリフォームであれば、その差額部分も節税することができます。

② マンションを利用

マンション特有のことですが、マンションの販売価格は部屋の向きや高層階か低層階かということで値段が変わってきます。特にタワーマンションなどでは同じ面積で、同じ向きでも1階部分と最上階部分は値段が違います。

一方で相続税に関しては、部屋の向きや、何階かということは考慮されていません。つまり、同じ面積だったら、どの階でもどの向きでもほぼ同じ相続税評価となる可能性が高くなります。

したがって、高層階を購入した場合などでは購入価格と相続税評価額に差が生じその差額分節税効果が生じる可能性があります。

2．自家の家屋

(1) 財産評価方法

家屋の評価は、原則として1棟の家屋ごとに評価します。また、家屋の評価額は固定資産税評価額に一定倍率を乗じて評価することとされています（評基通88、89）。

① 一戸建ての評価

自家の家屋の評価額については、その家屋の固定資産税評価額に1.0倍を乗じた金額によって評価を行います。財産評価通達の別表1に定める倍率（別表1においてはこの倍率を1.0と定めています。）

② 区分所有に係る家屋の評価

区分所有に係る家屋の評価額については、その家屋全体の評価額を基とし、各所有部分の使用収益等の状況を勘案して計算した各部分に対応する

価額によって評価を行います。

③ 負担付贈与又は個人間の対価を伴う取引により取得した家屋

負担付贈与又は個人間の対価を伴う取引により取得した家屋の評価額については、その取得時における通常の取引価額に相当する金額によって評価を行います（平元・3付個別通達「負担付贈与又は対価を伴う取引により取得した土地等及び家屋等に係る評価並びに相続税法第7条及び第9条の規定の適用について」）。

※負担付贈与とは、第三者等に対する債務（借金等）負担を条件として財産の贈与を行うことをいいます。

例えば、父親から息子が家屋を相続した時に父親が借りていた住宅ローンも一緒に息子に引き継ぐ様な場合を指します。負担付贈与を受けた時は、贈与財産の価額から借金等の債務額を引いた金額に税金がかかってきます（相基通21の2-4）。

ここで注意しなければならないのは、贈与財産が土地・借地権・家屋・構造物を除く物である場合は、財産の評価は相続時における価額により評価されます。一方、家屋、構造物について負担付贈与を受けた場合又は個人間の対価を伴う取引により取得した場合、その財産の価額は売買時価で評価することになります。一般的に、相続税評価額と時価を比べてみると、相続税評価額は低い評価額になります。「平元・3付個別通達」が出される以前はその差額を利用した課税回避が大変多く行われていました。そういった、課税回避行為を防ぐため、家屋、構造物について負担付贈与を受けた場合又は個人間の対価を伴う取引により取得した場合、その財産の価額は売買時価で評価することとしたのです。

④ 建築中の家屋

建築中の家屋の評価額については、費用現価の70％相当額により評価を行います（昭41直資3-19改正）。

「費用現価の額」の算定方法は、まず工事の進捗率としてイ．課税時期までに投下された建築費用の額をロ．完成までの総建築費用見積額で除したものを算定します。

請負金額は総建築費用見積額に建築業者の利益が上乗せされたものです。この請負金額に先の進捗割合を乗じたものが費用現価となります。

> **計算事例**
> 　請負金額が5,000万円の家屋を建築している。建築費用の見積もりは4,000万円、相続時までに建築費用が1,000万円投下されていた場合
> 進捗割合　　　1,000万円÷4,000万円＝25％
> 費用現価　　　5,000万円×25％＝1,250万円
> 相続税評価額　1,250万円×70％＝875万円
> ※費用現価の額とは、課税時期までに建物に投下された建築費用の額を課税時期の価額に引き直した額の金額のことをいいます。
>
> $$費用現価＝③請負金額×\frac{①課税時期までに投下された建築費用の額}{②完成までの総建築費用見積額}$$

(2) 評価のポイント

　増改築等を行っており、課税時期において固定資産税評価額が当該増改築の状況を反映していない場合には、状況の類似した付近の家屋の固定資産税評価額を基に、その構造、経過年数、用途等の差を考慮して評価した価額を加算して評価する必要があります。

3. 貸家・借家権

　借家権については「家屋の価額や借家権割合」により評価することとなります。

　貸し付けられている家屋の評価は、借家権部分を控除した価額を評価額となります。借家権の割合は全国に30％とされておりますので、原則として貸家は固定資産税評価額の70％相当額で評価されることとなります（昭41直資3-19・平11課評2-12外・平16課評2-7外改正）。

(1) 財産評価方法

① 借家権の評価

　貸家の評価額については、下記の算式により計算された価額額によって評価を行います（評基通93）。

評価額 = その家屋の通常の評価額 × 借家権割合 × 賃借割合

賃借割合 = Aの内賃借している各独立部分の床面積の合計 / 当該家屋の各独立部分の床面積の合計(A)

● 計算事例

家屋の固定資産税評価額が1,000万円、借家権割合が30%、賃貸割合が100%である場合

借家権評価額　1,000万円×30%×100%＝300万円

※国税局長の定める借地権の割合は全国全ての地域について30%とされております。

② 貸家の評価

貸家の評価額については、下記の算式により計算された価額額によって評価を行います（昭41直資3-19・平11課評2-12外・平16課評2-7外改正）。

評価額 = その家屋の通常の評価額 －（その家屋の通常の評価額 × 借家権割合 × 賃借割合）

● 計算事例

家屋の固定資産税評価額が1,000万円、借家権割合が30%、賃貸割合が100%である場合

貸家評価額　1,000万円－1,000万円×30%×100%＝700万円

※国税局長の定める借地権の割合は全国すべての地域について30%とされています。

(2) 評価のポイント

① 「各独立部分」とは、建物の構成部分である隔壁、扉、階層（天井及び床）等によって他の部分と完全に遮断されている部分で、独立した出入口を有するなど独立して賃貸その他の用に供することができるものをいいます。

② 借家権は、借地借家法の適用のある家屋賃借人の有する賃借権をいい、家屋の無償使用はこれに含まれません。
③ アパート等で課税時期に継続的に空室がある場合は貸家としての評価はできません。ただし、課税時期において一時的に空室である場合は賃貸しているものとしても問題はありません。

※一時的に空室であると認められる場合（評基通26）

　イ．各独立部分が課税時期前に継続的に賃貸されてきたものであること

　ロ．賃借人の退去後速やかに新たな賃借人の募集が行われ、空室の期間中、他の用途に供されていないこと

　ハ．空室の期間が、課税時期の前後の例えば1か月程度であるなど、一時的な期間であること

　ニ．課税時期後の賃貸が一時的なものではないこと

4．附属設備等

　家屋の附属設備の評価は、①家屋と一体となっている設備、②門・塀等、③庭園設備の区分に従いそれぞれに評価方法を定めて評価することとされています（平16課評2-7外・平20課評2-5外改正）。

(1) 財産評価方法

① 家屋と一体となっている設備（評基通92⑴）

　家屋の所有者が有する電気設備、ガス設備、衛生設備、給水設備、排水設備、衛生設備、冷暖房設備、空調設備、防災設備、運搬設備、成槽設備等の建築設備で、その家屋に取り付けられ、その家屋と構造上一体となっているものについては、その家屋の価額に含めて評価することとされています（「固定資産評価基準」昭和38年12月25日自治省告示第158号第2章家屋参照）。

　すなわち、これらのものについては、別個にこれを取りだして評価する必要はないということです。

※次のようなものは、家屋と構造上一体となっているものとは認め難いため、家屋として（家屋に含めて）評価されない点留意が必要となってい

ます(「固定資産評価基準の取扱いについて」昭和38年12月25日　自治乙固発第30号自治事務次官通達)。
  イ．冷暖房設備のルームクーラーのように、単に移動を防止する目的のみで取り付けられているもの
  ロ．電球、カーテンのように消耗品に属するもの
  ハ．屋外に設置された給水塔、ガス及び水道の配管、独立煙突等
② 門・塀等
　門、塀、外井戸、屋外塵芥処理設備等の附属設備の評価額は、その再建築価額から、建築の時から課税時期までの期間(その期間に1年未満の端数がある時は、その端数は1年とします)の償却費の額の合計額又は減価の額を控除した金額の70％相当額によって評価されることとなります(評基通92(2))。

$$評価額 = \left(\begin{array}{c} 附属設備の \\ 再建築価額 \end{array} - \begin{array}{c} 償却費累計額又は減価の額 \\ (取得の時から課税時期まで) \end{array} \right) \times \frac{70}{100}$$

　「再建築価額」とは課税時期において当該資産を新たに建築又は設備するために必要とする費用の額の合計額をいいます。
　償却費を算定するための償却方法は一般動産の評価に用いる定率法(所得税法施行令第120条の2第1項第2号ロ又は法人税法施行令第48条の2第1項第2号ロに規定する定率法)よるものとされています。また、その耐用年数は減価償却資産の耐用年数等に関する省令に規定する耐用年数によるものとされています。

●計算事例
　門・塀等の附属設備の再建築価額が200万円、償却費累計額100万円である場合
附属設備評価額 (200万円－100万円)×70％＝70万円

③ 庭園設備
　庭園設備(庭木、庭石、あずまや、庭池等をいう)の評価額は、その庭

園設備の調達価額（課税時期において当該財産をその財産の現況により取得する場合の価額をいいます。）の70％相当額によって評価されることとなります。

　例えば、庭木等は、植木商の店頭価額ではなく、課税時期において庭園への搬入費、据付費等も含めた価額によるものになります（評基通92⑶）。

※一般的には財産評価基本通達で想定している庭園設備は、京都や奈良の寺院が保有する様な相当高額な客観的価値を有するものをその評価の対象としていると考えられています。したがって一般の家庭の通常の庭の設備までを評価対象とし、これに相続税を課税しようとする趣旨のものではないと考えられています。

⑵　**評価のポイント**

　財産価値のある附属設備が存在するか否かの識別そのものが重要です。

5．構築物

　ここでの「構築物」には給油所、橋梁、隧道（トンネル）、広告塔、運動場等のスタンド、プール等があります。構築物の評価は、再建築価額を基とする方式です。

⑴　**財産評価方法**

　構築物（土地又は家屋と一括して評価するものを除きます。以下同じです。）の価額は、原則として、１個の構築物ごとに評価を行います。ただし、２個以上の構築物でそれらを分離した場合においては、それぞれの利用価値を著しく低下させると認められるものにあっては、それらを一括して評価を行います（評基通96）。

　構築物の評価額は、その構築物の再建築価額から、建築の時から課税時期までの期間（その期間に１年未満の端数がある時は、その端数は１年とします）の償却費の額の合計額又は減価の額を控除した金額の70％相当額によって評価されることとなります（評基通97）。

$$評価額 = \left(構築物の再建築価額 - 償却費累計額又は減価の額（取得の時から課税時期まで）\right) \times \frac{70}{100}$$

　この場合の償却方法は一般動産の評価に用いる定率法（所得税法施行令第120条の2第1項第2号ロ又は法人税法施行令第48条の2第1項第2号ロに規定する定率法）よるものとされています。また、その耐用年数は減価償却資産の耐用年数等に関する省令に規定する耐用年数によるものとされています。

> ●**計算事例**
> 　構築物の再建築価額が200万円、償却費累計額100万円である場合
> 　附属設備評価額（200万円－100万円）×70％＝70万円

(2) 評価のポイント

　財産価値のある構築物が存在するか否かの識別そのものが重要です。

第3章 株式等（上場）

1. 評価手順

(1) 評価対象となる株式等の認識・特定

　相続財産を評価するためには、まず被相続人が所有していた財産を把握することから始めます。相続人が、被相続人の生前に財産について話してあっておくこと、あるいは遺言書を作成しておいてもらうことが望ましいですが、そのような機会が持てない場合には、さまざまな資料を基に相続財産を把握する必要があります。

・被相続人が、確定申告を行っている場合には、確定申告書の内容から

財産を把握します。また、所得が比較的多く確定申告の際に「財産債務の明細書」を提出している場合には、その内容を参考にします。
- 自宅の金庫あるいは銀行の貸金庫に、証券会社との契約書などがないかを確認します。
- 被相続人の銀行の預金通帳の入出金の中に、株式売買による入出金や配当による入金がないかを確認します。
- 被相続人の日記や手帳などの内容により、株式の売買記録や証券会社に関する記録がないかを確認します。また、被相続人が使っていたパソコンにあるデータを確認します。
- 名刺や携帯電話の電話番号登録により、証券会社関係者との関係を把握します。

(2) 資料・情報の収集
◎上場株式の評価

準備資料	入手場所	目的
証券会社に預けている株式の明細（特定口座、一般口座等）	証券会社 （証券会社のホームページから閲覧することも可能な場合もあります。）	権利関係の把握
直近1年間の株式売買報告書	証券会社 （証券会社のホームページから閲覧することも可能な場合もあります。）	権利関係の把握
日刊新聞等、株価が把握できるもの	日刊新聞等 インターネットの株価情報サイトでも、過去の株価を容易に検索・閲覧することが可能です。	評価額の調査

なお、上場株式は平成21年1月5日から電子化されており、上場会社の株式等に係る株券はすべて廃止されていますので、基本的に株券の準備は必要ありません。

◎公開途上にある株式

準備資料	入手場所	目的
株券（又は株券不発行通知書）	（注）	権利関係の把握
公募価格又は売出価格の決定通知等（株式の上場に際して、株式の公募又は売出が行われる場合）	証券会社	評価額の調査
株式譲渡契約書、譲渡価格算定資料等	（注）	権利関係の把握 評価額の調査

（注）被相続人の生前に確認しておく必要があります。

(3) 評価方法の検討

　財産評価基本通達にいう上場株式とは、金融商品取引所に上場されている株式をいいます（評基通168(1)）。金融商品取引所とは、金融商品取引法に規定する金融商品取引所のことで、東京、大阪、札幌、名古屋、福岡、ジャスダック等の各証券取引所を指します。

　上場株式の評価は、次に掲げる区分に従い、それぞれ次に掲げる方法により評価します（評基通169）。

① 原則的な評価方法

　その株式が上場されている金融商品取引所が公表する取引価格のうち、被相続人が死亡した日（課税時期といいます。）の最終価格によって評価します。金融商品取引所が公表する取引価格は、日刊新聞の株式欄やインターネットの株価情報サイトを閲覧したり、証券会社へ問合せたりすることで知ることができます。

② 直近の３か月間の平均額による評価

　上場株式の取引価格は日々変動しており、突発的な価格変動により評価額が大きく異なる可能性もあることから、このような価格変動の偶発性を排除し、評価の安全性を保つための配慮がなされる必要があります。そのため、最終価格が課税時期の属する月以前３か月間の毎日の最終価格の各月ごとの平均額のうち最も低い価額を超える場合には、その最も低い価額によって評価します。なお、上場株式の最終価格の月平均額については、

下記「2．財産評価実施上の留意事項(1)評価時期　ハ．最終価格の月平均額の特例」の定めがありますので、注意してください。

> **計算事例**
>
> ㈱ＡＢＣ社の株式を100株相続し（課税時期は10月）、取引所における価格が以下のとおりである場合、当該株式の評価は以下のように行います。
>
> | 銘柄 | 取引所における価格 ||||
> |---|---|---|---|---|
> | | 課税時期（10月） | 10月平均 | 9月平均 | 8月平均 |
> | ㈱ＡＢＣ | 2,000円 | 2,100円 | 2,050円 | 1,900円 |
>
> 株式の価格は、上記のうち最も低いものを選択することになります。そのため、当該株式の評価額は以下のとおりとなります。
>
> 相続した㈱ＡＢＣ社株式の評価額＝＠1,900円×100株＝190,000円

ただし、負担付贈与又は個人間の対価を伴う取引により取得した上場株式は、その株式が上場されている金融商品取引所の公表する課税時期の最終価格によって評価します。これは、負担付贈与や個人間の対価を伴う取引は、通常の株式売買と同様に個別の取引であることから、取引価格の突発的な変動があっても止むを得ないものであるため、評価の安全性を保つための配慮はなされていないからです。

なお、上場株式が、国内の2以上の金融商品取引所に上場されている株式については、納税義務者がどの金融商品取引所の価格を使用するかを選択できます。

銘柄	東京証券取引所における価格				大阪証券取引所における価格			
	課税時期（10月）	10月平均	9月平均	8月平均	課税時期（10月）	10月平均	9月平均	8月平均
㈱ＡＢＣ	2,000円	2,100円	2,050円	1,900円	2,030円	2,050円	2,000円	1,950円
㈱ＸＹＺ	500円	498円	495円	490円	510円	505円	502円	485円

各取引所の価格のうち、最も低いものを選択すると、以下のとおりになります。

銘柄	最も低い価格	
	東京証券取引所	大阪証券取引所
㈱ＡＢＣ	1,900円	1,950円
㈱ＸＹＺ	490円	485円

このうち、いずれの取引所の価格を選択するかについては、納税義務者が銘柄ごとに選択することが認められていますので、それぞれ有利な価格（＝低い方の価格）を選択することになります。

　㈱ＡＢＣの評価額　1,900円＜1,950円のため、1,900円を選択。
　㈱ＸＹＺの評価額　 490円＞ 485円のため、 485円を選択。

２．財産評価実施上の留意事項

(1) 評価時期

　原則的な評価方法においては、評価は課税時期の最終価格により評価することになりますが、配当などがあると株価に影響がありますので、特例が設けられています。また、課税時期に最終価格がない場合の評価方法も規定されています。

① 上場株式についての最終価格の特例
イ．課税時期が権利落等の日から株式の割当て等の基準日までの間にある場合

　会社が新株の割当や配当を行う場合、次の方法で確定させた株主に対して新株の割当てや配当を受ける権利を付与します（会社法124条）。

　　・一定の日の株主名簿記載の株主

　これらの権利が確定した後の株価は低くなるため（いわゆる権利落ち又は配当落ちの価格）、課税時期が権利落ちまたは配当落ちの日よりも後である場合、次のような特例が設けられています。

　すなわち、上場株式の価額を評価する場合において、課税時期が次のⅰ）

ⅱ）の間にあるときは、ⅰ）の前日以前の最終価格のうち、課税時期に最も近い日の最終価格をもって課税時期の最終価格とします（評基通170）。

　ⅰ）権利落又は配当落の日（以下、「権利落等の日」といいます。）
　ⅱ）株式の割当て、株式の無償交付又は配当金交付の基準日（以下、「株式の割当て等の日」といいます。）

これらの関係を以下に図で示します。この場合は、課税時期の最終価格は98円となります。

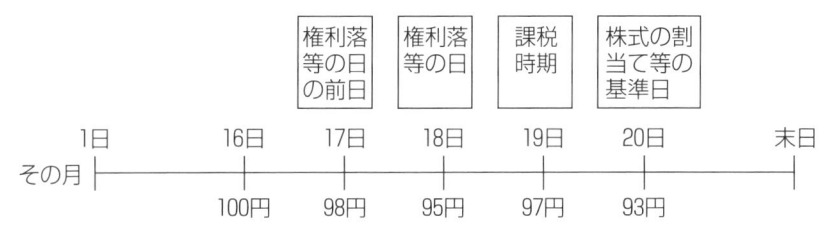

```
                権利落  権利落  課税   株式の
                等の日  等の日  時期   割当て等の
                の前日                  基準日
その月 1日   16日    17日    18日    19日    20日    末日
       ├─────┼──────┼──────┼──────┼──────┼──────┤
              100円   98円    95円    97円    93円
```

権利落ちの日は、証券会社やその株式を発行している会社に問い合わせることで知ることができます。

ロ．課税時期に最終価格がない場合

課税時期が祝日や土曜日・日曜日で証券取引所が休みの場合には、課税時期の取引価格がないことがあります。このように、上場株式の価額を評価する場合において、課税時期に最終価格がないものについては、次のうち、課税時期に最も近い日の最終価格を用います（評基通171）。

- 課税時期の前日以前の最終価格
- 課税時期の翌日以後の最終価格

ただし、これによる最終価格が2つある場合には、その平均額を用います。

これらの関係を以下に図で示します。この場合は、課税時期の最終価格はありませんが、課税時期前後で最も近い日（20日）の最終価格94円が、課税時期の最終価格として採用されることとなります。

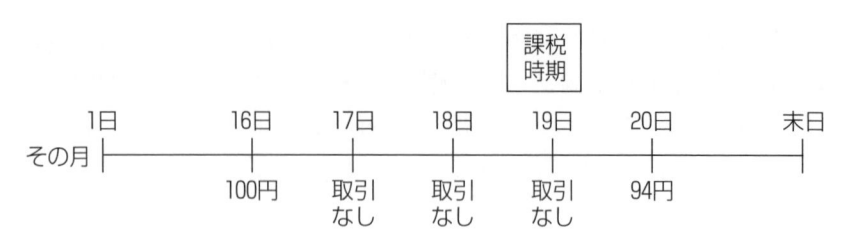

```
                                    ┌──────┐
                                    │ 課税 │
                                    │ 時期 │
                                    └──────┘
       1日    16日   17日   18日   19日   20日         末日
その月 ├──────┼──────┼──────┼──────┼──────┼──────────┤
              100円  取引   取引   取引   94円
                     なし   なし   なし
```

　なお、課税時期に最も近い日が複数ある場合は、それらの平均額によることとなります。以下の場合であれば、課税時期の最終価格は、課税時期に最も近い日（16日と20日）の価格の平均（100円＋94円）÷2＝97円となります。

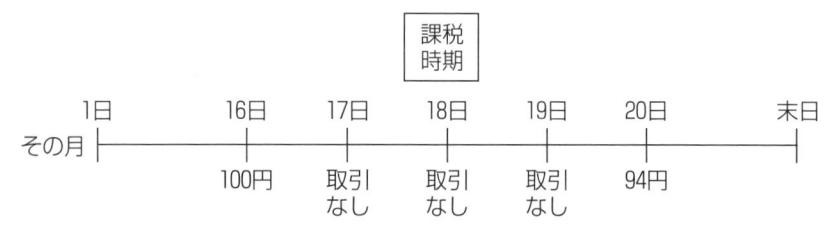

```
                             ┌──────┐
                             │ 課税 │
                             │ 時期 │
                             └──────┘
       1日    16日   17日   18日   19日   20日         末日
その月 ├──────┼──────┼──────┼──────┼──────┼──────────┤
              100円  取引   取引   取引   94円
                     なし   なし   なし
```

　なお、課税時期が次の条件を満たす場合、評価額について特例が設けられています。

課税時期	条件	評価額の特例
権利落等の日の前日以前	課税時期に最も近い日の最終価格が次のいずれかの場合 ・権利落等の日以後のもののみである場合 ・権利落等の日の前日以前のものと権利落等の日以後のものとの2ある場合	課税時期の前日以前の最終価格のうち、課税時期に最も近い日の最終価格を用います。
株式の割当て等の基準日の翌日以後	課税時期に最も近い日の最終価格が次のいずれかの場合 ・その基準日に係る権利落等の日の前日以前のもののみである場合 ・権利落等の日の前日以前のものと権利落等の日以後のものとの2ある場合	課税時期の翌日以後の最終価格のうち、課税時期に最も近い日の最終価格を用います。

まず、課税時期が権利落等の日の前日以前である場合について図で示します。この場合の課税時期の最終価格は、課税時期前の最も近い日（16日）の最終価格である100円となります。

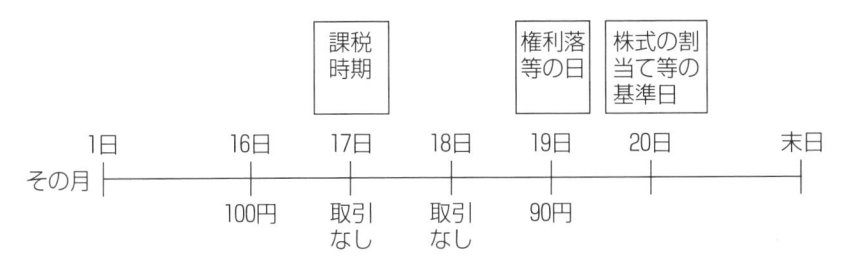

	1日	16日	17日	18日	19日	20日	末日
その月	├	┼	┼	┼	┼	┼	┤
		100円	取引なし	取引なし	90円		
			課税時期		権利落等の日	株式の割当て等の基準日	

　なお、次のような場合には、課税時期の最終価格は17日の95円となります。課税時期に最も近い日（17日と19日）が2つ存在しますが、19日の価格（90円）は権利落等の後の価格のため、採用できません。

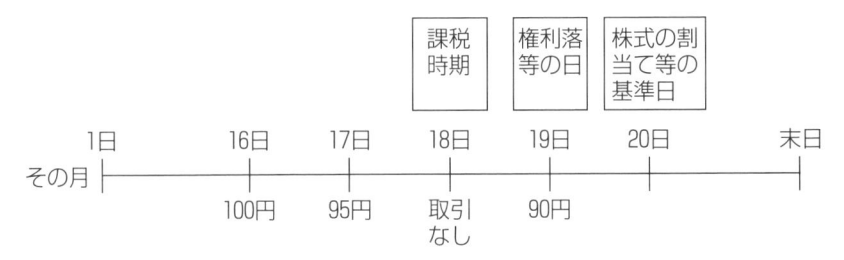

	1日	16日	17日	18日	19日	20日	末日
その月	├	┼	┼	┼	┼	┼	┤
		100円	95円	取引なし	90円		
				課税時期	権利落等の日	株式の割当て等の基準日	

　次に、課税時期が株式の割当て等の基準日の翌日以後である場合について図で示します。この場合の課税時期の最終価格は、課税時期後の最も近い日（20日）の最終価格である90円となります。

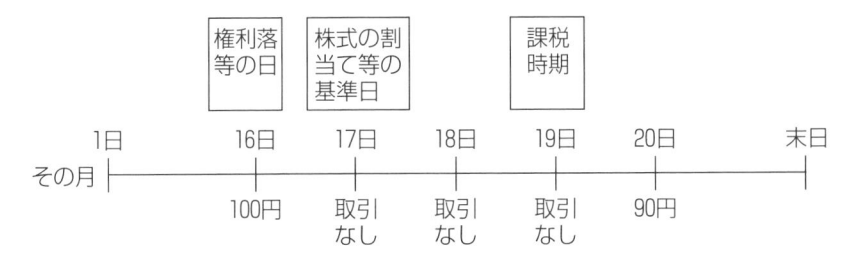

	1日	16日	17日	18日	19日	20日	末日
その月	├	┼	┼	┼	┼	┼	┤
		100円	取引なし	取引なし	取引なし	90円	
		権利落等の日	株式の割当て等の基準日		課税時期		

　また、直近の3か月間の平均額による評価による方法でも、原則的な方法と同様に特例が設けられています。

ハ．最終価格の月平均額の特例

　課税時期の属する月やその前月又は前々月に権利落ちがある場合には、権利落ちがあった月以降の最終価格の月平均額も権利落価格の影響を受けることから、課税時期前3か月以内に権利落等があった場合には、次のような計算により月平均額を修正して評価することになります（評基通172）。

ⅰ）株式の割当等の基準日以前

　　その月の初日から権利落等の日の前日（配当落の場合はその月の末日）までの毎日の最終価格の平均額（評基通172①）を採用します。（ただし、下記ⅱ）、ⅲ）の場合を除きます。）

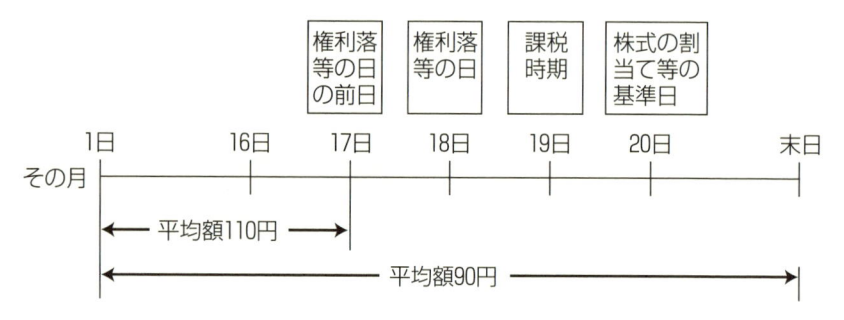

```
                  権利落   権利落   課税    株式の割
                  等の日   等の日   時期    当て等の
                  の前日                    基準日
その月  1日       16日    17日   18日   19日   20日      末日
        ├────────┼──────┼──────┼──────┼──────┼──────────┤
              ←─ 平均額110円 ─→
        ←──────────── 平均額90円 ────────────→
```

　この場合は、110円を課税時期の属する月の最終価格の月平均額として採用します。

ⅱ）株式の割当等の基準日以前かつ新株権利落等の日が課税時期の属する月の初日以前

　次の算式によって計算した金額（配当落の場合は、課税時期の属する月の初日から末日までの毎日の最終価格の平均額）（評基通172②）を採用します。

$$\boxed{採用する単価} = \boxed{\begin{array}{c}課税時期の\\属する月の\\最終価格の\\月平均額\end{array}} \times \left(1 + \boxed{\begin{array}{c}株式1株に\\対する割当\\株式数又は\\交付株式数\end{array}}\right)$$

$$- \boxed{\begin{array}{c}割当てを受け\\た株式1株に\\つき払い込む\\べき金額\end{array}} \times \boxed{\begin{array}{c}株式1株に\\対する割当\\株式数\end{array}}$$

```
        権利落    権利落              課税      株式の割
        等の日    等の日              時期      当て等の
        の前日                                  基準日
  1日    30日    31日    1日    2日    3日              末日
前月├──────┼──────┤  その月├─────┼─────┼─────────┤
                                └─────平均額100円─────┘
```

- 割当株式数　　　　　　　　　　1株につき0.8株
- 割当株式1株につき払い込むべき金額　50円

　この場合、課税時期の属する月の最終価格の月平均額は、上記の算式にあてはめて計算すると、100円×（1＋0.8株）－50円×0.8＝140円となります。

ⅲ）株式の割当て等の基準日の翌日以降

　権利落等の日（配当落の場合にあってはその月の初日）からその月の末日までの毎日の最終価格の平均額（評基通172③）

　なお、権利落等の日が属する月の前月以前の各月の最終価格の月平均額は、次の算式によって計算した金額（配当落の場合にあっては、その月の初日から末日までの毎日の最終価格の平均額）とします（評基通172④）。

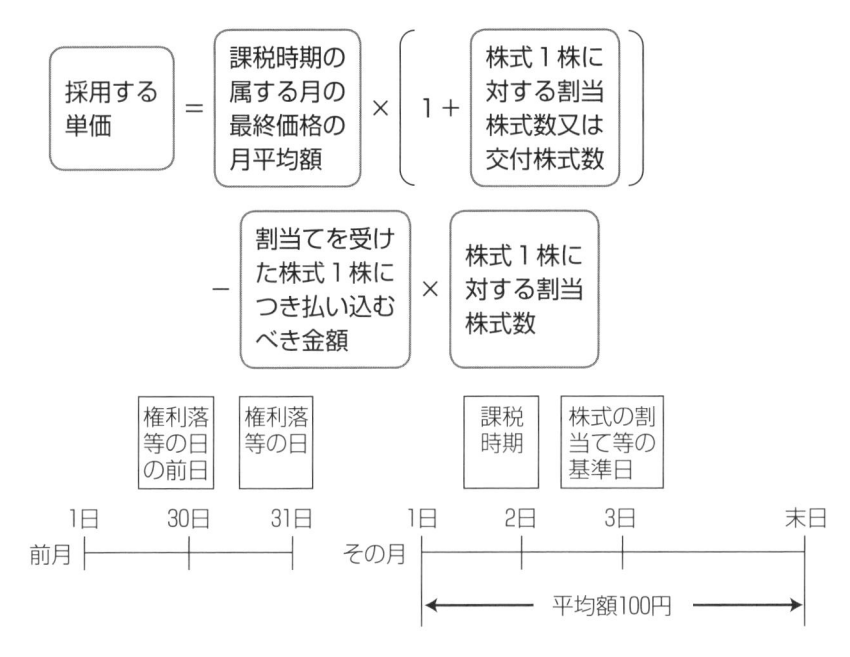

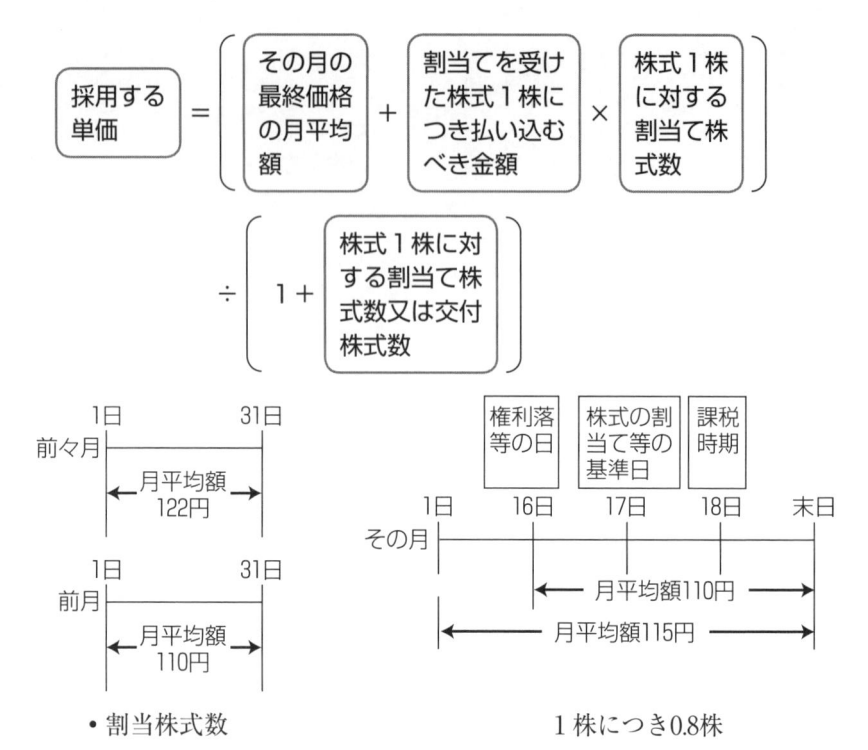

$$\text{採用する単価} = \left(\text{その月の最終価格の月平均額} + \text{割当てを受けた株式1株につき払い込むべき金額} \times \text{株式1株に対する割当て株式数}\right)$$

$$\div \left(1 + \text{株式1株に対する割当て株式数又は交付株式数}\right)$$

```
    1日          31日
前々月 |———月平均額———|
         122円

    1日          31日
前月  |———月平均額———|
         110円
```

```
        権利落   株式の割  課税
        等の日   当て等の  時期
                基準日
    1日   16日    17日    18日   末日
その月 |————————————————|
              月平均額110円
        月平均額115円
```

- 割当株式数　　　　　　　　　1株につき0.8株
- 割当株式1株につき払い込むべき金額　50円

　この場合、課税時期の属する月の最終価格の月平均額は、上記の算式にあてはめて計算すると、以下のようになります。

前　月：（110円 + 50円 × 0.2）÷（1 + 0.2）= 100円

前々月：（122円 + 50円 × 0.2）÷（1 + 0.2）= 110円

(2) 評価のポイント

① 相続開始直前に上場株式を売却した場合

　相続開始直前に売却され、相続開始時点において引渡し及び代金決済が未了の上場株式に係る相続税の課税財産は、当該株式の売買代金請求権であり、その評価は、評基通204に定める貸付金債権の評価により評価します。

　なお、当該売買に係る証券会社に対する未払手数料は、相続開始の際に存する被相続人の確実な債務と認められるため、債務控除の対象となります。

② 外国の証券取引所に上場されている株式の評価

外国の証券取引所(ニューヨーク証券取引所やロンドン証券取引所等)に上場されている株式(以下、「外国株式」といいます。)は、国内における上場株式と同様に課税時期における客観的な交換価値が明らかとなっているため、評基通に定める「上場株式」の評価方法に準じて評価します。すなわち、その株式が上場されている外国の証券取引所が公表する取引価格のうち、課税時期の最終価格によって評価します。

これらの外国の証券取引所が公表する取引価格は、独自で調べることは困難ですが、証券会社に問合せることで知ることができます。

なお、評価に際しては、原則として課税時期における最終価格によります。ただし、その最終価格が課税時期の属する月以前3か月の最終価格の月平均額のうち最も低い価額を超える場合には、その最も低い価額によることができます。

邦貨換算については、原則として、納税義務者の取引金融機関が公表する課税時期における最終の為替相場(邦貨換算を行う場合の外国為替の売買相場のうち、いわゆる対顧客直物電信買相場又はこれに準ずる相場)によります。これは取引銀行や証券会社等に問い合せることで知ることができます。

③ 気配相場等のある株式の評価

財産評価基本通達にいう気配相場のある株式とは、次に示す株式をいいます(評基通168②)。

登録銘柄の株式	日本証券業協会の内規によって登録銘柄として登録されている株式
店頭管理銘柄の株式	日本証券業協会の内規によって店頭管理銘柄として指定されている株式
公開途上にある株式	金融商品取引所が内閣総理大臣に対して株式の上場の届出を行うことを明らかにした日から上場の日の前日までのその株式

ただし、登録銘柄の株式と店頭管理銘柄の株式については、ジャスダッ

ク証券取引所の創設に伴い同取引所に移行されたため、現在該当する株式はありません。

そのため、ここでは公開途上にある株式について説明します。

公開途上にある株式の評価については、その株式の上場に際して、株式の公募又は売出が行われるか否かがポイントとなります。これは、その株式を発行する会社の目論見書等を閲覧することで調べることができます。

株式の公募又は売出が行われる場合は、その公募又は売出を行う際の価格が決められているため、その価格をそのまま使用して評価することになります。

これに対し、株式の公募又は売出が行われない場合は、その株式について過去に行われた実際の取引の取引価格等を勘案して、総合的に評価することとなります。

3．節税手法

上場株式は、複数の評価方法がありますので、どの評価方法を採用するかによって節税が可能となります。株価が下落傾向にある場合は、原則どおり課税時期の株価で評価を行うと最も低い評価額による課税を選択することができます。逆に、株価が上昇傾向にある場合は、直近3か月間の平均額で評価を行うと有利な評価をすることができます。

●評価事例

① 株価が下落傾向にある場合

㈱ＡＢＣ社の株式を100株相続し（課税時期は10月）、取引所における価格が以下のとおりである場合を考えます（権利落等は無視します）。

銘柄	取引所における価格			
	課税時期（10月）	10月平均	9月平均	8月平均
㈱ＡＢＣ	2,000円	2,100円	2,200円	2,300円

株価が下落傾向にあることから、課税時期の株価＜直近３か月の各月平均株価となるため、このような場合は、課税時期の株価（2,000円）により評価を行います。

評価額＝課税時期の株価2,000円×100株＝200,000円（20万円）

【参考】直近３か月の各月平均株価の最低価額により評価した場合

評価額 ＝ 直近３か月の各月平均の最低価額2,100円 × 100株
　　　 ＝ 210,000円（21万円）

直近３か月の各月平均株価の最低価額により評価すると、課税時期の株価で評価した場合に比べ、１万円だけ評価額が高くなります。

② 株価が上昇傾向にある場合

㈱ＡＢＣ社の株式を100株相続し（課税時期は10月）、取引所における価格が以下のとおりである場合を考えます（権利落等は無視します）。

銘柄	取引所における価格				
	課税時期（10月）	10月平均	９月平均	８月平均
㈱ＡＢＣ	2,000円	1,900円	1,800円	1,700円

株価が上昇傾向にあることから、課税時期の株価＞直近３か月の各月平均株価となるため、このような場合は、直近３か月の各月平均株価の最低価額により評価を行います。

評価額 ＝ 直近３か月の各月平均の最低株価1,700円 × 100株
　　　 ＝ 170,000円（17万円）

【参考】課税時期の株価により評価した場合

評価額 ＝ 課税時期の株価2,000円×100株
　　　 ＝ 200,000円（20万円）

課税時期の株価により評価すると、直近３か月の各月平均株価の最低価額で評価した場合に比べ、３万円だけ評価額が高くなります。

第4章 株式、出資金（非上場）

1．基本的評価方法

(1) **評価手順**

① **評価対象となる株式等の認識・特定**

　相続財産を評価するためには、まず被相続人が所有していた財産を把握することから始めます。相続人が、被相続人の生前に財産について話してあっておくこと、あるいは遺言書を作成しておいてもらうことが望ましいですが、そのような機会が持てない場合には、さまざまな資料を基に相続財産を把握する必要があります。

- 被相続人が、確定申告を行っている場合には、確定申告書の内容から財産を把握します。また、所得が比較的多く確定申告の際に「財産債務の明細書」を提出している場合には、その内容を参考にします。
- 自宅の金庫あるいは銀行の貸金庫に、株券などがないかを確認します。
- 被相続人の銀行の預金通帳の入出金の中に、株式売買による入出金や配当による入金がないかを確認します。
- 被相続人の日記や手帳などの内容により、株式の売買記録がないかを確認します。また、被相続人が使っていたパソコンにあるデータを確認します。
- 非上場会社の決算書や株主総会招集通知がないかを確認します。

② 資料・情報の収集

準備資料	入手場所	目的
株主名簿	評価会社	権利関係の把握
株券	(注)	権利関係の把握
新株予約権原簿等（個数、行使価格等が分かるもの）	評価会社 ただし、ストックオプションを発行している場合	権利関係の把握
株主総会招集通知等	保管	権利関係の把握（配当優先権の内容）
商業登記簿謄本	法務局	現況の調査
評価会社の資産種類ごとの準備資料	本書の各項目を参照	現況の調査
決算税務申告書3年分（勘定内訳書含）	評価会社	評価額の調査
従業員名簿	評価会社	評価額の調査
業種目及び業種目別株価等	国税庁	評価額の調査
公社債一覧表（名義、銘柄、口数）	証券会社	権利関係の把握 評価額の調査

(注) 被相続人の生前に確認しておく必要があります。

③ 評価方法の検討

　非上場株式は、相続税法において、取引相場のない株式とよばれ、上場株式、気配相場等のある株式以外の株式をいいます。一般の家庭においては、非上場株式を保有していることは少ないといえますが、オーナー社長など会社を経営していた被相続人にとっては、その相続財産のほとんどが自分の会社の株式ということもよくあることです。このため、事業承継を上手に行うという観点からも、非上場株式の評価は、気を付けたいところです。（なお、以下、「取引相場のない株式」といいます。）

　財産評価の方法は、他の相続財産と同様に時価により評価すればよいのですが、上場株式のように市場性のある取引所で取引が行われ客観的な取

引価格がありません。また、取引相場のない株式が取引されるのは、親族間などの限られた範囲の中であって、不特定多数の当事者間で自由な取引が行われる訳ではありませんので、客観的な時価の把握が難しいものです。

そこで、財産評価基本通達においては評価方法を、株式を発行している取引相場のない株式を発行する会社の規模や業種などで評価することになっています（評基通178）。

イ．取引相場のない株式の評価方式

取引相場のない株式の評価手法は、以下の4つの方法になります。

◎取引相場のない株式の評価方式

- 原則的な方法
  - ・類似業種比準方式
  - ・純資産額方式（1株当たりの純資産価額（相続税評価額））
  - ・上記2つの方式の併用方式
- 配当還元方式

これらの4つの評価方式のうち、一つは併用方式ですので、3つの方式を理解すれば、取引相場のない株式の評価の手法を全て網羅したことになります。ただ、これらの評価方式を理解する前に、取引相場のない株式を発行する会社（以下、「評価会社」といいます。）を評価するに当たって、4つの方式のどれを採用するかを説明します。最初に、評価会社の株式を保有する株主の種類による区分、次に評価会社による区分をみてみましょう。

　ⅰ）株主の種類による区分

　　相続人、受遺者又は受贈者が株式の発行会社において同族株主と同族株主以外のどちらに当たるかを判定します。「同族株主」とは、株主の1人及びその「同族関係者」の有する議決権の合計数がその会社の議決権総数の30％以上である場合の、その株主及び「同族関係者」をいいます。なお、30％以上という基準は、株主1人及びその同族関係者の有する議決権の合計数が最も多いグループの有する議決権の合計数がその会社の議決権の総数の50％超の場合は、50％超となります。

第4章　株式、出資金（非上場）

◎同族株主

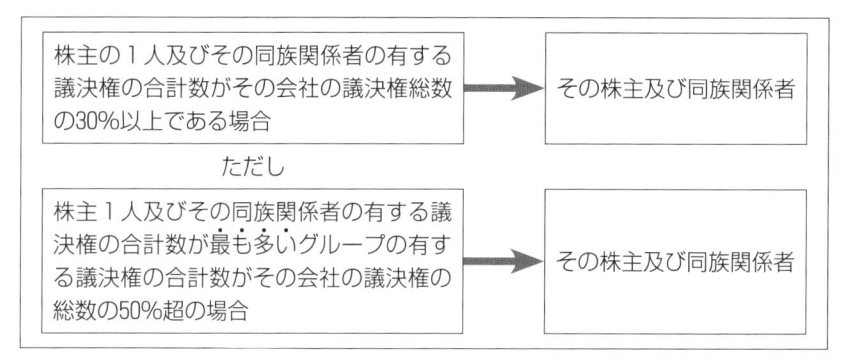

| 株主の1人及びその同族関係者の有する議決権の合計数がその会社の議決権総数の30%以上である場合 | → | その株主及び同族関係者 |

ただし

| 株主1人及びその同族関係者の有する議決権の合計数が最も多いグループの有する議決権の合計数がその会社の議決権の総数の50%超の場合 | → | その株主及び同族関係者 |

◎同族関係者（法令4①②）

個人である同族関係者
　ⅰ）株主等の親族（配偶者及び6親等内の血族、3親等内の姻族をいいます。）
　ⅱ）株主等と事実上婚姻関係と同様の状態にある者
　ⅲ）個人である株主等の使用人
　ⅳ）個人である株主等から受ける金銭その他の資産により生計を維持している者
　ⅴ）「ⅱ」から「ⅳ」の者と生計を一にするこれらの者の親族

法人である同族関係者
　ⅰ）判定対象会社の株主等の1人が他の会社を支配する場合の当該他の会社
　ⅱ）判定会社株主の1人及びこれと「ⅰ」に掲げる特殊関係のある会社が他の会社を支配している場合の当該他の会社
　ⅲ）判定会社株主の1人及びこれと「ⅰ」並びに「ⅱ」に掲げる特殊関係のある会社が他の会社を支配している場合の当該他の会社

◎他の会社を支配している場合（法令4③）

ⅰ）他の会社の発行済株式又は出資の総数又は総額の50%を超える数又は金額の株式又は出資を有する場合
ⅱ）他の会社の次に掲げる議決権のいずれかにつき、その総数の50%を超える数を有する場合（議決権のない株式数は除きます）
- 事業の全部、重要な部分の譲渡、解散、継続、合併、分割、株式交換、株式移転、現物出資に関する決議に係る議決権
- 役員の選任、解任関する決議に係る議決権
- 役員報酬、賞与その他の職務執行の対価として会社が供与する財産上の利益に関する事項についての決議に係る議決権
- 剰余金の配当又は利益の配当に関する決議に係る議決権

さらに、同族株主の有無により、以下のような細かい基準があります。そして、そのそれぞれが上記の株式の評価方式のうちどの方式に結びつくかをまとめています。この表での原則的評価方式とは、類似業種比準方式、純資産額方式及び併用方式であり、これは、評価会社の規模等により決定します。

◎株主の種類による区分：同族株主のいる会社の場合

判定される株主の態様					評価方法
同族株主	取得後の議決権割合が5％以上の株主				原則的評価方式
^	取得後の議決権割合が5％未満の株主	中心的な同族株主がいない場合			^
^	^	中心的な同族株主がいる場合	中心的な同族株主		^
^	^	^	役員である株主又は課税時期の翌日から法定申告期限までに役員となる株主		^
^	^	^	その他の株主		配当還元方式
同族株主以外の株主					^

◎株主の種類による区分：同族株主のいない会社

判定される株主の態様					評価方式
取得後の議決権割合が15％以上の株主グループ	取得後の議決権割合が5％以上の株主				原則的評価方式
^	取得後の議決権割合が5％未満の株主	中心的な株主がいない場合			^
^	^	中心的な株主がいる場合	役員である株主又は課税時期の翌日から法定申告期限までに役員となる株主		^
^	^	^	その他の株主		配当還元方式
取得後の議決権割合が15％未満の株主グループ					^

◎中心的な同族株主（評基通188②）

　課税時期において、同族株主の1人並びにその株主の配偶者、直系血族、兄弟姉妹、1親等の姻族の有する議決権の合計数が総議決権数の25％以上ある場合の株主

◎**中心的な同族株主になりうる範囲**

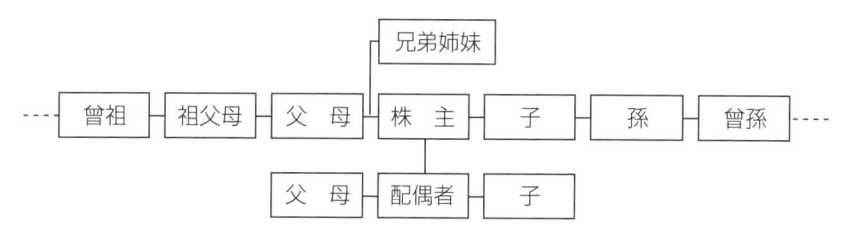

```
                          ┌─ 兄弟姉妹 ─┐
┈┈ 曾祖 ─ 祖父母 ─ 父 母 ─ 株 主 ─ 子 ─ 孫 ─ 曾孫 ┈┈
                  └─ 父 母 ─ 配偶者 ─ 子 ─┘
```

◎**中心的な株主**（評基通188④）

> 課税時期において株主の1人及びその同族関係者の有する議決権の合計数がその会社の議決権総数の15％以上である株主グループのうち、いずれかのグループに単独でその会社の議決権総数の10％以上の議決権を有している株主がいる場合におけるその株主

◎**役員**（評基通188②、法令71①）

> 代表取締役、代表執行役、代表理事及び清算人、社長、理事、副社長、専務、常務その他これらに準ずる職制上の地位を有する役員、取締役（委員会設置会社の取締役に限りません）会計参与、監査役並びに監事

ⅱ）評価会社の規模等による区分

　次は、評価会社の規模にする区分を説明します。この区分は、原則的評価方式のうち、どの方式を選択するか判断するものです。

　取引相場のない株式の発行する評価会社の株式評価は、評価会社の「従業員数」若しくは「直前期末の総資産価額」又は「直前1年間における取引金額」によって会社規模を判定し、その判定に応じて評価します（評基通178）。

区分の内容		総資産価額（帳簿価額によって計算した金額）及び従業員数	直前期末以前1年間における取引金額	規模区分
従業員数が100人以上の会社又は右のいずれかに該当する会社	卸売業	20億円以上（従業員数が50人以下の会社を除く）	80億円以上	大会社
	小売業・サービス業	10億円以上（従業員が50人以下の会社を除く）	20億円以上	
	卸売業・小売業・サービス業以外	10億円以上（従業員が50人以下の会社を除く）	20億円以上	
従業員数が100人未満の会社で右のいずれかに該当する会社（大会社に該当する場合を除く。）	卸売業	7,000万円以上（従業員数が5人以下の会社を除く）	2億円以上80億円未満	中会社
	小売業・サービス業	4,000万円以上（従業員数が5人以下の会社を除く）	6,000万円以上20億円未満	
	卸売業・小売業・サービス業以外	5,000万円以上（従業員数が5人以下の会社を除く）	8,000万円以上20億円未満	
従業員数が100人未満の会社で右のいずれにも該当する会社	卸売業	7,000万円未満又は従業員数が5人以下	2億円未満	小会社
	小売業・サービス業	4,000万円未満又は従業員数が5人以下	6,000万円未満	
	卸売業・小売業・サービス業以外	5,000万円未満又は従業員数が5人以下	8,000万円未満	

(注1) 上記の表の「総資産価額（帳簿価額によって計算した金額）及び従業員数」及び「直前期末以前1年間における取引金額」は、以下の3つによります。
- 「総資産価額（帳簿価額によって計算した金額）」は、課税時期の直前に終了した事業年度の末日（以下「直前期末」という。）における評価会社の各資産の帳簿価額の合計額とします。
- 「従業員数」は、直前期末以前1年間においてその期間継続して評価会社に勤務していた従業員（就業規則等で定められた1週間当たりの労働時間が30時間未満である従業員を除きます。以下この従業員を「継続勤務従業員」といいます。）の数に、直前期末以前1年間において評価会社に勤務していた従業員（継続勤務従業員を除きます。）のその1年間における労働時間の合計時間数を従業員1人当たり年間平均労働時間数で除して求めた数を加算した数とします。この場合における従業員1

人当たり年間平均労働時間数は、1,800時間とします。ただし、従業員には、社長、理事長等の役員は含まれません（役員の範囲は227ページ参照）。
- 「直前期末以前1年間における取引金額」は、その期間における評価会社の目的とする事業に係る収入金額（金融業・証券業については収入利息及び収入手数料）とします。

（注2）「卸売業」、「小売・サービス業」又は「卸売業、小売・サービス業以外」の判定は以下によります。
- 評価会社が「卸売業」、「小売・サービス業」又は「卸売業、小売・サービス業以外」のいずれの業種に該当するかは、上記の直前期末以前1年間における取引金額に基づいて判定し、当該取引金額のうちに2以上の業種に係る取引金額が含まれている場合には、それらの取引金額のうち最も多い取引金額の業種によって判定します。

以上のように会社の規模等によって、「大会社」「中会社」及び「小会社」に区分し、それぞれの区分により評価方式を決定することになります。

会社区分	株式の評価方式
大会社	類似会社比準方式により評価しますが、1株当たりの純資産価額（相続税評価額）により評価することもできます。
中会社	類似業種比準方式と1株当たりの純資産価額との併用方式により評価します。1株当たりの純資産価額（相続税評価額）によって計算することもできます。 （併用方式の算式） 類似業種比準価額×L＋1株当たりの純資産価額×（1－L）
小会社	小会社の株式については、1株当たりの純資産価額（相続税評価額）により評価します。併用方式として中会社の算式のLを0.50として計算した金額によって評価することができます。

このように、会社区分により株式評価方式は、決定します。なお、中会社のLについても会社の規模等により決定しますので、以下の表を参照してください。

◎Lの割合の判定

中会社のLの値は、次表で示すように総資産額、従業員数及び年間取引額により判定をすることになります。

〔卸売業〕

総資産額、従業員数＼取引金額	2億円未満	2億円以上25億円未満	25億円以上50億円未満	50億円以上80億円未満	80億円以上
7,000万円未満（5人以下）	小会社				
7,000万円以上7億円未満（5人以下の会社を除く）	中会社（小） L=0.60				
7億円以上14億円未満（30人以下の会社を除く）	中会社（中） L=0.75				
14億円以上20億円未満（50人以下の会社を除く）	中会社（大） L=0.90				
20億円以上（50人以下の会社を除く）	大会社				

〔小売・サービス業〕

総資産額、従業員数＼取引金額	6,000万円未満	6,000万円以上6億円未満	6億円以上12億円未満	12億円以上20億円未満	20億円以上
4,000万円未満（5人以下）	小会社				
4,000万円以上4億円未満（5人以下の会社を除く）	中会社（小） L=0.60				
4億円以上7億円未満（30人以下の会社を除く）	中会社（中） L=0.75				
7億円以上10億円未満（50人以下の会社を除く）	中会社（大） L=0.90				
10億円以上（50人以下の会社を除く）	大会社				

〔卸売業、小売・サービス業以外〕

総資産額、従業員数＼取引金額	8,000万円未満	8,000万円以上7億円未満	7億円以上14億円未満	14億円以上20億円未満	20億円以上
5,000万円未満（5人以下）	小会社				
5,000万円以上4億円未満（5人以下の会社を除く）	中会社（小）L=0.60				
4億円以上7億円未満（30人以下の会社を除く）	中会社（中）L=0.75				
7億円以上10億円未満（50人以下の会社を除く）	中会社（大）L=0.90				
10億円以上（50人以下の会社を除く）	大会社				

　「総資産額・従業員数」の区分と「取引金額」の区分が異なるときには、いずれか大きい方のLの割合とします。したがって、評価会社が「卸売業、小売・サービス業」以外の会社で、総資産額が7億円、従業員が35人で、取引金額が8,500万円である場合では、「総資産額・従業員数」の区分では、総資産額が7億円ですが従業員が35人ですので、中会社（中）となります。一方、「取引金額」は8,500万円ですので、中会社（小）となります。結局、割合としては、大きい方の中会社（中）でL＝0.75となります。

　説明が長くなりましたが、これで原則的な評価方式を選定できることになります。次に、それぞれの評価方式をみてみましょう。

ロ．評価方式の説明

　ⅰ）類似業種比準方式

　　類似業種比準方式は、評価する取引相場のない株式を発行する会社と事業内容が類似する複数の上場会社からなる類似業種の株価を基にして評価額を算定する評価方式です。

　　類似会社評価方式は、以下のような算式によって計算します。

◎類似会社評価方式の算式

$$評価額 = A \times \frac{\dfrac{b}{B} + \dfrac{c}{C} \times 3 + \dfrac{d}{D}}{5} \times 0.7 \text{（注2）}$$

A：類似業種の株価
B：課税時期の属する年の類似業種の1株当たりの配当金額
C：課税時期の属する年の類似業種の1株当たりの年利益金額
D：課税時期の属する年の類似業種の1株当たりの純資産価額（帳簿価額によって計算した金額）
b：評価会社の1株当たりの配当金額
c：評価会社の1株当たりの年利益金額
d：評価会社の1株当たりの純資産価額（帳簿価額によって計算した金額）
(注1) 評価会社1株当たりのb、c、dはすべて1株当たりの資本金等の額（評価会社の資本金等の額を発行済株式数で除した金額）を50円であるとした場合の金額です。
(注2) 会社規模の区分別に定められたしんしゃく率
- 「大会社」に該当する場合　0.7
- 「中会社」に該当する場合　0.6
- 「小会社」に該当する場合　0.5

　　a) 1株当たりの資本金等の額

　　　上記の算式について、気を付けるポイントは、まず1株当たりの資本金等の額を50円とした場合の金額として計算している点です。これは、類似業種の株価を基として、評価会社の1株当たりの配当金額、1株当たりの年利益金額及び1株当たりの純資産価額と、類似業種のこれらの金額を比較して評価会社の株式の価額を計算するに当たって、1株当たりの資本金等の額に差がある場合に調整するためです。

　　b) 1株当たり配当金額等

　　　1株当たりの配当金額は、特別配当、記念配当等の名称による配当金額のうち、将来毎期継続することが予想できない金額を除きます。

　　c) 1株当たり利益金額

1株当たり利益金額の算出の方法は、別表4の課税所得金額を基準にして固定資産売却益や保険差益のような非経常的な利益金額を控除し、剰余金の配当（資本金等の額の減少によるものを除く）及び損金算入した繰越欠損金等を加算して利益金額を求めます。

d）1株当たりの純資産価額

1株当たりの純資産価額については、帳簿価額によって計算された金額となっていますが、単純に貸借対照表の純資産額ではなく、「資本金等の金額（資本金額及び資本積立金）」と「法人税申告書別表（5）「利益積立金額及び資本金等の額の計算に関する明細書」の差引翌期首現在利益積立金の差引合計額の欄にある金額（利益積立金）」の合計額を直前期末における発行済株式で除して計算した金額になります。

e）評価会社の3要素は何時の時点のものか

1株当たりの配当金については、直前期と直前々期の平均となります。また、1株当たりの利益金額については、「直前期の利益」あるいは「直前期と直前々期の平均」の低い方になります。さらに、1株当たり純資産額は、直前期の数値が利用されます。

例えば、3月31日が決算日として、課税時期が3月30日としても、3月31日を基準日とした配当金額は、類似業種比準方式の1株当たりの配当金には考慮されませんのでご注意ください。

なお、比準要素1あるいは0を判定する場合とは、対象期間が異なりますので注意が必要です（246ページ参照）。

f）どの時点の比準要素等を使用するか

どの時点の類似業種の比準数値を使用するかですが、類似業種の比準価額については、課税時期以前3か月の各月の株価のうち最も低い価額を使用します。ただし、前年平均株価によることもできます（評基通182）。

ⅱ）純資産額方式（1株当たりの純資産価額（相続税評価額））

純資産額方式（1株当たりの純資産価額（相続税評価額））は、課

税時期において評価会社が所有する各資産（自己株式は除く）を財産評価基本通達に定める評価方法に評価した価額（相続税評価額）の合計額から、課税時期における各負債の金額の合計額及び評価の差額に対する法人税等に相当する金額を控除した金額を、課税時期における発行済株式数で除して1株当たりの純資産額（相続税評価額）を算出する評価方式です。

◎純資産額方式の算式（1株当たりの純資産額（相続税評価額））

$$評価額 = \frac{総資産の相続税評価額 - 負債の金額 - 評価額等に対する法人税額等相当額}{課税時期における発行済株式数}$$

なお、併用方式の中会社あるいは小会社に当たる場合の1株当たりの純資産価額（相続税評価額）については、株式の取得者とその同族関係者の有する議決権の合計数が評価会社の議決権総数の50％以下である場合においては、上記により計算した1株当たりの純資産価額（相続税評価額）に$\frac{80}{100}$を乗じて計算した金額とします。

この方式による場合には、1株当たりの純資産額は、相続税評価額によって計算された時価になりますので、それぞれの資産及び負債の種類ごとの相続税評価額がどのように計算するかを把握しておく必要があります。

簡単な事例を考えると以下のようになります。

(単位：万円)

資産の部			負債の部		
科　目	相続税評価額	帳簿価額	科　目	相続税評価額	帳簿価額
現金預金	3,800	3,800	買掛金	9,500	9,500
売掛金	17,600	18,800	借入金	14,000	14,000
前払費用	—	500	未払金	200	200
建物	6,800	7,000	未払法人税等	30	30
構築物	300	300	未払消費税等	120	120
器具備品	100	100	未払退職金	800	800
土地	21,000	18,000	保険差益に対する法人税等	84	84
借地権	300	—			
投資有価証券	800	300			
貸付金	3,600	4,000			
保険積立金	—	50			
生命保険金請求権	1,000	1,000			
合計	55,300	53,850	合計	24,734	24,734

ポイント

勘定科目	相続税評価額のポイント
資産	課税時期における各資産を評価基本通達に基づいて計上します。
売掛金 貸付金	債権金額の全部あるいは一部が、課税時期において、その回収が不可能又は著しく困難と見込まれるときは、その金額は、元本の価額に計上しません（上記の表では、売掛金は、1億88百万円のうち12百万円が回収不能のため1億76百万円としています。また貸付金は、40百万円のうち4百万円が回収不能のため36百万円としています。）。

受取手形	期日未到来の受取手形は、課税時期において銀行等の金融機関において割引を行った場合に回収し得ると認める金額によって評価します（上記の表では、受取手形はゼロとしています。）。
前払費用 繰延資産	財産性のないものは相続税評価額に計上しません。したがって、課税時期において解約したとした時に返還される金額があるときには、その金額で評価することになります（上記の表では、返還される金額はないとしてゼロとしています。）。
自然発生的な借地権、貸家建付借地権、営業権	貸借対照表に計上されていなくても、計上すべき金額があれば、相続税評価額に計上します（上記の表では、3百万円を計上しています。）。 借りた土地に家屋を建て賃貸ししている場合は、貸家建付借地権となりますが、会社の寮の場合には、借地権になりますので注意が必要です。
土地、建物、附属設備、構築物、器具備品	土地については、路線価等で評価し、また建物については、固定資産税評価額で評価するなど、財産基本通達に規定されている方法で評価します（それぞれ本書で説明しています）。 ただし、取得後3年以内の取得の資産に該当する場合には、通常の取引価格によって評価します。なお、帳簿価格が課税時期の価額であることが認められれば、その価格を適用することができます。 器具備品や機械等の動産については、原則として、売買実例価額や精通者意見価格等を参考にして評価します。それらがない場合には、課税時期の同種及び同規格の新品の小売価額から、その動産の製造の時から課税時期までの期間の償却費の額等を控除した金額によって評価します。
自己株式	相続税評価額及び帳簿価額から除きます（上記の表では、自己株式はありません）。
生命保険金請求権 未払退職金 保険差益に対する法人税等	役員の死亡時の退職金に充てるために会社を保険金受取人とする保険契約を契約している場合には、生命保険金請求権を資産計上することになります。負債の部には、保険金を原資とする退職金の額と、保険金から退職金の額を控除した金額について法人税

	額等を計上します（上記の表では、保険差益に対する法人税等の計算は、（1,000万円－800万円）×42%＝84万円）。
支払不要の買掛金	相続税評価額はゼロとします（上記の表では、支払不要の買掛金はありません。）。
無利息の長期借入金	利息等経済的利益は、帳簿価額から控除して相続税評価額に計上します（上記の表では、無利息の長期借入金はありません。）。
以下の未払債務 ・未納租税公課、未払利息等の簿外負債 ・課税時期以前の割賦期日到来の固定資産税等 ・直前事業年度の利益金賞与、利益の配当 ・課税時期の属する事業年度の法人税額、消費税額、事業税額等のうち、事業年度の開始の日から課税時期までの期間に対応する金額（ただし、仮決算による場合）	相続税評価額及び帳簿価額に計上します（上記の表では、法人税等と消費税等があったものとします）。
貸倒引当金、退職給与引当金などの引当金や準備金	相続税評価額に計上しません。
社葬費用	相続税評価額に計上します。ただし、お布施、墓碑購入費用等の個人費用は計上できません。また弔慰金等の相続税の課税対象外のものは負債に含めません。

(注) 帳簿価額は、税務計算上の価額ですから別表5(1)を基に計上されます。例えば、固定資産の減価償却累計額は、会社の決算が悪かったなどの理由により、固定資産の減価償却費を実施していないことがよくあります。この場合であっても、償却不足の固定資産の金額である簿価で相続税評価額となりますので注意が必要です。一方で、減価償却超過額があった場合には、簿価に減価償却超過額を加算した金額になります。

　なお、1株当たりの純資産価額（相続税評価額）の計算に適用すべき数値については、原則として課税時期である相続開始日に仮決算を行い、その結果に基づく数値により評価することになります。ただし、

仮決算という煩雑な手続きを行うことは実務的にも負担になりますので、直前期末から課税時期までの間に資産及び負債に著しい変動がない場合には、直前期末の資産及び負債を基礎として課税時期の評価基準を適用して評価することも認められています。さらに、直後の期末の方が課税時期に接近している場合には、直後の期末を基礎とした方がより適正な評価が行える可能性が高く、直後の期末を基礎にして評価を行うことが認められています。この点は、類似業種比準方式とは異なるところです。

ⅲ）配当還元方式

配当還元方式の計算方法は、以下のとおりとなります。

◎配当還元方式の算式

$$\text{評価額} = \frac{\text{その株式に係る年配当金額}^{(注)}}{10\%} \times \frac{\text{その株式の1株当たりの資本金等の額}}{50円}$$

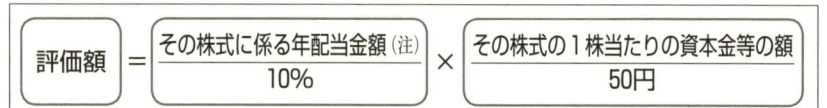

（注）その株式に係る年配当金額とは、評価会社の直前期末以前2年間の平均配当金額を「直前期末における発行済株式数」で除した金額です。なお、「直前期末における発行済株式数」は、1株当たりの資本金等の額を50円と想定しています。

なお、過去2年間が無配の場合等、求めた配当還元価額が2円50銭未満の場合（1株当たりの資本金等の額を50円とする）には、配当還元方式の計算方法は、上記の方法ではなく、2円5銭を10%で還元して評価することになりますので、25円となり、その株式の1株当たりの資本金等の額が500円であれば、250円が1株当たりの株価となります。

それでは、ここまでのまとめとして、事例に基づき評価証明書を記載します。

郵便はがき

530-8790

478

料金受取人払郵便

大阪北局
承　　認

2829

差出有効期間
平成26年11月
19日まで

（切手不要）

大阪市北区天神橋2丁目北2－6
大和南森町ビル

株式会社 清文社 行

|||ı|||ı||ıı|ı|ı|ı|ıı|ı|ı|ıı|ı|ı|ı|ı|ı|ı|ı|ı|ı|ı|ı|ı|ı|ı|ı|ı|ı|ı|ı|ı||||

ご住所 〒（　　　　　　　）

ビル名　　　　　　　　　（　　階　　　号室）

貴社名

　　　　　　　　　部　　　　　　　　課

ふりがな
お名前

電話番号

ご職業

※本カードにご記入の個人情報は小社の商品情報のご案内、またはアンケート等を送付する目的にのみ使用いたします。

─ 愛読者カード ─

　　ご購読ありがとうございます。今後の出版企画の参考にさせ
　ていただきますので、ぜひ皆様のご意見をお聞かせください。

■本書のタイトル（書名をお書きください）

1. 本書をお求めの動機

　1.書店でみて（　　　　　　　　　　）　2.案内書をみて
　3.新聞広告（　　　　　　　　　　　）　4.雑誌広告（　　　　　　　　）
　5.書籍・新刊紹介（　　　　　　　）　6.人にすすめられて
　7.その他（　　　　　　　　　　　　）

2. 本書に対するご感想 （内容、装幀など）

3. どんな出版をご希望ですか （著者・企画・テーマなど）

◆新刊案内をご不要の場合は下記□欄にチェック印をご記入下さい
　　新刊案内不要　　□

◆メール案内ご希望の方は、下記にご記入下さい

E-mail

第4章　株式、出資金（非上場）

●事例

○○株式会社
- 上場の有無：非上場、取引相場のない株式
- 開業年月日　　　　昭和60年4月1日
- 事業内容　　　　　建設業
- 資本金　　　　　　3,000万円
- 被相続人　　　　　相続太郎　5万5千株所有
- 相続人　　　　　　相続花子、相続一郎、相続二郎
- 総発行済株式数　　6万株
- 課税時期　　　　　平成24年4月5日
- 直前期末1年間の取引金額　　　　　　　　3億円
- 直前期末の総資産価額　　　　　　　　　　5億3,850万円
- 直前期末以前1年間における従業員数　　20人
- 評価会社の利益金額等

	課税所得金額	固定資産売却益	配当金	資本金額等	利益積立金額
直前期	800万円	200万円	300万円	3,000万円	2億7,000万円
直前々期	1,000万円	－	300万円	3,000万円	2億6,000万円
直前々期の前期	0万円	－	300万円	－	－

なお、直前々期には、繰越欠損金を200万円控除しており、直前々期の前期には、繰越欠損金を1,250万円控除している。

〔類似業種比準方式に関連する情報〕
- 類似業種の株価　　課税時期の属する月　　4月　　300円
　　　　　　　　　　　　　　　　　　　　　3月　　320円
　　　　　　　　　　　　　　　　　　　　　2月　　315円
　　　　　　　　　　　前年の月平均　　　　　　　350円
- 1株当たりの年配当金額　　　　　　　　　3円
- 1株当たりの年利益金額　　　　　　　　　20円
- 1株当たりの純資産価額　　　　　　　　　250円

第3部 相続財産別の節税手法

◎評価証明書の事例

第1表の1　評価上の株主の判定及び会社規模の判定の明細書

整理番号：

（取引相場のない株式（出資）の評価明細書）（平成二十四年四月一日以降用）

会社名	○○株式会社（電話○○○-××××）	本店の所在地	大阪市北区…
代表者氏名	相続 一郎	事業内容	取扱品目及び製造、卸売、小売等の区分：建設業／業種目番号：5200／取引金額の構成比：100%
課税時期	24年 4月 30日		
直前期	自 23年 4月 1日　至 24年 3月 31日		

1. 株主及び評価方式の判定

判定要素（課税時期現在の株式等の所有状況）	氏名又は名称	続柄	会社における役職名	④株式数（株式の種類）	⑤議決権数	⑥議決権割合(⑤/④)
	相続花子	納税義務者	―	10,000株（普通株式）	10,000個	16%
	相続一郎	長男	社長	35,000（普通株式）	35,000	58
	相続二郎	次男	専務	10,000（普通株式）	10,000	16
	自己株式					
	納税義務者の属する同族関係者グループの議決権の合計数				②55,000	(②/④)91
	筆頭株主グループの議決権の合計数				③55,000	(③/④)91
	評価会社の発行済株式又は議決権の総数				①60,000 ④60,000	100

納税義務者の属する同族関係者グループの議決権割合（⑤の割合）を基として、区分します。

判定基準：筆頭株主グループの議決権割合（⑥の割合）

⑤の割合	50%超の場合	30%以上50%以下の場合	30%未満の場合	株主の区分
50%超	30%以上	15%以上		同族株主等
50%未満	30%未満	15%未満		同族株主等以外の株主

判定：**同族株主等**（原則的評価方式等）　・　同族株主等以外の株主（配当還元方式）

「同族株主等」に該当する納税義務者のうち、議決権割合（⑤の割合）が5%未満の者の評価方式は、「2. 少数株式所有者の評価方式の判定」欄により判定します。

2. 少数株式所有者の評価方式の判定

判定要素	項目	判定内容
	氏名	
	ⓐ 役員	である｛原則的評価方式等｝・でない（次のⓑへ）
	ⓑ 納税義務者が中心的な同族株主	である｛原則的評価方式等｝・でない（次のⓒへ）
	ⓒ 納税義務者以外に中心的な同族株主（又は株主）	がいる（配当還元方式）・がいない｛原則的評価方式等｝（氏名　　　）
	判定	原則的評価方式等　・　配当還元方式

第4章 株式、出資金（非上場）

第1表の2　評価上の株主の判定及び会社規模の判定の明細書（続）

会社名　〇〇株式会社

平成二十四年四月一日以降用

（取引相場のない株式（出資）の評価明細書）

3．会社の規模（Lの割合）の判定

項　目	金　額	項　目	人　数
直前期末の総資産価額（帳簿価額）	538,500千円	直前期末以前1年間における従業員数	〔従業員数の内訳〕 20人 （継続勤務従業員数 20人）＋（継続勤務従業員以外の従業員の労働時間の合計時間数 0時間／1,800時間）
直前期末以前1年間の取引金額	300,000千円		

① 直前期末以前1年間における従業員数に応ずる区分 　100人以上の会社は、大会社（㋺及び㋩は不要）
　　　　　　　　　　　　　　　　　　　　　　　　　　100人未満の会社は、㋺及び㋩により判定

	㋺ 直前期末の総資産価額(帳簿価額)及び直前期末以前1年間における従業員数に応ずる区分				㋩ 直前期末以前1年間の取引金額に応ずる区分			会社規模とLの割合(中会社)の区分
	総資産価額（帳簿価額）			従業員数	取　引　金　額			
判定基準	卸売業	小売・サービス業	卸売業、小売・サービス業以外		卸売業	小売・サービス業	卸売業、小売・サービス業以外	
	20億円以上	10億円以上	10億円以上	50人超	80億円以上	20億円以上	20億円以上	大会社
	14億円以上 20億円未満	7億円以上 10億円未満	7億円以上 10億円未満	50人超	50億円以上 80億円未満	12億円以上 20億円未満	14億円以上 20億円未満	0.90 中会社
	7億円以上 14億円未満	4億円以上 7億円未満	（4億円以上 7億円未満）	30人超 50人以下	25億円以上 50億円未満	6億円以上 12億円未満	7億円以上 14億円未満	0.75
	7,000万円以上 7億円未満	4,000万円以上 4億円未満	5,000万円以上 4億円未満	（5人超 30人以下）	2億円以上 25億円未満	6,000万円以上 6億円未満	（8,000万円以上 7億円未満）	（0.60）
	7,000万円未満	4,000万円未満	5,000万円未満	5人以下	2億円未満	6,000万円未満	8,000万円未満	小会社

・「会社規模とLの割合（中会社）の区分」欄は、㋺欄の区分（「総資産価額（帳簿価額）」と「従業員数」とのいずれか下位の区分）と㋩欄（取引金額）の区分とのいずれか上位の区分により判定します。

判定	大会社	中　会　社			小会社
		L　の　割　合			
		0.90	0.75	（0.60）	

4．増（減）資の状況その他評価上の参考事項

241

第3部 相続財産別の節税手法

第2表 特定の評価会社の判定の明細書

会社名 ○○株式会社

（平成二十四年四月一日以降用）

1. 比準要素数1の会社

判定要素						判定基準
（1）直前期末を基とした判定要素			（2）直前々期末を基とした判定要素			①欄のいずれか2の判定要素が0であり、かつ、②欄のいずれか2以上の判定要素が0
第4表の⑤の金額	第4表の⑥の金額	第4表の⑤の金額	第4表の⑤の金額	第4表の⑥の金額	第4表の⑤の金額	である（該当）・でない（非該当）
5 円	0 銭	10 円	500 円	5 円	20 円	491 円

判定： 該当 ・ （非該当）

2. 株式保有特定会社

判定要素			
総資産価額（第5表の①の金額）	株式及び出資の価額の合計額（第5表の⑦の金額）	株式保有割合（②/①）	会社の規模の判定（該当する文字を○で囲んで表示します。）
① 553,000 千円	② 8,000 千円	③ 1 %	大会社・（中会社）・小会社

判定基準	会社の規模	大会社		中会社		小会社	
	③の割合	25％以上	25％未満	50％以上	50％未満	50％以上	50％未満
	判定	該当	非該当	該当	（非該当）	該当	非該当

3. 土地保有特定会社

判定要素			
総資産価額（第5表の①の金額）	土地等の価額の合計額（第5表の⑧の金額）	土地保有割合（⑤/④）	会社の規模の判定（該当する文字を○で囲んで表示します。）
④ 553,000 千円	⑤ 213,000 千円	⑥ 38 %	大会社・（中会社）・小会社

判定基準	会社の規模	大会社	中会社	小会社（総資産価額（帳簿価額）が次の基準に該当する会社）		
				・卸売業 20億円以上	・卸売業 7,000万円以上20億円未満	
				・小売・サービス業 10億円以上	・小売・サービス業 4,000万円以上10億円未満	
				・上記以外の業種 10億円以上	・上記以外の業種 5,000万円以上10億円未満	
	⑥の割合	70％以上 70％未満	90％以上 90％未満	70％以上 70％未満	90％以上 90％未満	
	判定	該当 非該当	該当 （非該当）	該当 非該当	該当 非該当	

4. 開業後3年未満の会社等

(1) 開業後3年未満の会社

判定要素	判定基準	課税時期において開業後3年未満である	課税時期において開業後3年未満でない
開業年月日 昭和60年4月1日	判定	該当	（非該当）

(2) 比準要素数0の会社

判定要素			判定基準	直前期末を基とした判定要素がいずれも0	
第4表の⑤の金額	第4表の⑥の金額	第4表の⑤の金額		である（該当）・でない（非該当）	
5 円 0 銭	10 円	500 円	判定	該当	（非該当）

5. 開業前又は休業中の会社

開業前の会社の判定	休業中の会社の判定
該当 （非該当）	該当 （非該当）

6. 清算中の会社

判定： 該当 ・ （非該当）

7. 特定の評価会社の判定結果

1. 比準要素数1の会社
2. 株式保有特定会社
3. 土地保有特定会社
4. 開業後3年未満の会社等
5. 開業前又は休業中の会社
6. 清算中の会社

該当する番号を○で囲んでください。なお、上記の「1. 比準要素数1の会社」欄から「6. 清算中の会社」欄の判定において2以上に該当する場合には、後の番号の判定によります。

第4章 株式、出資金（非上場）

第3表 一般の評価会社の株式及び株式に関する権利の価額の計算明細書　会社名 ○○株式会社

（平成二十四年四月一日以降用）

（取引相場のない株式（出資）の評価明細書）

1. 原則的評価方式による価額

	1株当たりの価額の計算の基となる金額	類似業種比準価額（第4表の㉖、㉗又は㉘の金額）	1株当たりの純資産価額（第5表の⑪の金額）	1株当たりの純資産価額の80%相当額（第5表の⑫の記載がある場合のその金額）
		① 1,854 円	② 4,992 円	③ 円

1株当たりの価額の計算

区分	1株当たりの価額の算定方法	1株当たりの価額
大会社の株式の価額	①の金額と②の金額とのいずれか低い方の金額（②の記載がないときは①の金額）	④ 円
中会社の株式の価額	（①と②とのいずれか低い方の金額 1,854 円×0.6 ）+（ ②の金額（③の金額があるときは③の金額） 4,992 円×（1-0.6 ））	⑤ 3,109 円
小会社の株式の価額	②の金額（③の金額があるときは③の金額）と次の算式によって計算した金額とのいずれか低い方の金額（①の金額 円×0.50）+（②の金額（③の金額があるときは③の金額） 円×0.50）	⑥ 円

株式の価額の修正

課税時期において配当期待権の発生している場合	株式の価額（④、⑤又は⑥）	1株当たりの配当金額	修正後の株式の価額
	円 −	円 銭	⑦ 円

課税時期において株式の割当てを受ける権利、株主となる権利又は株式無償交付期待権の発生している場合	株式の価額（④、⑤又は⑥（⑦があるときは⑦））	割当株式1株当たりの払込金額	1株当たりの割当株式数	1株当たりの割当株式数又は交付株式数	修正後の株式の価額
	（ 円+	円×	株）÷（1株+	株）	⑧ 円

2. 配当還元方式による価額

1株当たりの資本金等の額、発行済株式数等	直前期末の資本金等の額	直前期末の発行済株式数	直前期末の自己株式数	1株当たりの資本金等の額を50円とした場合の発行済株式数（⑨÷50円）	1株当たりの資本金等の額（⑨÷（⑩−⑪））
	⑨ 千円	⑩ 株	⑪ 株	⑫ 株	⑬ 円

直間期末以前2年間の配当金額	事業年度	⑭ 年配当金額	⑮ 左のうち非経常的な配当金額	⑯ 差引経常的な年配当金額（⑭−⑮）	年平均配当金額
	直前期	千円	千円	千円	⑰ (㋑+㋺)÷2 千円
	直前々期	千円	千円	千円	

1株（50円）当たりの年配当金額	年平均配当金額（⑰）	⑫の株式数	⑱	この金額が2円50銭未満の場合は2円50銭とします。
	千円 ÷	株 =	円 銭	

配当還元価額	⑱の金額	⑬の金額	⑲	⑳	⑱の金額が、原則的評価方式により計算した金額を超える場合には、原則的評価方式により計算した価額とします。
	円 銭 / 10% × 円 / 50円 =			円	

3. 株式に関する権利の価額

配当期待権	1株当たりの予想配当金額	源泉徴収されるべき所得税相当額	㉑ 円 銭
	（ 円 銭）−（ 円 銭）		

株式の割当てを受ける権利（割当株式1株当たりの価額）	(配当還元方式の場合は⑳の金額) 割当株式1株当たりの払込金額	㉒ 円

株主となる権利（割当株式1株当たりの価額）	(⑧（配当還元方式の場合は⑳）の金額（課税時期後にその株主となる権利につき払い込むべき金額があるときは、その金額を控除した金額）	㉓ 円 銭

株式無償交付期待権（交付される株式1株当たりの価額）	(⑧（配当還元方式の場合は⑳）の金額	㉔ 円

4. 株式及び株式に関する権利の価額（1.及び2.に共通）

株式の評価額	3,109 円
株式に関する権利の評価額	（ 円 銭） 円

243

第3部　相続財産別の節税手法

第4表　類似業種比準価額等の計算明細書

会社名　〇〇株式会社

（平成二十四年四月一日以降用）

1. 1株当たりの資本金等の額等の計算

①直前期末の資本金等の額	②直前期末の発行済株式数	③直前期末の自己株式数	④1株当たりの資本金等の額（①÷(②−③)）	⑤1株当たりの資本金等の額を50円とした場合の発行済株式数（①÷50円）
30,000千円	60,000株	0株	500円	600,000株

2. 比準要素等の金額の計算

直前期末以前2(3)年間の年平均配当金額

事業年度	⑥年配当金額	⑦左のうち非経常的な配当金額	⑧差引経常的な配当金額(⑥−⑦)	年平均配当金額
直前期	3,000千円	0千円	3,000千円	⑨(⑧+⑩)÷2　3,000千円
直前々期	3,000千円	0千円	3,000千円	⑩(⑧+⑪)÷2　3,000千円
直前々々期	3,000千円	0千円	3,000千円	

比準要素数1の会社・比準要素数0の会社の判定要素の金額

⑨/⑤ 5円0銭
⑩/⑤ 5円0銭

1株(50円)当たりの年配当金額　Ⓑ 5円 0銭

直前期末以前2(3)年間の利益金額

事業年度	⑪法人税の課税所得金額	⑫非経常的な利益金額	⑬受取配当等の益金不算入額	⑭左の所得税額	⑮損金算入した繰越欠損金の控除額	⑯(⑪−⑫+⑬−⑭+⑮) 又は ⑯
直前期	8,000千円	2,000千円	0千円	0千円	千円	6,000千円
直前々期	10,000千円	0千円	0千円	0千円	2,000千円	12,000千円
直前々々期					12,500千円	12,500千円

⑯ 又は (⑯+⑰)÷2　10円
(⑯+⑰)÷2　20円
1株(50円)当たりの年利益金額　Ⓒ 10円

直前期末(直前々期末)の純資産価額

事業年度	⑱資本金等の額	⑲利益積立金額	純資産価額(⑱+⑲)
直前期	30,000千円	270,000千円	300,000千円
直前々期	30,000千円	265,000千円	295,000千円

⑳/⑤ 500円
㉑/⑤ 491円
1株(50円)当たりの純資産価額　Ⓓ 500円

3. 類似業種比準価額の計算

類似業種と業種目番号　建設業　(No.5200)

	課税時期の属する月	4月	㉒ 300円
	課税時期の属する月の前月	3月	㉓ 320円
1株(50円)当たりの類似業種の株価	課税時期の属する月の前々月	2月	㉔ 315円
	前年平均株価		㉕ 350円
	A ⑨、㉒、㉓及び㉔のうち最も低いもの		㉖ 300円

区分	1株(50円)当たりの年配当金額	1株(50円)当たりの年利益金額	1株(50円)当たりの純資産価額	1株(50円)当たりの比準価額
評価会社	Ⓑ 5円0銭	Ⓒ 10円	Ⓓ 500円	㉗ × ㉘ × 0.7
類似業種	B 3円	C 20円	D 250円	中会社は0.6 小会社は0.5 とします。
要素別比準割合	1.66	0.5	2.0	
比準割合	$\dfrac{\frac{Ⓑ}{B}+\frac{Ⓒ}{C}\times 3+\frac{Ⓓ}{D}}{5}$ = 1.03			㉗ 185円 4₀銭

類似業種と業種目番号	(No.　)		

	課税時期の属する月	月	㉘ 円
	課税時期の属する月の前月	月	㉙ 円
類似業種	課税時期の属する月の前々月	月	㉚ 円
	前年平均株価		㉛ 円
	A ⑨、㉘、㉙及び㉚のうち最も低いもの		㉜ 円

区分	1株(50円)当たりの年配当金額	1株(50円)当たりの年利益金額	1株(50円)当たりの純資産価額	1株(50円)当たりの比準価額
評価会社	Ⓑ 円 銭	Ⓒ 円	Ⓓ 円	㉝ × ㉞ × 0.7
類似業種	B 円	C 円	D 円	中会社は0.6 小会社は0.5 とします。
要素別比準割合				
比準割合	$\dfrac{\frac{Ⓑ}{B}+\frac{Ⓒ}{C}\times 3+\frac{Ⓓ}{D}}{5}$ =			㉝ 円 銭

1株当たりの比準価額の計算

1株当たりの比準価額　比準価額(㉗と㉝のいずれか低い方)　185円 4₀銭 × (④の金額/50円) 500円 ＝ ㉞ 1,854円

比準価額の修正

直前期末の翌日から課税時期までの間に配当金交付の効力が発生した場合：
比準価額(㉞) − 1株当たりの配当金額 = 修正比準価額
円 − 円 銭

直前期末の翌日から課税時期までの間に株式の割当て等の効力が発生した場合：
比準価額(㉞があるときは㉞) 割当株式1株当たりの払込金額 1株当たりの割当株式数又は交付株式数
(円 + 円 銭 × 株) ÷ (1株 + 株) = 修正比準価額 円

第4章 株式、出資金（非上場）

第5表　1株当たりの純資産価額（相続税評価額）の計算明細書　　会社名　〇〇株式会社

（平成二十四年四月一日以降用）

（取引相場のない株式（出資）の評価明細書）

1. 資産及び負債の金額（課税時期現在）

資産の部

科目	相続税評価額（千円）	帳簿価額（千円）	備考
現金預金	38,000	38,000	
売掛金	176,000	188,000	
前払費用	—	5,000	
建物	68,000	70,000	
構築物	3,000	3,000	
器具備品	1,000	1,000	
土地	210,000	180,000	
借地権	3,000	—	
投資有価証券	8,000	3,000	
貸付金	36,000	40,000	
保険積立金	—	500	
生命保険金請求権	10,000	10,000	
合計	① 553,000	② 538,500	
株式及び出資の価額の合計額	㋑ 8,000	㋺ 3,000	
土地等の価額の合計額	㋩ 213,000		
現物出資等受入れ資産の価額の合計額	㋥ —	㋭	

負債の部

科目	相続税評価額（千円）	帳簿価額（千円）	備考
買掛金	95,000	95,000	
借入金	140,000	140,000	
未払金	2,000	2,000	
未払法人税等	300	300	
未払消費税等	1,200	1,200	
未払退職金	8,000	8,000	
保険差益に対する法人税等	840	840	
合計	③ 247,340	④ 247,340	

2. 評価差額に対する法人税額等相当額の計算

相続税評価額による純資産価額（①−③）	⑤	305,660 千円
帳簿価額による純資産価額（（②+㋭−③−④）、マイナスの場合は0）	⑥	291,160 千円
評価差額に相当する金額（⑤−⑥、マイナスの場合は0）	⑦	14,500 千円
評価差額に対する法人税額等相当額（⑦×42%）	⑧	6,090 千円

3. 1株当たりの純資産価額の計算

課税時期現在の純資産価額（相続税評価額）（⑤−⑧）	⑨	299,570 千円
課税時期現在の発行済株式数（第1表の1の①）−自己株式数）	⑩	60,000 株
課税時期現在の1株当たりの純資産価額（相続税評価額）（⑨÷⑩）	⑪	4,992 円
同族株主等の議決権割合（第1表の1の⑤の割合）が50%以下の場合（⑪×80%）	⑫	円

245

(2) 財産評価実施上の留意事項

① 評価時期

　類似会社比準方式による評価の時期は、必ず直前期末の決算書等により評価しますが、純資産額方式（1株当たりの純資産価額（相続税評価額））の場合には、原則として課税時期の評価額となります。しかし、実際に課税時期で評価するには煩雑ですので、直前期末の決算書をもとに評価することが認められています。なお、課税時期が、直後の期末に近く、その直後の期末によることが実態を反映していると認めらる場合には、直後の期末によって評価することができます。

② 評価方式（特定の評価会社）

　原則としては、評価会社の規模区分により評価方法が確定しますが、会社の内容によっては特定の評価会社として、別途評価方法が決められています。それは、以下の内容の会社です。

- 比準要素数1の会社の株式
- 株式保有特定会社の株式
- 土地保有特定会社の株式
- 開業後3年未満の会社等の株式
- 開業前又は休業中の会社の株式
- 清算中の会社の株式

イ．比準要素数1の会社の株式

　評価会社が同族会社において、同族株主の株式を評価するにあたって、「1株当たりの配当金額」、「1株当たりの利益金額」及び「1株当たりの純資産価額（帳簿価額によって計算した金額）」のそれぞれの金額のうち、直前期末においていずれか2要素が0であり、かつ、直前々期末を基準にしてそれぞれの金額を計算した場合に、それぞれの金額のうち、いずれか2以上が0である評価会社が比準要素数1の会社となります（評基通189①、189-2）。この株式の価額は、1株当たりの純資産価額（相続税評価額）かLを0.25とした併用方式により評価します。ただし配当金額及び利益金額については、直前期末以前3年間の実績を反映して判定することになりま

すので注意してください。

また、比準要素数0の会社とは、上記の3要素が全て直前期末において0の会社をいいます。この場合は、純資産価額方式で評価を行います。

ロ．株式保有特定会社の株式

課税時期において評価会社の有する各資産をこの通達に定めるところにより評価した価額の合計額のうちに占める株式及び出資の価額の合計額の割合が25％以上（中会社及び小会社については、50％以上）である評価会社の株式の価額は、1株当たりの純資産価額（相続税評価額）によって評価するかS_1とS_2の合計金額によることができます（評基通189②、189-3）。

◎S_1の金額

> S_1の金額は、株式保有特定会社の株式の価額を以下に記載した計算式により計算した金額とします。ただし、評価会社の株式の「比準要素数1の会社の株式」の要件にも該当する場合には、比準要素数1である会社の評価方法による評価方法によります。
>
> $$S_1 = A \times \left[\frac{\frac{b-(b)}{B} + \frac{c-(c)}{C} \times 3 + \frac{d-(d)}{D}}{5} \right] \times 0.7 \text{（注1）}$$
>
> 上記算式中のA、b、c、d、B、C及びDは、類似業種比準価額と同様です。また(b)、(c)及び(d)は、それぞれ次によります。
>
> (b)：b×受取配当金収受割合（注2）
>
> (c)：c×受取配当金収受割合
>
> (d)：①＋②（ただし、Dを限度とする）
>
> ① Dに、純資産価額（帳簿価額によって計算した金額）のうちに占める株式及び出資の帳簿価額の合計額の割合を乗じて算出した金額
>
> ② 直前期末における利益積立金額に相当する金額÷直前期末における発行済株式数（1株当たりの資本金等の額が50円以外の金額である場合には、直前期末における資本金等の額を50円で除して計算した数による）×受取配当金収受割合
>
> 利益積立金額に相当する金額が負数である場合には、0とする。

(注1) 会社規模の区分別に定められたしんしゃく率
- 「大会社」に該当する場合　0.7
- 「中会社」に該当する場合　0.6
- 「小会社」に該当する場合　0.5

(注2) 受取配当金収授割合とは、直前期末以前2年間の受取配当金額の合計額と直前期末以前2年間の営業利益の金額（受取配当金が含まれている場合は除きます）の合計額との合計額のうちに占める当該受取配当額の合計額の割合のことをいいます。ただし割合が1を超える場合は1を限度とします。

◎ S_2 の金額

$$S_2 = \left(株式等の相続税評価額の合計額 - \left(株式等の相続税評価額の合計額 - 株式等の帳簿価額の合計額 \right) \right) \times 42\% \div 課税時期における発行済株式数$$

ハ．土地保有特定会社の株式及び開業後3年未満の会社等の株式の評価

（評基通189③④、189-4）

土地保有特定会社の株式及び開業後3年未満の会社等の株式の価額は、1株当たりの純資産価額（相続税評価額）によって評価します。

土地保有特定会社とは、以下のような会社をいいます。

会社の規模区分	判定基準
大会社	$\dfrac{土地等の価額}{総資産価額} \geq 70\%$（相続税評価額ベース）
中会社	$\dfrac{土地等の価額}{総資産価額} \geq 90\%$（相続税評価額ベース）
小会社	大会社の基準に該当する総資産価額のある子会社は、70％により判定
	中会社の基準に該当する総資産価額にある子会社は、90％により判定
	それ以外の子会社は、土地保有特定会社には該当しない

この場合における当該各株式の1株当たりの純資産価額（相続税評価額）については、それぞれ、当該株式の取得者とその同族関係者の有する当該株式に係る議決権の合計数が土地保有特定会社又は開業後3年未満の会社

等の議決権総数の50％以下であるときは、上記により計算した１株当たりの純資産価額（相続税評価額によって計算した金額）に$\frac{80}{100}$を乗じて計算した金額となります（評基通185ただし書き）。

　なお、当該各株式が同族株主以外の株主等が取得した株式に該当する場合には、その株式の価額は、配当還元方式によって評価します。ただし、S_1とS_2の合計額による方法の方が、金額が低い場合には、S_1とS_2の合計額による方法によります。

③　評価のポイント

イ．類似業種比準方式における兼業会社の類似業種の判定について

　類似業種比準方式において、類似業種を選択する場合、評価会社が２以上の業種を兼業している場合には、取引金額が50％以上を占める業種を、類似業種として選択します。

　次に取引金額が50％以上を占める業種がない場合は、少し説明が複雑になります。

　まず、「類似業種比準価額の計算上の業種目」には、大分類、中分類及び小分類に区分されていますので、それに基づいて以下のように判断していきます。

　ｉ）評価会社の事業が一つの中分類の業種目中の２以上の類似する小分類の業種目に属し、それらの業種目別の割合の合計が50％を超える場合には、その中分類の中にある類似する小分類の「その他の○○業」となります。以下の事例の場合は、「その他の化学工業」となります。

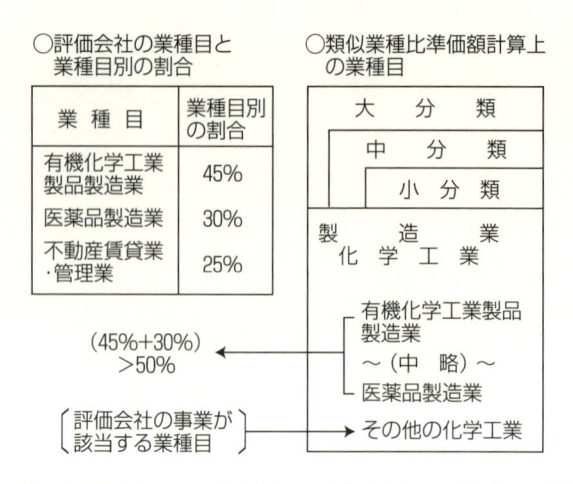

○評価会社の業種目と業種目別の割合	
業種目	業種目別の割合
有機化学工業製品製造業	45%
医薬品製造業	30%
不動産賃貸業・管理業	25%

○類似業種比準価額計算上の業種目

大分類／中分類／小分類

製造業
化学工業
　有機化学工業製品製造業
　〜（中略）〜
　医薬品製造業
　その他の化学工業

(45%+30%) > 50%

［評価会社の事業が該当する業種目］

ⅱ）評価会社の事業が一つの中分類の業種目中の2以上の類似しない小分類の業種目に属し、それらの業種目別の割合の合計が50％を超える場合には、その中分類の業種目となります。以下の事例の場合は、「情報サービス業」となります。

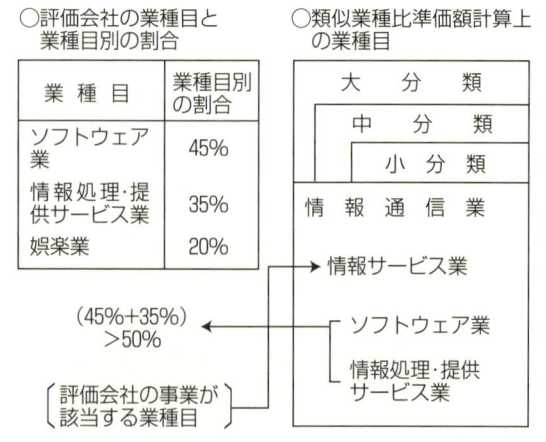

○評価会社の業種目と業種目別の割合	
業種目	業種目別の割合
ソフトウェア業	45%
情報処理・提供サービス業	35%
娯楽業	20%

○類似業種比準価額計算上の業種目

大分類／中分類／小分類

情報通信業
　情報サービス業
　　ソフトウェア業
　　情報処理・提供サービス業

(45%+35%) > 50%

［評価会社の事業が該当する業種目］

ⅲ）評価会社の事業が一つの大分類の業種目中の2以上の類似する中分類の業種目に属し、それらの業種目別の割合の合計が50％を超える場合は、その大分類の中にある類似する中分類の「その他の○○業」となります。以下の事例の場合は、「その他の製造業」となります。

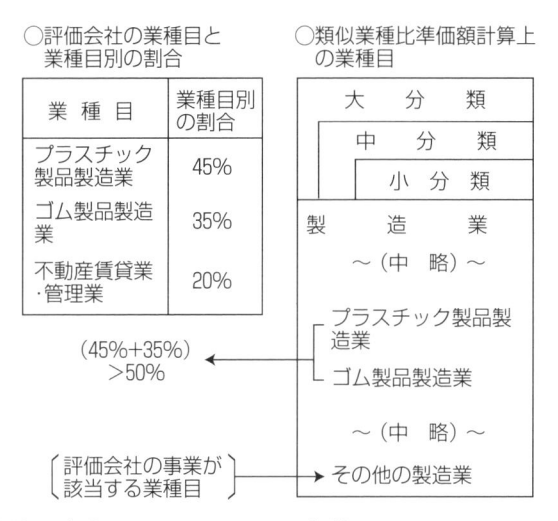

第4章　株式、出資金（非上場）

○評価会社の業種目と業種目別の割合

業　種　目	業種目別の割合
プラスチック製品製造業	45%
ゴム製品製造業	35%
不動産賃貸業・管理業	20%

（45%＋35%）＞50%

〔評価会社の事業が該当する業種目〕

○類似業種比準価額計算上の業種目

大　分　類
　　中　分　類
　　　　小　分　類

製　　造　　業
　～（中略）～
　┌ プラスチック製品製造業
　└ ゴム製品製造業
　～（中略）～
　→ その他の製造業

ⅳ）評価会社の事業が一つの大分類の業種目中の2以上の類似しない中分類の業種目に属し、それらの業種目別の割合の合計が50％を超える場合は、その大分類の業種目となります。以下の事例の場合は、「専門・技術サービス業」となります。

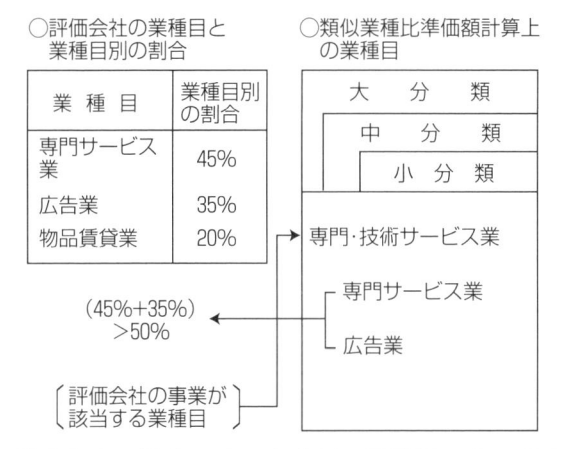

○評価会社の業種目と業種目別の割合

業　種　目	業種目別の割合
専門サービス業	45%
広告業	35%
物品賃貸業	20%

（45%＋35%）＞50%

〔評価会社の事業が該当する業種目〕

○類似業種比準価額計算上の業種目

大　分　類
　　中　分　類
　　　　小　分　類

専門・技術サービス業
　┌ 専門サービス業
　└ 広告業

ⅴ）上記に該当しない場合には、大分類の業種目の中の「その他産業」とします。

251

ロ．未分割遺産である場合の評価のポイント

　申告期限までに遺産の分割協議が終了しなかったために未分割遺産を法定相続割合により取得したものとみなして相続税の申告をする必要がある場合にも、取引相場のない株式について、同族会社等や中心的な同族会社等の判定をするための各株主の「株式取得後の議決権の数」を判定する必要があります。この場合には、今後の分割協議により法定相続割合で取得するとは限りませんので、ある納税義務者について特例的評価方式を用いることが相当か否かの判定は、当該納税義務者が当該株式の全部を取得した者として行う必要があります。なお、その後、分割協議が成立した場合は、取得した株式に応じた議決権を基に判定をやり直すことになります。

ハ．類似業種比準価額の修正

　類似業種比準価額を計算した場合において、評価会社の株式が次に該当するときは、示した算式により修正した金額をもって類似業種比準価額とします（評基通184）。

- 直前期末の翌日から課税時期までの間に配当金交付の効力が発生した場合

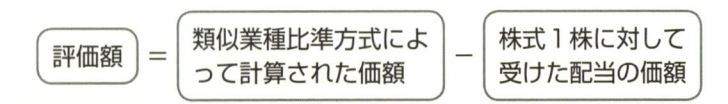

$$\boxed{評価額} = \boxed{\text{類似業種比準方式によって計算された価額}} - \boxed{\text{株式１株に対して受けた配当の価額}}$$

- 直前期末の翌日から課税時期までの間に株式の割当て等の効力が発生した場合

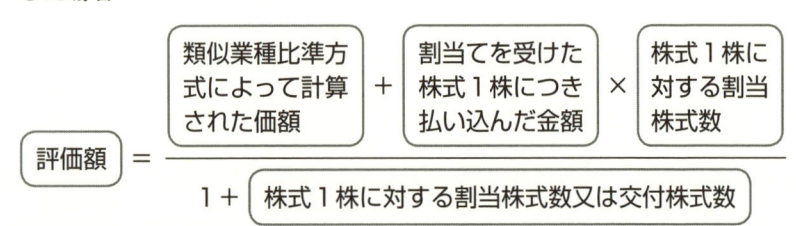

$$\boxed{評価額} = \frac{\boxed{\text{類似業種比準方式によって計算された価額}} + \boxed{\text{割当てを受けた株式１株につき払い込んだ金額}} \times \boxed{\text{株式１株に対する割当株式数}}}{1 + \boxed{\text{株式１株に対する割当株式数又は交付株式数}}}$$

ニ．大会社の株式評価

　大会社において、類似会社比準方式で計算した株式の評価額よりも純資産額方式で評価した株式の評価額の方が低い場合には、純資産額方式によ

って評価することができます（評基通179）。ただし、この場合には、たとえ株式の取得者とその同族関係者の有する議決権の合計数が評価会社の議決権総数の50％以下である場合であっても、1株当たりの純資産価額（相続税評価額）に$\frac{80}{100}$を乗じて計算することはできません。

ホ．自己株式を保有している場合の評価のポイント

ⅰ）株主の種類による区分時のポイント

評価会社の株式をどのような評価方式により評価するかを判断するに当たって、評価会社が自己株式を有する場合には、その自己株式に係る議決権の数は0として計算した議決権の数をもって評価会社の議決権総数となることになります。

ⅱ）会社規模の判定時のポイント

会社規模の判定に基づく取引相場のない株式の発行会社の株式評価は、評価会社の「従業員数」もしくは「直前期末の総資産価額」又は「直前1年間における取引金額」によって会社規模を判定し、その判定に応じて評価することになりますので、このうち「直前期末の総資産価額」による判定の場合には、自己株式に関する規定はありませんが、自己株式は純資産のマイナスとして、総資産価額を判定することになります。

ⅲ）類似業種比準方式評価時のポイント

類似業種比準方式の場合の基礎とされる「1株当たりの資本金の額等の計算」について「1株当たりを計算するため」に利用する発行済総株式数は、当該自己株式の数を控除した株式数とします。

ヘ．所有する資産の中にある他の同族会社の株式の評価

他の同族会社の株式の所有者である評価会社が、他の同族会社の株主として同族会社に当たるときは、他の同族会社の会社規模が大会社のときは類似業種比準方式、中会社によるときは併用方式、小会社のときは純資産額方式によります。なお、同族株主以外の株主の時は、配当還元方式によります。

しかしながら、純資産額方式を採用する場合については、1株当たりの

純資産額（相続税評価額）の計算で、他の同族会社の評価差額に対する法人税等相当額は控除できませんので、注意が必要です（評基通186-3）。

ト．借地権の評価

　オーナー経営者から土地を借りて評価会社で建物を建てて使用する場合があります。この場合に、権利金を収受する取引慣行がないため通常の地代を超える金額を地代として払っていることがよくあります。この際に純資産額方式で株価を算定する場合には、資産の部に相続税評価額として、その土地が所在する地域の借地権割合により計算される借地権を計上する必要があります。一方で、個人の相続財産に算入すべき貸宅地の評価額は、原則として自用地価額から借地権の価額を控除した金額となります。

(3)　**節税手法**

① 　持株管理会社を設立する評価額の引下げ

　持株管理会社を設立して、評価会社の株式の保有を間接保有することによって、相続財産が持株管理会社の株式に変わります。例えば、持株管理会社の株価の評価に類似業種評価方式を適用できる場合には持株管理会社の株価の評価と、評価会社の株式の評価とが切り離されるため評価額の引下げが可能となります。しかし、持株管理会社の場合には、当該会社は、株式保有特定会社の株式に当たる可能性が高く、純資産価額方式によって評価しなければなりません。この場合には、評価会社の株式も簿価ではなくその時価で評価されますので、持株管理会社の評価もそれに応じて上がることになります。ただ、この場合であっても時価と簿価との差額については42％の控除することができますので、持株管理会社に株式を売却した後に、評価会社の価値が上がる場合には、直接保有するよりも間接所有する方が、評価が下がるといえます。

　なお、持株管理会社に株式を移すときには、譲渡所得が発生する可能性が高いため所得税がかかりますので注意が必要です。また、持株管理会社に株式を取得のための資金をどのように調達するかも検討する必要があります。

●計算事例

(現在)

- 資本金額　　　　　　　　　　　　　　1,000万円
- 発行済総株式数　　　　　　　　　　　　20万株
- 株主名簿　　　　　　　　株主X　100％保有
- 株式移動時の株価　　　　　　　　　　　　100円

(相続開始予定時)

- 会社の規模　　　　　　　　　　中会社　L＝0.6
- 簿価純資産　　　　　　　　　　　　　　　1億円
- 時価純資産　　　　　　　　　　　　　　　2億円
- 株主名簿　　　　　　　　株主X　100％保有
- 類似業種比準方式　　　　　　　　　　　1株150円
- 1株当たりの純資産価額（時価）　　　　1,000円
- 1株当たりの純資産価額（簿価）　　　　　500円

(持株管理会社)

- 資本金額　　　　　　　　　　　　　　2,000万円
- 株式（簿価）　　　　　　　　　　　　2,000万円

(持株管理会社がない場合)

　併用方式で評価

　150円×0.6＋1,000円×(1－0.6)＝490円

(持株管理会社がある場合)

　純資産額方式で評価

　(9,800万円＊－(9,800万円－2,000万円)×42％)÷20万株＝326円

　＊20万株×@490円＝9,800万円

　したがって、株式数は、A社も持株管理会社も200,000株のため、1株当たりの評価額は、164円下がり、全体として相続税評価額は、32,800,000円減少します。

② 会社区分の変更を行う方法

　評価会社の評価方式は、会社区分によりその方法が決定されます。まず、最初に多少面倒ではありますが、評価会社の類似業種比準方式の評価金額と純資産価額の評価金額を把握します。次に、各会社区分での評価金額を計算して、その低い金額に会社の区分を合わせるという方法です。

> ● 計算事例
>
> 　株価：類似業種比準方式　　評価額 100円
> 　　　　純資産価額方式　　　評価額 300円
>
> 　大会社の場合：　　　　評価額 100円
> 　中会社（大）の場合：　評価額 120円（100円×0.9＋300円×0.1）
> 　中会社（中）の場合：　評価額 150円（100円×0.75＋300円×0.25）
> 　中会社（小）の場合：　評価額 180円（100円×0.6＋300円×0.4）
> 　小会社の場合：　　　　評価額 200円（100円×0.5＋300円×0.5）
>
> 　このような評価会社が小会社であるとしたら、会社規模を大きくすることによって会社区分が大きい方へ変更できれば、評価額が下げることが可能となります。

③ 配当額の引下げ

　類似業種比準方式と配当還元方式の場合で、評価会社の配当額が高い場合には、配当額を引き下げることによって、評価額を下げることができます。この場合の年配当金額の求め方は、2期間の平均配当金額を用いますので、直前期の配当額を下げても、平均値になりますので直前期に無配にしたとしても前期の配当額の50％になるだけですので注意が必要です。

　株主に親族以外の第三者がいる場合には、配当金を下げることは難しいですが、株主が親族のみの場合には、比較的利用しやすい方法です。

> ● 計算事例
>
> ・資本金額　　　　　　　　　　　　3,000万円
> ・発行済株式数　　　　　　　　　　60万株

- 会社の規模　　　大会社（類似会社比準方式により評価）
- 配当　　　　　　　　　　　　３期連続10円
- 利益　　　　　　　　　　　　２期連続60円
- 純資産価額　　　　　　　　　　500円
- 類似業種の要素　　　　株価　　　800円
　　　　　　　　　　　配当金　　　5円
　　　　　　　　　　　利益　　　　30円
　　　　　　　　　　　純資産価額　500円

上記のような会社で、配当金額を３期連続５円にした場合の株式の評価は以下のようになります。

（配当金額１株10円を続けた場合）
- $800円 \times ((\frac{10円}{5円} + \frac{60円}{30円} \times 3 + \frac{500円}{500円}) \div 5) \times 0.7 = 1,008円$

（配当金額１株５円を続けた場合）
- $800円 \times ((\frac{5円}{5円} + \frac{60円}{30円} \times 3 + \frac{500円}{500円}) \div 5) \times 0.7 = 896円$

このように配当金額を１株当たり５円に下げることによって、１株当たり112円評価が下がります。

④ 土地保有特定会社対策

土地保有特定会社は、前述したように原則として純資産価額方式により評価することになりますので、類似業種比準方式による評価額が低い場合には土地の保有割合を下げることによって、土地保有特定会社の対象でなくなれば、結果的に評価額が下がることになります。土地保有特例会社の対象からはずすためだけに資産構成を変更するというのは、その変更が否定されることがありますが、例えば、資産運用のために建物を建設して賃貸物件のマンションを建てたり、余資の金額を増やして、株式や公社債などで資産運用をしたりする方法も、資産運用の目的からは十分選択できる方法であると考えられます。

⑤ 株式保有特定会社対策

株式保有特定会社についても土地保有特定会社と同様に原則として純資

産価額方式で評価することになります。類似業種比準方式の方が低い場合には、所有株式の売却や不動産の取得による資産運用も行うことによって、株式の保有割合を下げて、株式保有特定会社の対象からはずすことが可能となります。ただし、気を付けなければいけない点は、土地保有特定会社と同様です。

⑥ 類似業種比準方式の比準要素１対策

類似業種比準方式の計算上の１株当たりの「配当金額」「利益金額」および「簿価純資産額」のうち２つの比準要素がゼロであり、かつ３要素を、直前々期をベースに計算してもいずれかの２要素がゼロの会社は、類似業種比準方式（純資産価額方式に低い場合には純資産価額）×0.25＋純資産価額×0.75の併用方式により評価することになります。

例えば、歴史の長い評価会社で、過去は儲かっており純資産価額も多額となっている会社であって、しかし最近はずっと赤字続きで配当もしていない会社が、これに該当します。純資産価額が多額のため純資産価額方式による評価になると非常に高い評価額が算出されてしまいますので、配当を行うなど他の要素のうち一つを正の値にすることにより評価をさげることが可能になります。なお、直前期の３要素ともゼロの場合は純資産価額方式によります。

⑦ 従業員持株会の活用

従業員持株会に対して、オーナーから株式を売却する、あるいは第三者割当増資を行うことも一つの方法です。従業員に株式を持たせることに対して、抵抗があるオーナーも多いと思いますが、従業員持株会は、「持株会」として株を所有しますので、従業員が退職すれば当然、その従業員が保有している持ち分は、持株会が買い取ることになります。したがって、むやみに株式が分散されることはありませんので、無理に外部の第三者に売却するよりも株主対策としても有効であると考えます。また、会社の株式を保有するということで従業員のモチベーションを上げる効果もあります。

持株会への売却時あるいは第三者割当増資時の株式の時価は、時価によります。ただし、時価は、同族会社が取得した株式については、原則的評

価方式により評価し、同族株主以外の株主が取得した株式については、配当還元方式で評価することができます。配当還元方式によれば、比較的に低い価額で売買あるいは第三者割当増資ができます。売却の場合については、所有割合が下がりますので保有株式の評価額が下がります。また、第三者社割当増資の場合には、評価会社の純資産価額も下がります。

> ●計算事例
>
> - 資本金額　　　　　　　　　　　　　　2,000万円
> - 発行済株式数　　　　　　　　　　　　　4万株
> - 株主名簿　　株主X　　　　　4万株（100％保有）
> - 1株当たりの純資産価額　　　　　　　　　5,000円
> - 1株当たりの配当還元価額　　　　　　　　500円
>
> 　株主Xの相続人の相続対策として、従業員持株会を設立して、第三者割当増資1万株を実行します。
>
> - 増資金額　10,000株×500円＝5,000,000円
> - 1株当たりの純資産価額
>   （5,000円×40,000株＋5,000,000円）÷50,000株＝4,100円
> - 削減効果
>   1株当たりの純資産価額が5,000円から4,100円に下がります。

⑧　非上場株式の含み損を実現

　土地や有価証券、売掛金については、純資産額方式により評価する場合には、1株当たりの純資産価額は、相続税評価額によって計算され、時価が反映されることになりますが、類似業種比準方式による場合には、1株当たりの純資産価額は、帳簿価額によって計算された金額、すなわち資本金等の金額と法人税申告書別表(1)「利益積立金額及び資本金等の額の計算に関する明細書」の差引翌期首現在利益積立金の差引合計額の欄にある合計額を直前期末における発行済株式で除して計算した金額になりますので、時価が下がり含み損がある場合にも簿価により1株当たりの純資産額の計算をするために実態よりも高い評価額になりがちです。この場合には、含

み損を実現させ帳簿上の評価額を下げることは、相続税対策に有効な手段となります。

> ●**計算事例**
>
> - 資本金額　　　　　　　1,000万円
> - 会社の規模による判定　大会社
> - 発行済株式数　　　　　2万株（1株500円。50円換算であれば20万株）
> - 配当　　　　　　　　　3期連続50円（50円換算であれば5円）
> - 利益　　　　　　　　　2期連続赤字
> - 前期末の純資産価額　　3億円
> - 土地の含み損　　　　　1億円
> - 類似業種の要素　　株価　　　　800円
> 　　　　　　　　　　配当金　　　5円
> 　　　　　　　　　　利益　　　　30円
> 　　　　　　　　　　純資産価額　500円
>
> （土地の含み損を実現しない場合）
>
> - $800円 \times ((\frac{5円}{4円} + \frac{1,500円}{500円}) \div 5) \times 0.7 = 476円$
>
> （土地の含み損を実現する場合）
>
> - $800円 \times ((\frac{5円}{4円} + \frac{1,000円}{500円}) \div 5) \times 0.7 = 364円$
>
> 以上のように、土地の含み損を実現させることによって、1株当たりの株価は476円から364円と評価が下がります。差額は112円となり、総額としては22,400,000円評価を下げることができます。

⑨ **非上場株式の貸付金の放棄**

貸付金の放棄については、「第14章4．節税手法」を参考にしてください。

⑩ **非上場株式の退職金の支給**

株式の評価は、純資産額方式により評価する場合には評価会社の役員の退職慰労金を支給すれば、株式と退職金の二重課税を回避するため退職金の額を株式評価上債務に計上することになります。したがって、純資産価

第4章　株式、出資金（非上場）

額を下げることができます。

　一方で相続人が相続した退職金については、「第11章退職金」にあるように非課税の適用があります。

　また、弔慰金を受け取ったときには、通常相続税の対象になることはありませんので、弔慰金を支給することも一つの方法です（弔慰金については、「第2部第1章1．非課税財産(7)弔慰金」参照）。

⑪　株式の贈与

　株式は、1株ずつ贈与ができますので、比較的譲渡が容易な資産となります。したがって、110万円の基礎控除を利用しながら譲渡していくことも可能となります。

　贈与税の計算は、以下のようになります。

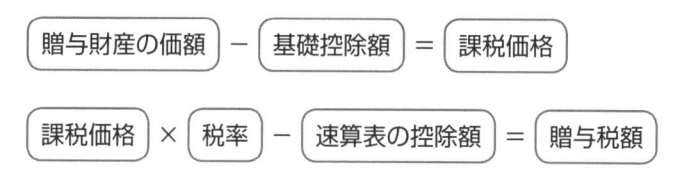

$$\boxed{贈与財産の価額} - \boxed{基礎控除額} = \boxed{課税価格}$$

$$\boxed{課税価格} \times \boxed{税率} - \boxed{速算表の控除額} = \boxed{贈与税額}$$

　基礎控除の枠内で、贈与をすれば贈与税は全くかかりませんが、相続税のシミュレーションとの兼ね合いで、相続税より税率が低いのであれば、贈与税を払ってでも、金額を増やすという結論も当然成り立ちます。

　例えば、470万円の贈与をした場合には、贈与税は47万円となりますので、10％の負担となります。財産を早めに移転したいのであれば、110万円にこだわるよりも470万円にするという意思決定もあり得ます。

(4)　納税資金対策

①　相続会社である非上場株式をその発行会社に譲渡した場合のみなし配当課税の特例

　節税ではありませんが、相続税の納付資金をどう確保するかも重要な問題です。一つの方法として株式を現金化するため評価会社に株式を売却する方法があります。買い取った評価会社では、自己株式となります。この場合には通常、みなし配当金が発生し、配当所得として総合課税で最高ですが所得税40％住民税10％の税率が適用されます。

しかし、次の条件を満たす場合には、この配当とみなされる金額についても譲渡所得として所得税15％、住民税５％の税率が適用されることになります。

- ⅰ）相続又は遺贈により非上場株式の取得をした個人で、その相続税額があること
- ⅱ）譲渡の相手方はその非上場株式の発行会社であること
- ⅲ）ⅰ）の相続税の申告書の提出期限の翌日以後３年を経過する日までに譲渡していること
- ⅳ）その日上場株式を譲渡するまでに、この特例の適用を受けることを記載した「相続財産に係る非上場株式をその発行会社に譲渡した場合のみなし配当課税の特例に関する届出書」を、その非上場会社を経由してその非上場会社の所轄税務署に提出すること

② 非上場株式の納税猶予の特例

　経済産業大臣の認定を受けることによって、後継者である相続人等が、現在の経営者である被相続人から取得し、相続等で株式等をその会社を経営していく場合には、その後継者が納付すべき相続税のうち、限定される部分はありますが、その株式等に係る課税価格の80％に対応する相続税の納税が猶予されます。80％という大きな効果がありますが、もちろん「猶予」ですので、将来的には納税をする必要があります。免除される時までに特例の適用を受けた非上場株式等を譲渡するなど一定の場合には、猶予されている税額の全部又は一部を利子税と併せて納付する必要があります。

　ただし、会社経営をそのまま継続し、後継者が死亡した場合などは納付が免除されます。

イ．特例を受けるための要件

　被相続人の相続開始前に「中小企業における経営の承継の円滑化に関する法律」に基づき、会社が計画的な事業承継に係る取組を行っていることについて、「経済産業大臣の確認」を受けておく必要があります。したがって、相続開始前に決定しておくことが必要です。現経営者（被相続人）の子供が会社の経営が継ぐか否か迷っている場合は、現経営者が亡くなら

れてから、判断するという場合もありますが、この場合にはこの制度は活用できません。

　また、相続開始後にこの法律に基づき、会社の要件、被相続人の要件及び相続人等の要件を満たしていることについての「経済産業大臣の認定」を受ける必要があります。「経済産業大臣の認定」を受けるためには相続開始後8か月以内に申請を受ける必要があります。

　なお、この制度を受けるための要件は、以下のとおりです。

　ⅰ）会社の主な要件
- 非上場会社であること
- 中小企業者であること
- 従業員が1人以上（一定の外国会社株式等を保有している場合は5人以上）であること
- 資産保有型会社又は資産運用型会社で一定のものに該当しないこと
- 風俗営業会社ではないこと
- 総収入金額がゼロ、従業員数がゼロではないこと

　ⅱ）先代経営者である被相続人の主な要件
- 会社の代表者であったこと
- 相続開始直前において、被相続人及び被相続人と特別の関係がある者（被相続人の親族など一定の者）で総議決権数の50％超の議決権数を保有し、かつ、後継者を除いたこれらの者の中で最も多くの議決権数を保有していたこと

　ⅲ）後継者である相続人等の主な要件
- 被相続人の親族であること
- 相続開始から5か月後の日において会社の代表者であること
- 相続開始の時において、後継者及び後継者と特別の関係がある者（後継者の親族など一定の者）で総議決権数の50％超の議決権数を保有し、かつ、これらの者の中で最も多くの議決権数を保有することとなること

ⅳ）担保提供
- 納税が猶予される相続税額及び利子税の額に見合う担保を税務署に提供する必要があります。この場合、特例の適用を受ける非上場株式等のすべてを担保として提供する場合には、納税が猶予される相続税額及び利子税の額に見合う担保の提供があったものとみなします。

ロ．特例の対象となる非上場株式等の数

特例の対象となる非上場株式等の数は、次の区分の場合に応じた数が限度となります。

ⅰ）［後継者が相続等により取得した非上場株式等の数(A)＋後継者が相続開始前から保有する非上場株式等の数(B)］＜［相続開始直前の発行済株式等の総数(C)× 2 ÷ 3］の場合は、Aの数が限度となります。

ⅱ）［A＋B］≧［C×2÷3］の場合には、［C×2÷3］－Bが限度となります。

ハ．納税が猶予される相続税の額

次のⅰ）からⅱ）を差し引いた税額が納税を猶予されます。ⅰ）及びⅱ）の税額を計算する場合の後継者以外の者の取得した財産は、実際に後継者以外の者が相続等により取得した財産によります。

ⅰ）後継者が取得した財産が特例の適用を受ける非上場株式等のみであると仮定した場合に算出される後継者の相続税額

ⅱ）後継者が取得した財産が特例の適用を受ける非上場株式等の20％のみであると仮定した場合に算出される後継者の相続税額

(注) その非上場株式等を発行する会社及びその会社と 特別の関係のある一定の会社が、一定の外国会社又は医療法人の株式等を有する場合には、納税が猶予される税額の計算の基となる非上場株式等の価額は、その外国会社又は医療法人の株式等を有していなかったものとして計算した金額となります。

ニ．特例を受けるための手続

ⅰ）この特例を受ける旨を記載した相続税の申告書をその申告期限までに提出するとともに、その申告書に特例の適用要件を確認するための一定の書類を添付する必要があります。

ⅱ）上記ⅰ）の申告書の提出期限までに納税が猶予される相続税額及び利子税の額に見合う担保を提供する必要があります。

　なお、特例の適用を受ける非上場株式等のすべてを担保として提供した場合には、納税が猶予される相続税額及び利子税の額に見合う担保の提供 があったものとみなされます。

ホ．猶予税額の納付が免除される場合

　猶予税額は次に掲げる場合などに該当したときには、その全部又は一部の 納付が免除されます。免除を受けるには、ⅰ）又はⅱ）に該当することとなった日から６か月以内、ⅲ）又はⅳ）のいずれかに該当することとなった日から２か月以内に一定の書類を税務署長に提出する必要があります。

　ⅰ）後継者が死亡した場合

　　　後継者が死亡した場合には、「免除届出書」を提出することが必要になります。

　ⅱ）申告期限後５年を経過した後に、特例の適用を受けた非上場株式等を一定の親族に贈与し、その親族が「非上場株式等についての贈与税の納税猶予」の適用を受ける場合

　ⅲ）相続税の申告期限後５年を経過した後に、次に掲げるいずれかに該当した場合

　　・後継者が特例の適用を受けた非上場株式に係る会社の株式等の全部を譲渡等した場合（その後継者の同族関係者（後継者の親族など一定の者）以外の一定の者に対して行う場合や民事再生法又は会社更生法の規定による許可を受けた計画に基づき株式等を消却するために行う場合に限ります。）

　　・特例の適用を受けた非上場株式等に係る会社が合併により消滅した場合で一定の場合

　　・特例の適用を受けた非上場株式等に係る会社が株式交換等により他の会社の株式交換完全子会社等となった場合で一定の場合

　ⅳ）相続税の申告期限５年を経過した後に、特例の適用を受けた非上場

株式等に係る会社について破産手続開始の決定又は特別清算開始の命令があった場合

ヘ．猶予税額を納付しなければならなくなる場合

　　猶予税額の納付が免除される前に、次に掲げる場合などに該当することとなったときは、猶予税額の全部又は一部について利子税（原則として年3.6％です。）と併せて納付する必要があります。特に、5年にわたって従業員の数を8割以上維持する要件については、経営の状況によっては厳しくなる可能性もあるので、この制度を利用する際には充分に考慮する必要があります。

ⅰ）申告期限後5年以内に、後継者が代表権を有しないこととなった場合

ⅱ）申告期限後5年以内の一定の基準日において常時使用する従業員の数が8割を維持できなくなった場合

ⅲ）総収入金額がゼロとなった場合

ⅳ）申告期限後5年以内に、後継者及び後継者と特別の関係がある者（後継者の親族など一定の者）が保有する議決権数が総議決権数に占める割合が50％以下となった場合

ⅴ）申告期限後5年以内に、後継者と特別の関係がある者（後継者の親族など一定の者）のうちの1人が後継者を超える議決権数を保有することとなった場合

ⅵ）後継者が特例の対象となっている非上場株式等を譲渡した場合

ⅶ）資産保有型会社又は資産運用型会社で一定のものに該当した場合

上記のうち主な場合をまとめると以下の表になります。

第4章　株式、出資金（非上場）

主な場合	申告期限後5年以内	申告期限後5年超
特例の適用を受けた非上場株式等についてその一部を譲渡した場合	A	B
後継者が会社の代表者でなくなった場合	A	C
一定の基準日において雇用の8割を維持できなくなった場合	A	C
会社が資産管理会社に該当した場合	A	A

- Aに該当した場合には、納税が猶予されている相続税の全額と利子税を併せて納付します。
- Bに該当した場合には、納税が猶予されている相続税のうち、譲渡した部分に対応する相続税と利子税を併せて納付します。
- Cに該当した場合には、相続税を納付することなく引き続き納税が猶予となります。

（国税庁「新しい事業承継税制が始まります！」より）

ト．納税が猶予される相続税等の計算方法

ⅰ）正味の財産額に基づき後継者の相続税を計算します。

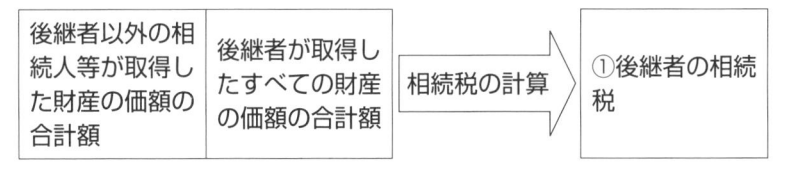

| 後継者以外の相続人等が取得した財産の価額の合計額 | 後継者が取得したすべての財産の価額の合計額 | 相続税の計算 → | ①後継者の相続税 |

ⅱ）後継者が取得した財産が特例の適用を受ける非上場株式等のみであると仮定して後継者の相続税を計算します。

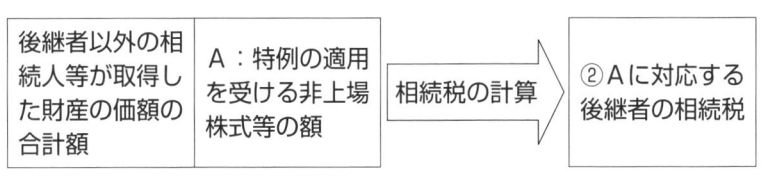

| 後継者以外の相続人等が取得した財産の価額の合計額 | A：特例の適用を受ける非上場株式等の額 | 相続税の計算 → | ②Aに対応する後継者の相続税 |

ⅲ）後継者の取得した財産が特例の適用を受ける非上場株式等の20%のみであると仮定して後継者の相続税を計算します。

| 後継者以外の相続人等が取得した財産の価額の合計額 | B：A×20% | → 相続税の計算 → | ③Bに対する後継者の相続税 |

iv）「②の金額」から「③の金額」を控除した残額が「④納税が猶予される相続税」となります。なお、「①の金額」から「納税が猶予される相続税（④の金額）」を控除した「⑤の金額（納付税額）」は、相続税の申告書までに納付する必要があります。

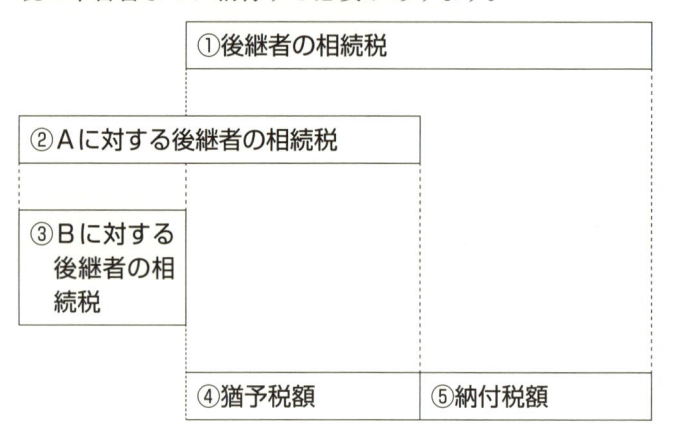

①後継者の相続税		
②Aに対する後継者の相続税		
③Bに対する後継者の相続税		
	④猶予税額	⑤納付税額

2．医療法人の出資持分

医療法人は、次の三つの形態に区分されます。

①　持分の定めのある社団

　　出資者がその出資に対する持分権を有しており、その出資持分は譲渡も自由に行うことができ、税法上有価証券として取り扱われ、財産としての評価の対象となります。

　　医療法人のほとんどはこの形態に該当します。

②　持分の定めのない社団

　　出資者は出資持分の権利を有しておらず、その出資については財産性がありません。そのため、この形態による医療法人については、出

資に係る評価の問題は生じません。
③　財団
　個人又は法人の寄附により設立されるものであることから、出資持分の概念はありません。

②の「持分の定めのない社団」と③の「財団」については、財務大臣の承認を受けると「特定医療法人」となることができます。この「特定医療法人」は、福祉への貢献という公益性により、法人税が軽減される措置がとられています。

(1) **財産評価方法**

医療法人に対する出資は、取引相場のない株式の評価に準じ、その医療法人の総資産の帳簿価額、従業員数、取引金額の内容により、以下のいずれかの方法により評価されます（評基通194-2）。

- 類似業種比準方式
- 類似業種比準方式と純資産価額方式の併用方式
- 純資産価額方式

なお、剰余金の配当が禁止されているため、配当還元方式による評価は適用されません。

(2) **評価のポイント**

① 医療法人が「特定の評価会社」等に該当する場合の注意点

医療法人の出資の評価に当たり、医療法人が以下のいずれかに準ずるものに該当する場合は、取引相場のない株式で同様の評価を行う場合に準じて、評価を行います。

- 比準要素1の会社
- 株式保有特定会社
- 土地保有特定会社
- 開業後3年未満の会社等
- 開業前又は休業中の会社
- 清算中の会社

② 類似業種比準方式による評価における注意点

　医療法人に対する出資を類似業種比準方式で評価する場合、「評価会社の事業が該当する業種目」は、同項の定めにより別に定める業種目（国税庁ホームページの「日本標準産業分類の分類項目と類似業種比準価額計算上の業種目との対比表」参照）のうちの「その他の産業」とします。これは、医療法人は、医療法上剰余金の配当が禁止されているなど、会社法上の会社とは異なる特色を有しているため、医療法人の出資を類似業種比準方式により評価するとした場合、類似する業種目が見当たらないことによります。

　なお、取引相場のない株式（出資）を評価する場合の会社規模区分（大、中、小会社の区分）については、医療法人そのものはあくまで「サービス業」の一種と考えられることから、「小売・サービス業」に該当することとなります。

　また、医療法人は、医療法上剰余金の配当が禁止されていることから、類似業種比準方式で計算する際の「1株当たりの年配当金額」の要素が除外されているので注意が必要です。

③ 医療法人の出資持分の変更があった場合

　例えば以下のいずれにも該当する増資を行う場合、増資の前後で各出資者の出資持分に変動が生じます。

- 出資者が相互に親族関係にある医療法人が増資を行う
- 追加出資について各出資者の負担割合は出資持分に応じていない

　このような場合は、出資持分が減少した者から出資持分が増加した者に対し含み益が移ると考えられるため、相基通9-4の取扱いに準じて贈与税が課税される場合がありますから注意が必要です。

④ 持分の定めのある医療法人が出資額限度法人に移行した場合

　出資持分の定めのある社団医療法人が定款を変更して出資額限度法人へ移行する場合の取扱いは、以下のとおりとなります。

イ．定款を変更して出資額限度法人へ移行する場合

　贈与税等の課税は生じません。

ロ．出資額限度法人の出資の評価を行う場合

相続税・贈与税の計算における出資の価額は、通常の出資持分の定めのある医療法人と同様に評価されます。

ハ．社員が出資払込額の払戻しを受けて退社した場合

- 退社した個人社員については、退社に伴い出資払込額を限度として持分の払戻しを受ける金額が、当該持分に対応する資本等の金額を超えない限りにおいては、贈与税は課税されません。
- 残存出資者については、出資者や役員等が特殊な関係をもつ同族グループで占められている場合、又は、出資者や役員等に特別な利益を与えると認められる場合は、贈与税が課税される可能性があります。

ニ．社員が死亡により退社した場合

- 相続人が出資を取得し、社員たる地位を取得する場合は、当該出資は上記(1)から(2)③に従って評価されます。
- 相続人が出資払込額の払戻しを受け、出資を相続しなかった場合で、当該出資に係る剰余金相当額が退社した社員から他の出資者に対する贈与と取り扱われる場合、みなし贈与の課税が生じることとなります。

⑤ 計算事例

医療法人の出資の評価について、計算事例を示すと以下のとおりになります。

●計算事例

〈前提条件〉

- 類似業種比準株価等

A	株価	500円
B	配当金	6円
C	利益	70円
D	純資産価額	400円

- その他

総出資口数	100,000口
資本金等の額	5,400万円
年利益金額	10,000万円
利益積立金額	50,000万円
会社規模区分	中会社（類似業種比準方式により評価する会社）

〈前提となる数値の計算〉

- 1口当たり資本金等の額

$$\frac{5,400万円}{100,000口} = 540円$$

- 1株当たり資本金等の額を50円とした場合の総出資口数

$$\frac{5,400万円}{50円} = 1,080,000口$$

- 1口当たりの年利益金額の計算

$$\frac{10,000万円}{1,080,000株} = 92円（円未満切捨て）$$

- 1口当たりの純資産価額の計算

$$\frac{5,400万円 + 50,000万円}{1,080,000株} = 512円（円未満切捨て）$$

〈1口当たり評価額の計算〉

- 類似業種比準価額の計算

（ⅰ）1口（50円）当たりの比準価額

$$500円 \times \frac{\frac{92円}{70円} \times 3 + \frac{512円}{400円}}{4} \times 0.6 = 391円70銭（10銭未満切捨て）$$

（ⅱ）1株当たりの比準価額

$$391円70銭 \times \frac{540円}{50円} = 4,230円（円未満切捨て）$$

3．持分会社の出資

(1) 特例有限会社の株式の評価

平成18年の会社法施行により、施行当時に有限会社であった会社は特例

有限会社として存続することが認められています。これらの特例有限会社は、商号中に有限会社という文字を使用しているものの、会社法上は株式会社となるため、株式会社と同様の方法で評価を行います。

(2) **持分会社の出資の評価**

持分会社とは、合名会社、合資会社、合同会社の総称をいいます。これらの持分会社の出資持分の評価は、取引相場のない株式の評価方法に準じて行います（評基通194）。

持分会社のうち合名会社又は合資会社の無限責任社員が死亡によって退社した場合には、社員の個性を重視するという合名会社・合資会社の特徴から、相続人は当然には持分は相続せず、持分の払戻しを受けることとなります。ただし、定款に出資持分の相続についての定めがある場合は、相続人は持分を相続することとなります。

① 定款に出資持分の相続についての定めがある場合（相続人は出資持分を承継）

相続した出資持分について、取引相場のない株式の評価方法に準じて評価を行います。

② 定款に出資持分の相続についての定めがない場合（相続人は持分払戻請求権を相続）

相続した持分払戻請求権について、以下のとおり評価を行います。

イ．払戻金額が確定している場合

実際に払戻しを受けた金額で評価を行います。

ロ．払戻金額が確定していない場合

純資産価額で評価を行います。

また、評価会社が債務超過である場合は、死亡した無限責任社員の負担すべき持分に応ずる会社の債務超過額は、相続税の計算上、被相続人の債務として相続財産から控除することができます。

(3) **農業協同組合等の出資**

協同組合とは、共通する経済的・社会的・文化的目的のために、個人あるいは中小企業者等が組合員となって事業体を設立・所有し、民主的な管

理運営が行われる非営利の組織をいいます。

協同組合には、農業協同組合や漁業協同組合、生活協同組合などの種類がありますが、一定の地域、職域による相互扶助や社会的地位向上等を目的とした組合で組合員に対する役務提供等の業務を行う一般的な組合等については、その組合等に対する出資は原則として払込済出資金額により評価します（評基通195）。

なお、信用金庫に対する出資、信用組合に対する出資についても同様に評価します。

4．種類株式の評価

株式会社は、例えば次に掲げる事項について、異なる定めをした内容の異なる2以上の種類の株式を発行することができます（会社法108条）。

株式による権利	発行される種類株式
剰余金の配当	配当優先株式、配当劣後株式
残余財産の分配	残余財産分配優先株式、残余財産分配劣後株式
株主総会において議決権を行使することができる事項	無議決権株式、議決権制限株式
譲渡によるその種類の株式の取得についてその株式会社の承認を要すること	譲渡制限株式

会社法上、多種な種類株式の発行が認められていますが、このうち、特に「配当優先株式」、「無議決権株式」の評価方法についてみていくこととします。

(1) **配当優先株式の評価**

配当優先株式とは、剰余金の配当を普通の株式より優先的に多く受ける権利がついた株式をいいます。これらは普通の株式と配当金額が異なるため、普通株式とは区分して評価額を計算します。

① **財産評価手法**

非上場株式と同様の方法によります。

第4章　株式、出資金（非上場）

② 評価のポイント
　優先配当株式の評価を行う場合、類似業種比準方式においては、配当の金額は比準要素のうち「1株当たりの配当金額」に影響を与えることになります。そのため、類似業種比準方式における「1株当たりの配当金額」は、株式の種類ごとにその株式に係る実際の配当金により計算することとなります。

③ 計算事例
　配当優先株式の評価について、計算事例を示すと以下のとおりになります。

●計算事例

〈前提条件〉
・発行済株式数

	株式数	うち自己株式数
発行済株式	100,000株	10,000株
うち配当優先株式	40,000株	4,000株
うち普通株式（配当劣後株式）	60,000株	6,000株

・年間配当金額

	配当優先株式	普通株式
直前期	160万円	120万円
直前々期	160万円	120万円

・類似業種比準株価等

A	株価	500円
B	配当金	6円
C	利益	70円
D	純資産価額	400円

・その他

資本金等の額	5,400万円
年利益金額	10,000万円
利益積立金額	50,000万円
会社規模区分	大会社（類似業種比準方式により評価する会社）

〈1株当たり評価額の計算－共通事項〉

- 1株当たり資本金等の額

$$\frac{5,400万円}{100,000株-(4,000株+6,000株)} = 600円$$

- 1株当たり資本金等の額を50円とした場合の発行済株式数

$$\frac{5,400万円}{50円} = 1,080,000株$$

- 1株当たりの年利益金額の計算

$$\frac{10,000万円}{1,080,000株} = 92円（円未満切捨て）$$

〈1株当たり評価額の計算－優先配当株式に係る計算〉

- 1株当たりの年配当金額の計算

$$\frac{160万円+160万円}{2} \div \frac{1,080,000株\times(40,000株-4,000株)}{100,000株-(4,000株+6,000株)}$$

$=3円70銭（10銭未満切捨て）$

- 類似業種比準価額の計算

（ⅰ）1株（50円）当たりの比準価額

$$500円\times\frac{\frac{3円70銭}{6円}+\frac{92円}{70円}\times3+\frac{513円}{400円}}{5}\times0.7 = 408円90銭（10銭未満切捨て）$$

（ⅱ）1株当たりの比準価額

$$408円90銭\times\frac{600円}{50円} = 4,906円（円未満切捨て）$$

〈1株当たり評価額の計算－普通株式に係る計算〉
- 1株当たりの年配当金額の計算

$$\frac{120万円+120万円}{2} \div \frac{1,080,000株 \times (60,000株-6,000株)}{100,000株-(4,000株+6,000株)}$$

＝1円80銭（10銭未満切捨て）

- 類似業種比準価額の計算

（ⅰ）1株（50円）当たりの比準価額

$$500円 \times \frac{\frac{1円80銭}{6円}+\frac{92円}{70円} \times 3+\frac{513円}{400円}}{5} \times 0.7 = 386円70銭（10銭未満切捨て）$$

（ⅱ）1株当たりの比準価額

$$386円70銭 \times \frac{600円}{50円} = 4,640円（円未満切捨て）$$

(2) 無議決権株式の評価

　無議決権株式とは、株主総会において議決権を行使する権利が付与されていない株式をいいます。

① 財産評価方法

　非上場株式と同様の方法によります。ここで、原則的な評価方式（類似業種比準方式又は純資産価額方式）が適用される同族株主が、無議決権株式を相続又は遺贈により取得した場合には、原則として、議決権の有無を考慮せずに評価します。

② 評価のポイント

　次のすべての条件を満たす場合には、以下の算式による金額により評価することができます。ただし、この場合には、以下の算式の控除額を、その相続又は遺贈により同族株主が取得した議決権のある株式の価額に加算して申告することとなります。これにより、無議決権株式の評価額を5％引き下げることができます。

$$\boxed{評価額} = \boxed{\begin{array}{c}原則的な評価方式（注）\\により評価した価額(A)\end{array}} - \boxed{\begin{array}{c}(A)に5\%を乗じ\\て計算した金額\end{array}}$$

(注) 配当優先株式分の評価を含みます。

- 当該会社の株式について、相続税の法定申告期限までに、遺産分割協議が確定していること
- 当該会社の株式を取得したすべての同族株主から、相続税の法定申告期限までに、同族株主が取得した無議決権株式の価額について「無議決権株式の評価の取扱いに係る選択届出書」が所轄税務署長に提出されていること（※）
- 当該相続税の申告に当たり、「取引相場のない株式（出資）の評価明細書」に、無議決権株式及び議決権のある株式の評価額の算定根拠を適宜の様式に記載し、添付していること

なお、上記（※）の場合には、以下の株主間ではそれぞれの株式の1株当たりの評価額は同一となりますので、注意が必要です。

- 無議決権株式を相続又は遺贈により取得した同族株主間
- 議決権のある株式を相続又は遺贈により取得した同族株主間

●**計算事例**

㈱ＡＢＣ社の株式を100株相続した。その株式を原則的な評価方式（類似業種比準方式又は純資産価額方式）で評価した評価額は、1株当たり2,000円であった。

また、この株式の相続に際して、(3)評価のポイントに示した要件はすべて満たしている。

原則的な評価方式による評価額＝2,000円×100株＝200,000円（20万円）
無議決権株式の評価額＝200,000円－200,000円×5％＝190,000円（19万円）

第5章 その他金融資産

上場会社及び非上場会社の他に、公社債や貸付信託及び証券投資信託の受益証券については、別途、評価方法が規定されています。

1．基本的評価方法

(1) 評価対象となる金融資産の認識・特定

相続財産を評価するためには、まず被相続人が所有していた財産を把握することから始めます。相続人が、被相続人の生前に財産について話してあっておくこと、あるいは遺言書を作成しておいてもらうことが望ましいですが、そのような機会が持てない場合には、さまざまな資料を基に相続財産を把握する必要があります。

- 被相続人が、確定申告を行っている場合には、確定申告書の内容から財産を把握します。また、所得が比較的多く確定申告の際に「財産債務の明細書」を提出している場合には、その内容を参考にします。
- 自宅の金庫あるいは銀行の貸金庫に、証券会社との契約書などがないかを確認します。
- 被相続人の銀行の預金通帳の入出金の中に、公社債等による入出金や利息等による入金がないかを確認します。
- 被相続人の日記や手帳などの内容により、株式の売買記録や証券会社に関する記録がないかを確認します。また、被相続人が使っていたパソコンにあるデータを確認します。
- 名刺や携帯電話の電話番号登録により、証券会社関係者との関係を把握します。

(2) 資料・情報の収集

〔公社債の評価〕

準備資料	入手場所	目的
取引口座の取引履歴	証券会社等 （証券会社のホームページから閲覧することも可能な場合もあります。）	権利関係の把握
日刊新聞等、株価が把握できるもの	日刊新聞等 （インターネットの株価情報サイトでも、過去の株価を容易に検索・閲覧することが可能です。）	評価額の調査

〔貸付信託〕

準備資料	入手場所	目的
取引口座の取引履歴	信託銀行 （証券会社のホームページから閲覧することも可能な場合もあります。）	権利関係の把握
評価計算書	信託銀行	評価額の調査

〔証券投資信託〕

準備資料	入手場所	目的
取引報告書	証券会社等 （証券会社のホームページから閲覧することも可能な場合もあります。）	権利関係の把握
日刊新聞等、株価が把握できるもの	日刊新聞等 （インターネットの株価情報サイトでも、過去の株価を容易に検索・閲覧することが可能です。）	評価額の調査

(3) 評価方法の検討

　公社債、貸付信託及び証券投資信託は、それぞれ財産評価基本通達に評価方法が規定されています（評基通197、198、199）。公社債等の評価は、以下のように行います。

2．公社債

　公社債とは、国が発行する国債、地方公共団体が発行する地方債、会社が発行する社債、特殊法人（公庫・公団等）が発行する債券等をいいます。

　公社債の評価については、銘柄の異なるごとに、券面額100円当たりの価額に、券面額を100で除した数を乗じて計算します。このように公社債の評価を券面額100円当たりの価額を基礎として行うこととしているのは、金融商品取引所に上場している公社債などの取引価格は券面額100円当たりの価額により公表されることとなっているためです。

$$評価額 = 券面額100円当たりの価額 \times \frac{評価する公社債の券面額}{100円}$$

　具体的な評価方法は、財産評価基本通達に定められていますが、このうち、実務上重要なものは、以下のとおりです。

① 利付公社債の評価

　利付公社債とは、利払いが約定された年間の一定期日になされる公社債で、その券面に利札が付されたもので、この利札を切り取って公社債の利息を受け取るものです。この公社債の評価は、その公社債が上場等をしているかどうかに応じて、以下のように区分して評価されます。

イ．金融商品取引所に上場されているもの

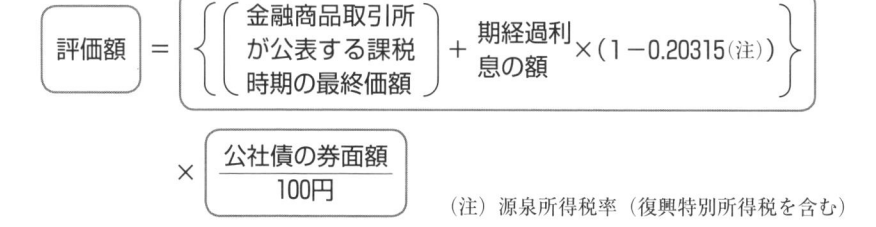

$$評価額 = \left\{ \begin{pmatrix} 金融商品取引所 \\ が公表する課税 \\ 時期の最終価額 \end{pmatrix} + 期経過利息の額 \times (1 - 0.20315 ^{(注)}) \right\} \times \frac{公社債の券面額}{100円}$$

(注) 源泉所得税率（復興特別所得税を含む）

　この場合、国内の2以上の証券取引所に上場されている場合には、東京金融商品取引所と納税地の最寄りの金融商品取引所におけるそれぞれの最終価格のうち、いずれか低い方を選択することができます。

また、課税時期に最終価格等がない場合は、課税時期前で最も近い日の参考価格等により評価することとなります。

> ●**計算事例**
>
> A国債（東京証券取引所に上場するもの）　券面額　10,000,000円
> 利率　年1.0％
> 課税時期までの既経過日数　146日
> 課税時期の最終価格　101.42円
> 　このA国債の評価額は以下のとおりになります。
>
> $\{101.42円 + 100円 \times 1\% \times \dfrac{146日}{365日} \times (1 - 20.315\%)\} \times \dfrac{10,000,000円}{100円} = 10,173,874円$

ロ．日本証券業協会において売買参考統計値が公表される銘柄として公表されているもの

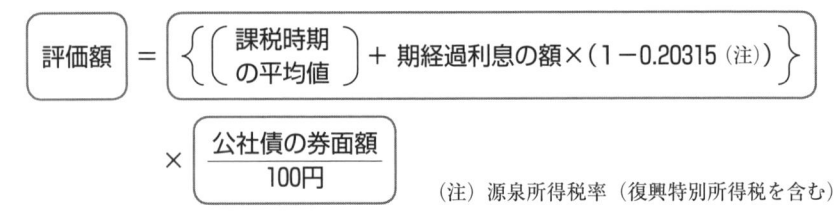

$$\boxed{評価額} = \left\{ \boxed{\begin{array}{c}課税時期\\の平均値\end{array}} + 期経過利息の額 \times (1 - 0.20315\,\text{(注)}) \right\}$$

$$\times \boxed{\dfrac{公社債の券面額}{100円}}$$

（注）源泉所得税率（復興特別所得税を含む）

　課税時期に平均値がない場合は、課税時期前で最も近い日の平均値により評価することとなります。

ハ．金融商品取引所に上場している利付公社債のうち売買参考統計値が公表される銘柄として公表されているもの

　上記イの上場されているため、金融商品取引所の最終価格等があると同時に、売買参考統計値が公表される銘柄に選定されている場合には、日本証券業協会が公表する平均値と、取引所における最終価額等とのいずれか低い価格により評価を行うこととなります。

> ●計算事例
> 　B国債（東京条件取引所に上場されていると同時に日本証券業協会において売買参考統計値銘柄としても選定されている）　券面額　5,000,000円
> 利率　年2.0％
> 課税時期までの既経過日数　219日
> 課税時期の最終価格　98.05円
> 課税時期の平均値　97.75円
> 　このB国債については、課税時期における最終価格と平均値のいずれか低い金額により評価を行うため、評価額は以下のとおりになります。
>
> $$\left\{97.75円 + 100円 \times 2\% \times \frac{219日}{365日} \times (1 - 20.315\%)\right\} \times \frac{5,000,000円}{100円} = 4,935,311円$$

ニ．上記以外の利付公社債

　上記以外の利付公社債については、その公社債の発行価額と源泉所得税控除後の既経過利息の額との合計により評価することとなります。

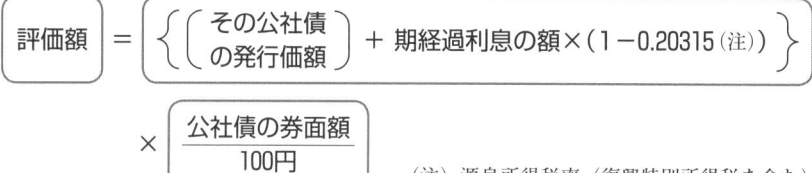

$$評価額 = \left\{\begin{pmatrix}その公社債\\の発行価額\end{pmatrix} + 既経過利息の額 \times (1 - 0.20315_{(注)})\right\} \times \frac{公社債の券面額}{100円}$$

（注）源泉所得税率（復興特別所得税を含む）

② 割引発行の公社債の評価

　割引発行の公社債とは、公社債の発行期間中に係る利息相当額を割り引く形で券面額を下回る金額で発行される債券をいいます。この場合、券面額と実際の発行価額との差額が利息相当額（償還差益）となり、償還期限において券面額で償還が行われます。

　この割引発行の公社債については、当該公社債が上場等をしているかどうかに応じて次のとおりとなります。

イ．金融商品取引所に上場している割引発行の公社債

　上場している割引発行の公社債については、その課税時期における金融商品取引所の公表する最終価格によって評価します。

$$\boxed{評価額} = \boxed{\begin{array}{c}金融商品取引所の公表する\\課税時期の最終価格\end{array}} \times \boxed{\dfrac{公社債の券面額}{100円}}$$

　上述した利付公社債の場合は、最終価格に源泉所得税控除後の既経過利息の額を加算して計算することとなりますが、割引発行の公社債については、既経過利息を加算しません。これは、割引発行の公社債の市場価格は、既経過の償還差益の額を含んだところで、その価格が形成されているためです（次の日本証券業協会において売買参考統計値が公表される銘柄として選定されている場合においても同様です。）。

　この場合、国内の2以上の証券取引所に上場されている場合には、東京金融商品取引所と納税地の最寄りの金融商品取引所におけるそれぞれの最終価格等のうち、いずれか低い方を選択することができます。

　また、課税時期に最終価格等がない場合は、課税時期前で最も近い日の最終価格等により評価することとなります。

ロ．日本証券業協会において売買統計参考値が公表される銘柄として選定された公社債

　この場合の評価は、課税時期の平均値によって評価します。

$$\boxed{日本証券業協会が公表する課税時期の平均値} \times \boxed{\dfrac{券面額}{100円}}$$

　課税時期に平均値がない場合は、課税時期前で最も近い日の平均値により評価することとなります。

ハ．金融商品取引所に上場している割引発行の公社債のうち売買参考統計値が公表される銘柄として公表されているもの

　上記イの上場されているため、金融商品取引所の最終価格等があると同時に、売買参考統計値が公表される銘柄に選定されている場合には、日本証券業協会が公表する平均値と、取引所における最終価額等とのいずれか低い価格により評価を行うこととなります。

ニ. 上記以外の割引発行の公社債

　上記以外の割引発行の公社債については、その発行価額に、券面額と発行価額の差額（償還差益）の金額に発行日から償還期限までの日数に対する発行日から課税時期までの日数の割合を乗じて計算することとなります。

$$評価額 = \left\{発行価格 + (券面額 - 発行価額) \times \frac{発行日から課税時期までの日数}{発行日から償還期限までの日数}\right\}$$

$$\times \frac{公社債の券面額}{100円}$$

　なお、割引金融債（債券発行銀行が発行する利息先取方式の割引債券）については、売出価格に源泉所得税相当額が含まれていますので、上記算式の発行価格は、「売出価格－源泉所得税相当額」となります。

③ 転換社債型新株予約権付社債の評価

　転換社債型新株予約権付社債（平成14年3月31日以前に発行された転換社債を含めて「転換社債」という。）とは、発行時は、通常の社債と同じですが、所有者が一定期間内に発行企業に対し請求すれば、あらかじめ定められた転換価格で、その発行企業の株式に転換することができる社債のことをいいます。ここで転換価格とは、社債を株式に転換する場合に株式1株に要する転換社債の券面額であり、例えば、「転換請求により発行する普通株式の発行価格は1株500円とする。」といいように定められます。

　転換社債型新株予約権付社債は株式に転換する権利がついているので、普通社債の安全性と株式の投機性を併せ持っているのが特徴となっています。

　転換社債型新株予約権付社債の購入者は、株価が転換価格を上回れば社債を株式に転換して市場で売却する、あるいは転換社債のまま売却することで値上がり益を得られることになります。一方、株価が転換価格を下回ったままであれば、償還期限まで持ち続けて利息と償還金を受け取ることができます。

　この転換社債の評価は、その社債が上場等をしているかどうかに応じて、

以下のように区分して評価されます。

イ．金融商品取引所に上場している転換社債

転換社債が上場している金融商品取引所の公表する課税時期の最終価格に相当する金額と源泉所得税控除後の既経過利息の額との合計額により評価します。

$$評価額 = \left\{ \begin{pmatrix} 金融商品取引所 \\ が公表する課税 \\ 時期の最終価額 \end{pmatrix} + 期経過利息の額 \times (1-0.20315^{(注)}) \right\} \times \frac{転換社債の券面額}{100円}$$

（注）源泉所得税率（復興特別所得税を含む）

また、課税時期に最終価格がない場合は、課税時期前で最も近い日の最終価格により評価することとなります。

ロ．日本証券業協会において店頭転換社債として登録されているもの

$$評価額 = \left\{ \begin{pmatrix} 日本証券業協会 \\ が公表する課税 \\ 時期の最終価額 \end{pmatrix} + 期経過利息の額 \times (1-0.20315^{(注)}) \right\} \times \frac{転換社債の券面額}{100円}$$

（注）源泉所得税率（復興特別所得税を含む）

課税時期に最終価格がない場合は、課税時期前で最も近い日の最終価格により評価することとなります。

ハ．上記以外の転換社債で転換社債の発行会社の株式について「株価」＞「転換価格」となっているもの

転換社債の発行会社の株価が転換価格を上回っている社債については、株式に転換がなされるものと仮定して、評価を行うこととなります。

具体的には以下の算式により評価されます。

$$評価額 = \left(転換社債の発行会社の株式の価格_{(注)} \times \frac{100円}{その転換社債の転換価格}\right)$$

$$\times \boxed{\frac{転換社債の券面額}{100円}}$$

(注) 転換社債発行会社の株式の価格は、株式の区分に応じて以下のとおりとなります。
- 上場株式又は気配相場のある株式については、「上場株式・気配相場のある株式」を準用して評価した価額
- 取引相場のない株式である場合は、「取引相場のない株式の評価」を準用して評価した株式の価額に次の修正を行います。

$$転換社債の発行会社の株式の価格 = \frac{財産評価基本通達の定めにより評価した1株当たりの株価 + 転換価格 \times 増資割合^{※}}{1 + 増資割合^{※}}$$

※増資割合 = $\dfrac{(株式に転換されていない転換社債の総額) \div 転換価格}{課税時期の発行済株式数}$

> **計算事例**
>
> C社転換社債型新株予約権付社債　券面額　10,000,000円
>
> 課税時期におけるC社株式の価格　800円
>
> 転換価格　500円
>
> この場合のC社転換社債型新株予約権付社債の評価は、課税時期におけるC社株式の価格が、転換価格を上回っているため、株式に転換が行われるものとして評価を行うこととなり、その評価額は以下のとおりになります。
>
> $\left(800円 \times \dfrac{100円}{500円}\right) \times \dfrac{10,000,000円}{100円} = 16,000,000円$

ニ．上記以外の転換社債で転換社債の発行会社の株式について「株価」＜「転換価格」となっているもの

$$評価額 = \left\{ \begin{pmatrix} 転換社債の \\ 発行価額 \end{pmatrix} + 期経過利息の額 \times (1 - 0.20315 \text{(注)}) \right\}$$

$$\times \frac{転換社債の券面額}{100円}$$

(注)源泉所得税率(復興特別所得税を含む)

3．投資信託等

　株式や公社債以外の金融商品の主なものとして、貸付信託受益証券、証券投資信託受益証券、不動産投資信託受益証券があります。

　貸付信託とは、合同運用指定金銭信託の一種で、貸付信託法に基づいて、信託銀行が多数の委託者（顧客）から集めた信託金（資金）を長期貸付などで運用し、そこから生じた収益を元本に応じて分配する信託商品です。現在、発行されている受益証券は期間が2年のものと5年のものがあります。

　また、投資信託とは、多数の一般投資家から小口の資金を集めて、共同でファンド（基金）に出資し、有価証券や不動産の運用の専門家がその信託を受けて、その資金を株式や債券などの有価証券やオフィスビル等に投資して、その成果をそれぞれの投資金額に応じて投資家に分配するものです。投資信託は、一般的に、"投資信託"あるいは"投信"と呼ばれています。

① 貸付信託受益証券の評価

　貸付信託は、上場株式のように取引市場がありませんが、原則として、貸付信託設定日から1年以上を経過した場合には、信託期間の満了前でも受託者による受益証券の買取制度があり、換金性があります。なお、この買取の際には買取割引料が必要となります。

　したがって、貸付信託受益証券については、課税時期において受益者から買い取る場合におけるその価格を基礎として評価することとされています。

　具体的な算式は以下のとおりです。

$$評価額 = 元本の額 + 既経過収益の額 - 既経過収益の額につき源泉徴収される所得税の額に相当する額 - 買取割引料$$

　既経過収益の額とは、貸付信託の収益の分配は、設定日から6か月ごとに、その時の予定配当率により行われるため、課税時期の属する収益計算期間の始期から課税時期の前日までの期間により行われることとなります。また、満期時に一括して6か月ごとの複利計算で計算した収益を受け取る収益満期受取型（ビッグ）の場合の既経過収益の額については、設定日から課税時期の前日までの期間について6か月ごとの複利計算により計算されます。

　また、貸付信託の受益証券については、買取制度があるのは、設定日から1年以上を経過しているものに限られていますが、1年を経過していないものについても、財産評価上は、1年を経過しているものに準じて評価することとなります。

●計算事例

　A貸付信託の受益証券　300口

　元本の額　3,000,000円

　予定配当率　2.19%

　課税時期における既経過日数　150日

　買取割引料　元本10,000円当たり50円

　A貸付信託の受益証券の評価額は以下のとおりになります。

$3,000,000 円 + 3,000,000 円 \times 2.19\% \times \dfrac{150 日}{365 日} \times (1 - 20.315\%) - 50 円 \times \dfrac{3,000,000 円}{10,000 円} = 3,006,514 円$

② 証券投資信託受益証券の評価

　証券投資信託は、投資家から募集した資金を株式や公社債などの有価証

券で運用し、その運用によって得た利益を投資家に分配するものです。また、この証券投資信託の受益証券は、自由に売買することが可能であり、または中途解約の方法により換金することもできます。

この証券投資信託の受益証券の評価は、その商品の特性に応じて3通りに区分して行われます。

イ．中期国債ファンド等日々決済型の証券投資信託の受益証券

中期国債ファンド、MMF（マネー・マネジメント・ファンド）等の日々決済型の証券投資信託の受益証券は、課税時期において解約請求等により証券会社等から支払を受けることができる価格として次の算式で評価します。

評価額 ＝ １口当たりの基準価額 × 口数 ＋ 再投資されていない未収分配金(A) － Aにつき源泉徴収されるべき所得税の額に相当する金額 － 信託財産留保額及び解約手数料(注)

（注）消費税額に相当する額を含みます。

なお、このような形態の証券投資信託の基準価格は、通常、１口１円となっています。また、算式にある信託財産留保額とは、効率的な運用なために通常、解約時に徴収される費用をいい、証券投資信託によっては徴収されないものもあります。

●計算事例

B中期国債ファンド　5,000,000口

１口当たりの基準価格　１円

課税時期において再投資されていない未収分配金　3,000円

信託財産留保額　5,000円

　B中期国債ファンドの評価額は以下のとおりになります。

１円×5,000,000口＋3,000円×（１－20.315％）－5,000円＝4,997,390円

ロ．イ以外の証券投資信託の受益証券（ハにおける上場されている証券投資信託の受益証券を除く。）

上記イ以外の証券投資信託の受益証券については、課税時期において解約請求等をするとした場合には証券会社等から支払を受けることができる価額として、次の算式により評価します。

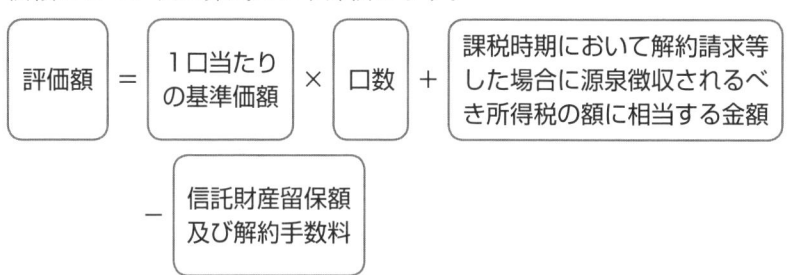

評価額 ＝ 1口当たりの基準価額 × 口数 ＋ 課税時期において解約請求等した場合に源泉徴収されるべき所得税の額に相当する金額 － 信託財産留保額及び解約手数料

なお、1口当たりの基準価額が公表されている証券投資信託については、上記の算式の「1口当たりの期中価額」を「1万口当たりの基準価額」と、「口数」を「口数を1万口で除して求めた数」と読み替えて計算します。

また、課税時期において基準価額が無い場合には、課税時期前の基準価額のうち、課税時期にもっとも近い日の課税時期の基準価額を使用して計算します。

●計算事例

C株式投資信託　1,000口
1口当たりの基準価格　10,450円
解約時に源泉徴収されるべき源泉税額　90,000円
信託財産留保額　3,000円
　C投資信託の評価額は以下のとおりになります。
10,450円×1,000口－90,000円－3,000円＝10,357,000円

ハ．上場されている証券投資信託の受益証券

上場されている証券投資信託の受益証券については、解約請求等ができず、証券取引所において売買することにより換金が行われることとなりま

す。したがって、このような証券投資信託については、上記の算式によりに解約等を前提とした評価方法は適当でないため、財産評価基本通達169《上場株式の評価》及び171《上場株式について最終価格の特例―課税時期に最終価格が無い場合》の定めに準じて評価が行われることとなります。

③ 上場不動産投資信託受益証券の評価

不動産投資信託とは、投資法人又は投資信託委託業者等が、多くの投資家から資金を集め、不動産に投資して運用し、その賃料収入や売却益などを配当として投資家に分配するものでJ-REITと呼ばれています。

この不動産投資信託のうち上場されているものについては、上場株式と同様に、証券取引所において取引され、日々の取引価格及び最終価格の月平均額が公表されています。このため、上場されている不動産投資信託の受益証券については、上場株式の評価の定めに準じて評価することとされています。

第6章 現金及び預金

1. 評価手順

(1) 評価対象となる現金等の認識・特定

相続財産を評価するためには、まず被相続人が所有していた財産を把握することから始めます。相続人が、被相続人の生前に財産について話してあっておくこと、あるいは遺言書を作成しておいてもらうことが望ましいですが、そのような機会が持てない場合には、さまざまな資料を基に相続財産を把握する必要があります。

- 被相続人が、確定申告を行っている場合には、確定申告書の内容から財産を把握します。また、所得が比較的多く確定申告の際に「財産債

務の明細書」を提出している場合には、その内容を参考にします。
- 自宅の金庫あるいは銀行の貸金庫に、現金あるいは預金通帳等を確認します。
- 被相続人が使っていたパソコンにあるデータを確認します。
- 自宅あるいは職場に銀行から郵送物がないか確認します。

(2) **資料・情報の収集**

準備資料	入手場所	目的
銀行・郵便局の預金残高証明書	銀行・郵便局	権利関係の把握 評価額の調査
相続開始日に解約した場合の解約利息計算書（定期預金）	自宅	評価額の調査
預金通帳の写し　過去5年分	自宅	権利関係の把握 評価額の調査
貸金庫	銀行	権利関係の把握 評価額の調査

(3) **評価方法の検討**

イ．原則的な評価方法

　現金の評価に関しては、課税時期における現金の保有額そのものが、評価額となります。一方、預貯金の評価は、原則として、課税時期における預入額と、課税時期に解約するとした場合の既経過利子の額として受け取ることのできる金額の合計額から、当該金額から源泉徴収されるべき所得税の額に相当する金額を控除した額により評価します。具体的には以下の算式となります。

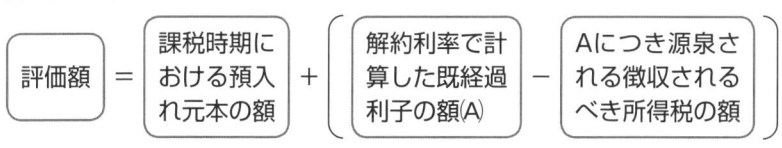

$$\text{評価額} = \begin{pmatrix} \text{課税時期に}\\ \text{おける預入}\\ \text{れ元本の額} \end{pmatrix} + \begin{pmatrix} \text{解約利率で計}\\ \text{算した既経過}\\ \text{利子の額(A)} \end{pmatrix} - \begin{pmatrix} \text{Aにつき源泉}\\ \text{される徴収さ}\\ \text{れるべき所得税の額} \end{pmatrix}$$

　既経過利子の額は、相続人等が、当該定期預金等を契約期限前に中途解約したか、契約期間満了時まで解約しなかったかにかかわらず、課税時期において、中途解約を行った場合に適用される解約利率で計算することと

なります。

また、既経過利子につき、源泉徴収されるべき所得税の額には、都道府県民税の利子割を含み、その計算は、源泉分離課税の場合は20.315%（所得税15%、住民税利子割5%、復興特別所得税0.315%）、マル優（障害者等の少額預金の利子の非課税制度）の場合は、ゼロ%となります。

また、中間利払いの定めのある定期預金については、すでに受け取った中間利払いに係る利息の額を調整して計算することとなり、具体的には以下の算式となります。

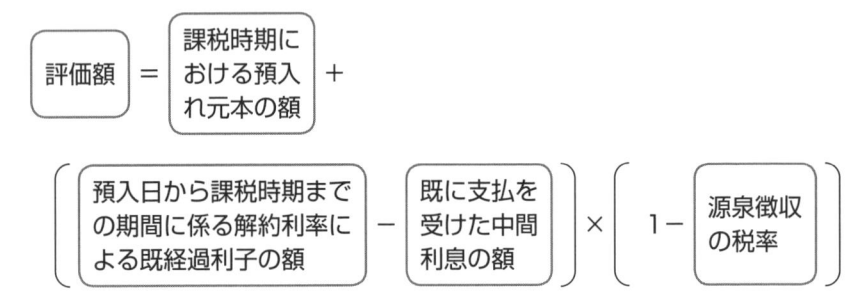

$$評価額 = 課税時期における預入れ元本の額 + \left(預入日から課税時期までの期間に係る解約利率による既経過利子の額 - 既に支払を受けた中間利息の額 \right) \times \left(1 - 源泉徴収の税率 \right)$$

ロ．既経過利子の額が少額である普通預金等の評価方法

定期預金、定期郵便貯金、定額郵便貯金以外の預貯金で、既経過利子の額が少額なものについては、課税時期の預入高で評価を行うこととされています。この点、定期預金等については、既経過利子の額が少額と認められる場合でも、既経過利子を計算する必要がある点に留意が必要です。

2．財産評価実施上の留意事項

現金及び預貯金については、その評価については、上述したとおり複雑なものではありませんが、実務上、申告漏れとなるケースが多いこと及びその預貯金の入出金の状況から、相続財産として申告すべき他の財産の有無が把握されることが有る点に留意が必要です。預貯金については、相続人の名義であったとしても、その相続人がその額に見合うような収入がない場合には、被相続人の預貯金として相続財産となることがあります。

名義が相続人のため、相続財産としないで申告した場合、その現金及び

預金が申告漏れとなり、後日、税務調査等で指摘され、追徴が行われるケースが散見されます。このような申告漏れを防止するため、最終的に申告を行う前の確認を行う必要があります。この確認に際しては、以下のような観点から実施される必要があります。

	チェック項目
1	所得税、住民税、固定資産税について、振替納税を行っている場合、この引落口座が申告漏れとなっていないか（納税のための口座は、税務署は簡単に確認できます。）
2	パソコンを利用している場合に、いわゆるネットバンキング口座の有無を確認したか
3	公共料金等が引き落とされる口座の申告漏れとなっていないか（税務署では、公共料金等の振替銀行について照会文書により確認を行います。）
4	住宅ローン等の借入がある金融機関に、預金口座があることが想定されるため、口座の有無を確認したか（借入のある金融機関に対して預金口座があることが多々、あります。）
5	定期預金証書等で、証書の番号が欠番となっているものがないか（欠番となっているものについて申告漏れとなっている可能性があります。）
6	通帳から引き出された現金の使途は明確になっているか（使途が不明な現金について、申告漏れとなっている可能性があります。）。

また、預貯金の入出金の状況から、相続財産として申告すべきものが把握されることがあります。例えば、預金口座に配当金の入金が有る場合には、有価証券を所有していたことが容易に推定されます。このように、預貯金の動きを確認することにより、最終確認を行うことが必要です。具体的には以下のような点について確認が必要です。

	チェック項目
1	預金口座に定期預金の利息の入金がある場合、当該定期預金は申告の対象とされているか
2	預金口座に配当金の入金がある場合に、当該有価証券は申告の対象となっているか
3	預金口座から貸金庫手数料の引落しがある場合に、貸金庫内の保管物について確認したか

4	相続直前に預金口座から多額の預金の引き出しが行われていた場合、当該引き出し資金の使途は確認したか
5	被相続人の口座から相続人の口座への資金移動があった場合、当該資金について、相続税の申告の要否を検討したか（貸付金や生前贈与の可能性を検討する必要があります。また、相続人名義の預金自体が被相続人の名義預金の可能性もあります。）
6	預金口座に定期的に入金がある場合、その内容を確認したか（貸付金の分割返済を受けている場合や、遠隔地に賃貸不動産を保有している等の可能性を検討する必要があります。）
7	被相続人の係る家族構成、家族の年齢、職業、年齢及び保有資産の状況等から、家族名義の預金の実質的な所有者を確認しているか（学生の子供名義で多額の預金が行われている場合などは、被相続の名義預金である可能性が推測されます。）
8	被相続人の生前の所得の状況から、預金残高の水準は妥当か確認したか（少な過ぎる場合には、家族名義の預金の存在や生前贈与が行われていたかの確認が必要となり、多過ぎる場合には、逆に、他人の名義預金として名義貸しが行われている可能性や生前の所得税の申告漏れの可能性もあります。）

3．節税手法

(1) 墓地等の取得

　第2部でも説明したように、非課税財産として墓地、霊廟、仏壇、仏具並びにこれらに準ずるものがあります。これらを事前に現金及び預金で購入すれば現金及び預金が非課税財産となります。もちろん、必要な物を取得するということはいうまでもありませんが、その購入のタイミングを、気を付けることによって、相続財産を減らすことができます。

(2) 他の資産の購入

　現金及び預金の評価は、原則としてその金額が評価額になりますので、例えば、不動産や株式を購入した方が、同じ金額であっても評価額は低くなります。これらの資産を購入することで、評価額を下げることができます。ただし、これらの資産を購入後、資産価値が下がることもあり得ますので注意が必要です。

(3) 相続財産の対象範囲を誤らない

　現金及び預金は、名義が被相続人でなくても実質的には被相続人の財産ということがよくあります。また、通帳について5年間ほど通査し、多額な出金がある場合、資金使途を確認して何に使われているか把握します。そして、一般動産や子供名義の預金等、相続財産に当たるものがないか確認する必要があります。そうすれば、後に税務調査があった場合にも、指摘されず不要な加算税や延滞税を払う必要がなくなります。

第7章 死亡保険金

1. 評価手順

　評価手順はおおむね以下のようになります。

(1) 評価対象となる保険契約の認識・特定

　相続財産を評価するためには、まず被相続人が所有していた財産を把握することから始めます。相続人が、被相続人の生前に財産について話してあっておくこと、あるいは遺言書を作成しておいてもらうことが望ましいですが、そのような機会が持てない場合には、さまざまな資料を基に相続財産を把握する必要があります。

- 被相続人が、確定申告を行っている場合には、確定申告書の内容から財産を把握します。また、所得が比較的多く確定申告の際に「財産債務の明細書」を提出している場合には、その内容を参考にします。
- 自宅の金庫あるいは銀行の貸金庫に、保険契約書、生命保険証書などがないかを確認します。
- 被相続人の銀行の預金通帳の入出金の中に、保険料の支払いがないかを確認します。

- 被相続人の日記や手帳などの内容により、保険料の支払記録、生命保険会社への契約などがないかを確認します。また、被相続人が使っていたパソコンにあるデータを確認します。
- 名刺や携帯電話の電話番号登録により、生命保険関係者との関係を把握します。

(2) 資料・情報の収集

生命保険を評価するためには、以下の資料が必要になります。

準備資料	入手場所	目的
生命保険証書	保険会社（注）	権利関係の把握
その他保険会社からの関係書類等	保険会社（注）	現況の調査
生命保険金等の支払通知書	保険会社（注）	評価額の調査

（注）被相続人の生前に確認しておく必要があります。

(3) 評価方法の検討

　生命保険等は法律的には被相続人から相続又は遺贈により取得した財産ではありませんが、実質的に相続又は遺贈によって取得した財産と同様の経済的効果を持つものがあります。このような財産について、相続税法では、課税の公平を図る見地から、相続又は遺贈によって取得したものとみなして、相続税の課税対象としています。これらは、「みなし相続財産」と呼ばれます。被相続人の死亡によって取得した生命保険金や損害保険金で、その保険料の全部又は一部を被相続人が負担していたものは、みなし相続財産として相続税の課税対象となります（相法3①一）。

　具体的な計算方法は以下のとおりです。

$$\text{みなし相続財産とされる生命保険金等の額} = \text{生命保険金等の額} \times \frac{\text{被相続人が負担した保険料の額}}{\text{払込保険料の総額}}$$

　なお、年金により支払を受ける保険金の場合、上記生命保険金等の額に含まれ（相基通3-6）、その際の評価は、後述する「第9章定期金に関する権利1．評価手順(3)評価方法の検討①定期金給付事由が発生しているもの」を参照してください。

以上のように計算された生命保険金等については、非課税枠が設けられています（相法12）。

課非課税限度枠
500万円×法定相続人

●計算事例

父親（被保険者）の相続発生に伴う死亡保険金の非課税限度額
　夫婦子ども2人の4人家族で、子ども2人（健常者）はすでに独立して生活している場合
　　非課税限度枠の計算　500万円×3人（法定相続人）＝1,500万円

2．財産評価実施上の留意事項

(1) 年金形式で受け取る生命保険金の課税関係の変更

　年金形式で受け取る生命保険金の課税関係が平成22年7月の最高裁判決を受け、変更されています。相続税対策としての生命保険契約を検討する上で1つの考慮事項であるため、以下概要を記載します。

イ．概要

　相続により生命保険契約等に基づく年金受給権を取得した相続人が支払を受ける年金に対する課税については、その支払を受ける年金の所得金額全額を所得税の課税対象として取り扱っていたところ、相続税の課税対象となる部分については所得税の課税対象とならないとする最高裁判所の判決（平成22年7月6日付）がありました。

　この判決を踏まえ、相続人等が相続等により取得した生命保険契約等に基づく年金の支払を受ける場合における年金について、課税部分と非課税部分に振り分けた上で、課税部分の所得金額についてのみ課税対象とするため、所得税法施行令が改正されています。

　これにより、平成17年分から平成21年分までの各年分について所得税が納めすぎとなっている方について、その納めすぎとなっている所得税が還

付となります。

ロ．対象者

相続、遺贈又は個人からの贈与により取得したものとみなされる生命保険契約や損害保険契約等に基づく年金（保険年金といいます。）を受給している方。具体的には、次のいずれかに該当する方で保険契約等に係る保険料等の負担者でない方です。

- 死亡保険金を年金形式で受給している方
- 学資保険の保険契約者が亡くなったことに伴い、養育年金を受給している方
- 個人年金保険契約に基づく年金を受給している方

ハ．計算方法

保険年金に係る課税部分と非課税部分は、年金支給初年は全額非課税とし、2年目以降支給最終年まで、課税部分が階段状に増加していく方法により計算します。

この課税部分と非課税部分の計算方法は、定額払いの確定年金に限らず、終身年金や有期年金、逓増型や逓減型などの年金種類や支払方法、さらにはその支給期間に関わらず用いることができます。

課税部分にかかる雑所得の金額は、課税部分の年金収入額から対応する支払保険料を控除して計算します。

具体的な保険年金の雑所得の金額の計算は、年金の受給総額、受給期間、支払保険料総額などの保険会社から通知される情報を用いて、「相続等に係る生命保険契約等に基づく年金の雑所得の金額の計算書」により計算を行います。

変更前	各年の保険年金の所得金額（年金収入額－支払保険料）の全額に所得税を課税
変更後	各年の保険年金を所得税の課税部分と非課税部分に振り分け、課税部分の所得金額（課税部分の年金収入額－課税部分の支払保険料）にのみ所得税を課税 「保険年金」支給の初年は全額非課税で、2年目以降、課税部分が徐々に増加していきます。

◎取扱い変更のイメージ図

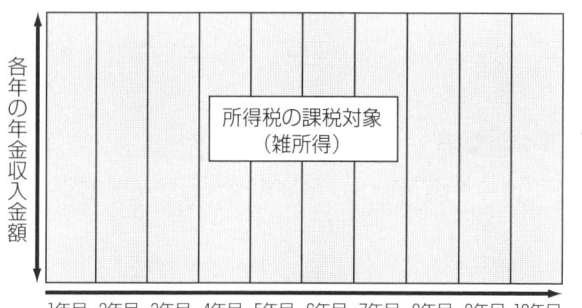

〈変更前〉

各年の年金収入金額 / 所得税の課税対象（雑所得） / 1年目 2年目 3年目 4年目 5年目 6年目 7年目 8年目 9年目 10年目 / 年金支払期間

> 所得税の課税対象は、各年の年金収入金額とされていました。
> ※雑所得の金額は、収入金額から保険料又は掛金（保険料等といいます。）を差し引いた金額です。

↓変更

〈変更後〉

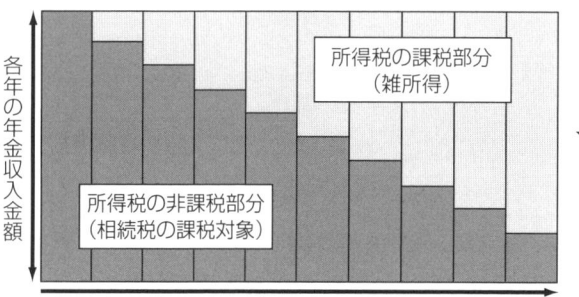

各年の年金収入金額 / 所得税の課税部分（雑所得） / 所得税の非課税部分（相続税の課税対象） / 1年目 2年目 3年目 4年目 5年目 6年目 7年目 8年目 9年目 10年目 / 年金支払期間

> 各年の年金収入金額を所得税の課税部分と非課税部分に振り分け、課税部分にのみ所得税が課税されます。
> ※雑所得の金額は、収入金額から保険料等を差し引いた金額です。

(注)イメージ図は10年払いの定額年金

(出典：国税庁ホームページ)

(2) みなし贈与財産としての保険金

　みなし贈与財産とは、当事者が財産を無償で受取るという意思を示さなくとも、贈与を受けたものとして取り扱われるものをいいます。すなわち、みなし贈与財産は、実質的に贈与を受けるのと同様の経済的利益を受けたと同様の場合に、税負担の公平を図るために相続税法により課税財産として贈与税が課されるものです。

　すなわち、父が掛けていた保険の満期金を子が受け取った場合や保険料

負担者が母で父の死亡による生命保険金を子が取得した場合などが該当します。

よって、あらかじめ保険金の受取者、保険料支払者などについてみなし贈与の可能性にも留意しておく必要があります。

(3) **生命保険金等に関する留意点**

上記の生命保険金等は、生命保険契約又は損害保険契約の保険金で、被保険者の死亡（死亡の直接の基因となった傷害を含む）を保険事故として支払われるいわゆる死亡保険金に限られ、無保険車傷害保険契約に基づいて取得する保険金は上記生命保険金等には含めません。また、被保険者の傷害、疾病等で死亡を伴わないものを保険事故として支払われる保険金等は、当該被保険者の死亡後に支払われたものであっても、被相続人の本来の財産（未収入金としての位置付け）のため、上記生命保険金等には含めません（相基通3-7、3-10）。

(4) **保険料に関する留意点**

- 保険料の一部につき払込の免除があった場合には、その免除された部分の保険料は被相続人が負担した保険料の額に含めません（相基通3-13）。
- 振替貸付けによる保険料の払込があった場合又は未払込保険料があった場合には、その振替貸付けに係る部分の保険料又は控除された未払込保険料に係る部分の保険料は契約者が払い込んだものとします（相基通3-13）。
- 雇用主がその従業員（役員含む）のために保険料を負担している場合、雇用主が負担した保険料は、当該従業員が負担していたものとして上記取扱いと同様ですが、雇用主が保険金を従業員の退職手当金等として支給することとしている場合には、退職手当金等として取り扱うことになります（相基通3-17）。

> ●計算事例
>
> 通常の死亡保険金に関する財産評価の計算方法を示すと次のとおりです。
>
> 　　被相続人　　　：父
> 　　保険金受取人：子
> 　　保険料負担者：父と子で半分ずつ
> 　　保険金額　　　：2,000万円
>
> この場合、相続税が課税される金額は、被相続人父が負担した保険料部分（$\frac{1}{2}$）に相当する金額となり、ここから非課税枠の控除を行います。
>
> 　　2,000万円×（$\frac{1}{2}$）＝1,000万円（非課税枠控除前）
>
> なお、子が負担した保険料$\frac{1}{2}$の部分（1,000万円）は、子の所得税の課税対象となります。

3．節税手法

(1) 生命保険の非課税枠の利用

　生命保険金に関する節税策の一つとして、息子の嫁、被相続人の弟、妹を養子縁組することがあります。養子縁組により、生命保険金の非課税枠が拡大させることが可能となります。これは同時に、相続税の基礎控除も拡大されるため、大きな節税効果が生まれることとなります。

　ただし、相続税の節税を防止するため、孫を養子にした場合の2割加算の規定や、養子の数の制限には留意する必要があります。養子の数の制限とは、相続税の計算をする際の被相続人の養子の数を、実子がある場合には1人、実子がない場合には2人までとするものです。例えば、実子がある場合に養子が3人いても1人として相続税を計算します。なお、この制限は相続税の計算をする際にのみ適用されるものです。実際に養子縁組自体は、何人でも行うことができます。ただし、養子の数を法定相続人の数に含めることで相続税の負担を不当に減少させる結果になると認められる場合、否定される可能性もあります。

(2) 一時所得として保険金を取得する方法

　生命保険金による相続税の非課税枠は「500万円に、法定相続人の数を乗じた金額」です。

　しかし、相続財産が5億円以上もあり、相続税の支払いが2億円にも達してしまうような場合では、保険金非課税枠の利用による節税効果は、大きくないと考えられます。このような場合は、生命保険金をあえて相続財産とはせずに一時所得とすることで、非課税枠を利用するより税金の支払いを少なくすることができます。すなわち、相続税課税のリスクを回避するために、契約方式を工夫して所得税の課税を受けようという相続対策です。

　具体的には、子供が父に生命保険をかけ、保険料の支払いを子供の財産から行い、父の死亡時には子供が保険金を受け取る、という契約を行います。この方法により、子供が受け取った生命保険金は、みなし相続財産とはならずに、子供の一時所得となります。一時所得の場合は、下記の算式で計算されるため、最大で25％の税金となります。

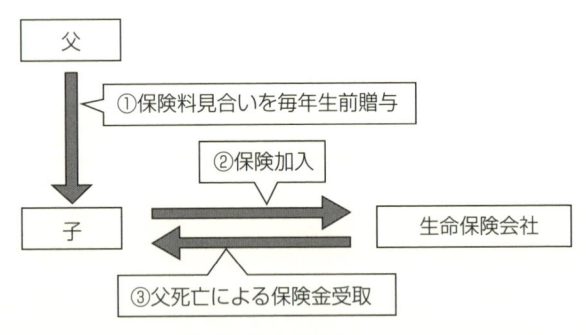

```
父
│①保険料見合いを毎年生前贈与
↓                  ②保険加入
子 ⇄ 生命保険会社
       ③父死亡による保険金受取
```

（契約形式）

　　保険契約者＝子、被保険者＝父（被相続人）、受取人＝子

（計算式）

$$一時所得 = \left(受取保険金 - 払込保険料の総額 - 50万円 \right) \times \frac{1}{2}$$

　それでは、生命保険金を相続財産より、一時所得とした方が有利な場合

はどのように判断したらよいのでしょうか。

相続税の税率は、相続人1人の受け取り金額が5,000万円を超えると、税率は30％となり、最大で50％まで上昇します。ところが生命保険金を一時所得して受け取った場合は、どんなに受け取り金額が多くても、税率は25％が限度となります。

したがって、相続財産が5,000万円を超え、相続税の税率が30％を超えてしまうような場合（税制改正後もこのラインは同一）なら、生命保険金は相続財産とはせずに、一時所得とした方が有利と考えられます。

最後に留意点ですが、生命保険金を一時所得とするには、子供が自分の財産から保険料を支払う必要があります。しかし、子供に保険料を支払うだけの資金がない場合も考えられます。このような場合、子供が毎月支払う保険料に充当できるように、父から子供へ生前贈与すれば、同時に相続財産を減らすことになるので、相続税をダブルで節税することになります。

なお、親から子供への保険料支払い分の贈与については、生前贈与の非課税枠（110万円）を活用する必要がありますが、その際下記の点に留意する必要があります。

（生前贈与の際の留意点）

イ．贈与の事実を明確に残す
- 資金の移動が明らかになるよう、通帳で移転する。
- 通帳及び印鑑は、原則として受取人が管理する。

ロ．法的形式を整える
- 口頭による方法もあるが、万全を期するためには、毎年、贈与契約書を作成する。

ハ．贈与事実の証明として贈与税の申告をする
- 例えば、基礎控除110万円を超える金額を贈与して申告を行う。
  （例）年間111万円の贈与をして、贈与税を1,000円納付。
      贈与税　（111万円－基礎控除110万円）×10％（税率）＝1,000円

ニ．その他
- 父親が所得税確定申告で、当該保険による生命保険料控除を受けない

（子供の確定申告等で控除を受ける）。

(3) 経営者保険の活用

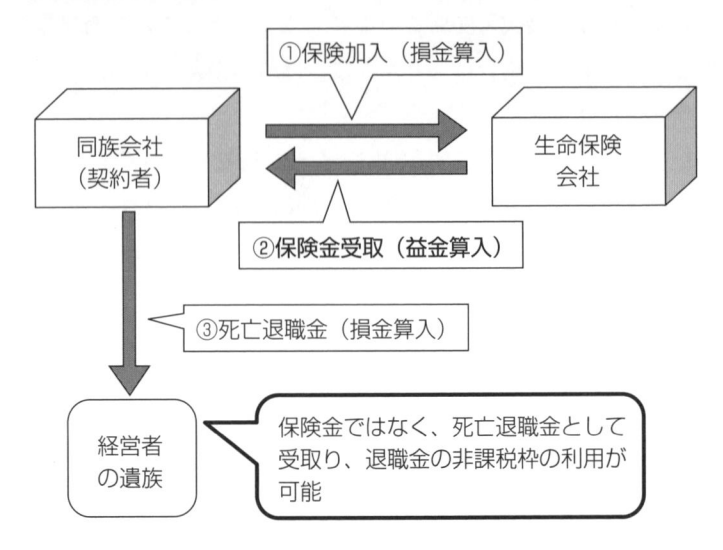

```
                    ①保険加入（損金算入）
   ┌──────────┐  ───────────────→  ┌──────────┐
   │ 同族会社 │                      │ 生命保険 │
   │ (契約者) │  ←───────────────    │   会社   │
   └──────────┘  ②保険金受取（益金算入）└──────────┘
        │
        │ ③死亡退職金（損金算入）
        ↓
   ┌──────────┐
   │ 経営者  │    保険金ではなく、死亡退職金として
   │ の遺族  │    受取り、退職金の非課税枠の利用が
   └──────────┘    可能
```

　同族会社を経営している方であれば、経営者保険を活用して会社の節税を行いながら、相続税の納税資金を準備するとともに、相続税の節税に役立てることが可能となります。

　具体的には、法人において払込保険料が半額・全額損金（経費）になる法人保険を契約し、経営者を被保険者とし、保険料を支払っていきます（同時に法人税の節税効果を享受）。次に、経営者が亡くなった時に会社が保険金を受け取り、それを原資に退職金の非課税枠も有効に活用し、退職金を遺族に支給するという方法です。換言すると、生命保険金を退職金へと転化させることにより相続税の非課税枠をもれなく利用する方法ともいえます。

- 法人が受け取る生命保険金は、退職金の支給を通して非課税枠を活用する。

    生命保険金→法人受取り→死亡退職金を遺族受取り（＝退職金の非課税枠の利用）

- 相続人が受け取る生命保険金は、生命保険金の非課税枠を活用する。

生命保険金→遺族受取り（＝生命保険金の非課税枠の利用）

　退職金には、生命保険とは別に、法定相続人1人当たり500万円の非課税枠がありますので、生命保険金以外にも非課税枠を拡大することが可能となります。例えば、妻と子が3人いるとすると、退職金を2,000万円受け取ったとしても、相続税はかかりません（非課税枠＝法定相続人4人×500万円）。同時に、個人で生命保険を2,000万円加入していた場合、2,000万円非課税なので、合計4,000万円を受け取ったとしても、相続税が課税されないことになります。

4．納税資金対策

　生命保険は、節税策だけではなく納税資金対策としても利用できます。

　相続が発生した場合、「突然多額の相続税を納付しなければならないが、遺産のほとんどは不動産で現預金は少ない」といったケースで、相続税の納付財源をどう確保するか、という局面に遭遇する場合があります。これに対する比較的簡単な手続で有効な対策が生命保険への加入です。

　ただし、納税資金対策としての生命保険の契約については、保険金額の決定方法や受取人の決定方法等も留意する必要があります。保険金額の決定方法としては、万一、相続が発生した場合、どれぐらいの相続税となるのか、この税額計算が必要です。そして、物納や延納、あるいは不動産の売却といった方法を用いてどれぐらいの税額を納付することが適当かを考慮しつつ、生命保険金で納付したい額を設定した上で、契約する保険金額を設定しておくことが必要です。また、受取人の決定方法については、通常、受取人は配偶者になっているケースが多いと考えられます。しかし、配偶者の軽減措置がある関係上、相続の多くの場合、配偶者が多額の相続税を負担するケースはほとんどなく、むしろ、相続税の納付で困るのは子供達であり、受取人を「子」とした保険契約をしておくこともポイントです。

　なお、配偶者である妻が受け取った生命保険金で、子の負担すべき相続税を納めると、妻が子に「贈与」したことになり、贈与税が課税されるこ

とになりますので注意が必要です。

　さらに、死亡保険は受取人の固有の財産ですので、分割協議の如何に関わらず支給されますが、保険会社によっては、他の相続人の確認をとる会社もあるようですので加入の際には確認が必要かもしれません。

第8章　生命保険契約に関する権利

1．評価手順

　評価手順はおおむね以下のようになります。

(1) **評価対象となる保険契約の認識・特定**

　相続財産を評価するためには、まず被相続人が所有していた財産を把握することから始めます。相続人が、被相続人の生前に財産について話してあっておくこと、あるいは遺言書を作成しておいてもらうことが望ましいですが、そのような機会が持てない場合には、さまざまな資料を基に相続財産を把握する必要があります。

- 被相続人が、確定申告を行っている場合には、確定申告書の内容から財産を把握します。また、所得が比較的多く確定申告の際に「財産債務の明細書」を提出している場合には、その内容を参考にします。
- 自宅の金庫あるいは銀行の貸金庫に、保険契約書、生命保険証書などがないかを確認します。
- 被相続人の銀行の預金通帳の入出金の中に、保険料の支払いがないかを確認します。
- 被相続人の日記や手帳などの内容により、保険料の支払記録、生命保険会社への契約などがないかを確認します。また、被相続人が使っていたパソコンにあるデータを確認します。

- 名刺や携帯電話の電話番号登録により、生命保険関係者との関係を把握します。

(2) **資料・情報の収集**

生命保険を評価するためには、以下の資料が必要になります。

準備資料	入手場所	目的
生命保険証書	保険会社（注）	権利関係の把握
その他保険会社からの関係書類等	保険会社（注）	現況の調査
生命保険金等の支払通知書	保険会社（注）	評価額の調査

（注）被相続人の生前に確認しておく必要があります。

(3) **評価方法の検討**

生命保険契約に関する権利とは、相続開始の時においてまだ保険事故が発生していない生命保険契約で、その保険料の全部又は一部を被相続人が負担しており、かつ、被相続人以外の者がその契約者であるもので、この評価は、課税時期においてその契約を解約するとした場合に支払われることとなる解約返戻金の額によります（相法3①三）。

例えば父親が亡くなられた場合、下記の契約パターンの時に生命保険契約に関する権利の評価が必要となります。

　　保険契約者　　：　家族（名義）
　　保険料負担者：　被相続人（父）
　　被保険者　　　：　被相続人（父）以外

具体的な計算方法は以下のとおりです。

$$\boxed{\text{被相続人から保険契約者へのみなし相続財産}} = \boxed{\text{解約返戻金の額}} \times \boxed{\dfrac{\text{被相続人が負担した保険料の額}}{\text{払込保険料の総額}}}$$

2．財産評価実施上の留意事項

解約返戻金とともに剰余金や前納保険料などが支払われることとなる場合には、生命保険契約に関する権利の価額は、解約返戻金と剰余金などの

合計額（源泉徴収されるべき所得税の額がある場合には、その金額を差し引いた金額）により評価します。いわゆる掛け捨てで解約返戻金のないものは評価しません（評基通214）。

$$\boxed{解約返戻金の額} = \boxed{解約返戻金} + \boxed{剰余金} + \boxed{前納保険料} - \boxed{源泉所得税相当額}$$

　生命保険契約に関する権利の評価は、解約返戻金の額とされるため、被相続人が負担した保険料や前納保険料がない限り、特に複雑な計算を要しないため、計算例の記載は省略します。

3．節税手法

　生命保険契約に関する権利の評価については、平成15年の税制改正により平成18年４月１日以降に相続または遺贈により取得した生命保険契約に関する権利については、解約返戻金の額によって評価することとされましたので、積極的に節税を行うことは困難となっています。

　しかし、健康上の理由や年齢の関係で夫が生命保険に加入できないときに、生命保険契約に関する権利の相続を利用することが考えられます。

　まず、契約者を夫、被保険者を妻、受取人を夫にした保険に加入します。そして、夫が死亡したときに、契約者を妻、受取人を子に変更し、妻が「生命保険契約に関する権利」を相続します。この契約は、被保険者が妻なので夫が死亡したときに保険金はおりません。その代わりに、「生命保険契約に関する権利」という相続財産に対して相続税がかかります。

　保険商品によっては、相続が始まった時点での解約返戻金が、払込保険料の合計額（夫から相続するはずだった現金）よりも少ない場合があるため、現金で持っている場合より評価額は低くなり、その評価額減額分について節税効果が望めます。

第9章 定期金に関する権利

1. 評価手順

(1) 評価対象となる定期金の認識・特定

　相続財産を評価するためには、まず被相続人が所有していた財産を把握することから始めます。相続人が、被相続人の生前に財産について話してあっておくこと、あるいは遺言書を作成しておいてもらうことが望ましいですが、そのような機会が持てない場合には、さまざまな資料を基に相続財産を把握する必要があります。

- 被相続人が、確定申告を行っている場合には、確定申告書の内容から財産を把握します。また、所得が比較的多く確定申告の際に「財産債務の明細書」を提出している場合には、その内容を参考にします。
- 自宅の金庫あるいは銀行の貸金庫に、保険契約書、生命保険証書などがないかを確認します。
- 被相続人の銀行の預金通帳の入出金の中に、保険料の支払いがないかを確認します。
- 被相続人の日記や手帳などの内容により、保険料の支払記録、生命保険会社への契約などがないかを確認します。また、被相続人が使っていたパソコンにあるデータを確認します。
- 名刺や携帯電話の電話番号登録により、生命保険関係者との関係を把握します。

(2) 資料・情報の収集

　定期金を評価するためには、以下の資料が必要になります。

準備資料	入手場所	目的
生命保険証書	保険会社（注）	権利関係の把握、評価額の調査
解約返戻金・一時金の分かる資料	保険会社（注）	評価額の調査

（注）被相続人の生前に確認しておく必要があります。

(3) 評価方法の検討

　定期金に関する権利とは、契約（定期金給付契約）により、ある期間定期的に金銭その他の給付を受けることを目的とする債権をいいます（相法3①四）。相続税法では、定期金給付契約でその権利を取得した時において、定期金給付事由が発生しているものと、定期金給付契約（生命保険契約を除きます。）でその権利を取得した時において、定期金給付事由が発生していないものについて、それぞれ評価方法を定めています。個人年金保険などの年金形式で受け取る生命保険契約や損害保険契約に係る保険金はこの評価方法により計算した金額で評価が行われます。

　この定期金の評価方法については、昭和25年当時の金利水準や平均寿命を勘案して定められていましたが、これまで改正が行われなかったために、現在の水準とは大きく乖離し、評価額が実情に即していない状況にあり、平成22年度の税制改正により変更されています。

① 定期金給付事由が発生しているもの

　定期金給付事由が発生している定期金に関する権利については、解約返戻金の金額、定期金に代えて一時金の給付を受けることが出来る場合には、一時金の金額又は、給付を受けるべき金額の1年当たりの平均額を基に一定の方法で計算した金額のうち、いずれか多い金額により評価することとされています。

　具体的な評価方法は以下のとおりです。

イ．有期定期金（次のうちいずれか多い金額）

　　a．解約返戻金の金額

　　b．定期金に代えて一時金の給付を受けることができる場合は当該一時金の金額

c． $\boxed{一時金の金額} = \boxed{給付を受けるべき金額の1年当たりの平均額（注）} \times \boxed{残存期間に応ずる予定利率による複利年金現価率}$

（注） 給付期間に受ける金額の合計額÷給付期間の年数（1年未満切上げ）

ロ．無期定期金
　a．解約返戻金の金額
　b．定期金に代えて一時金の給付を受けることができる場合は当該一時金の金額
　c．給付を受けるべき金額の1年当たりの平均額÷予定利率

ハ．終身定期金
　a．解約返戻金の金額
　b．定期金に代えて一時金の給付を受けることができる場合は当該一時金の金額

c． $\boxed{一時金の金額} = \boxed{給付を受けるべき金額の1年当たりの平均額} \times \boxed{終身定期金に係る定期金給付契約の目的とされた者の平均余命に応ずる予定利率による複利年金現価率}$

　ここで、複利年金現価率とは、毎期末に一定金額を受け取れる年金の現在価値を求める際に用いられる率をいいます。

　また、平均余命とは、厚生労働省が男女別、年齢別に作成する「完全生命表」に掲載されている「平均余命」によります。この際、1年未満の端数は切り捨てます（相令5の7、相規12の3）。

ニ．期間付終身年金

　権利者に対して一定期間、かつ、その権利者の生存期間中定期金を給付するものについては、有期定期金（上記イ）として算出した金額と終身定期金（上記ハ）として算出した金額のいずれか少ない金額となります（相法24③）。

ホ．保証期間付終身年金

権利者に対して権利者の生存期間中定期金を給付し、かつ、その権利者が死亡した場合には、その遺族等に対して継続して定期金を給付するものについては、有期定期金（上記イ）として算出した金額と終身定期金（上記ハ）として算出した金額のいずれか多い金額となります（相法24④）。

② 定期金給付事由が発生していないもの

相続開始の時において、まだ定期金給付事由が発生していないケース

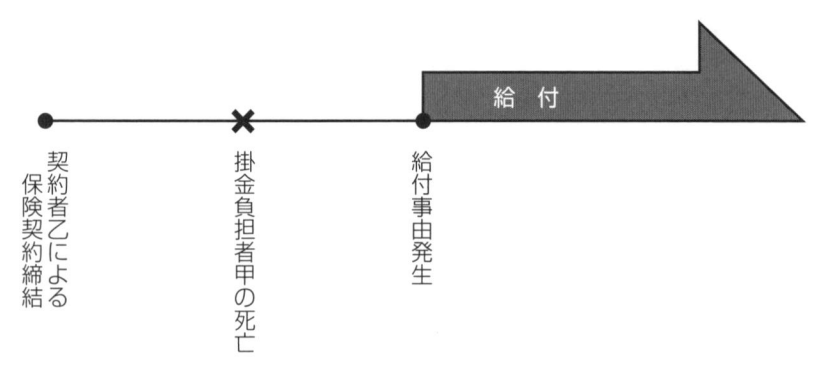

```
契約者乙による          掛金負担者甲         給付事由
保険契約締結            の死亡              発生
   ●──────────×──────────●══════ 給 付 ══════▶
```

定期金給付事由が発生していない定期金に関する権利（生命保険契約を除きます。）については、原則として解約返戻金の金額により評価することとされています。

ⅰ）解約返戻金を支払う旨の定めのあるもの：解約返戻金の金額
ⅱ）解約返戻金を支払う旨の定めのないもの

　・掛金（保険料）が一時払いの場合

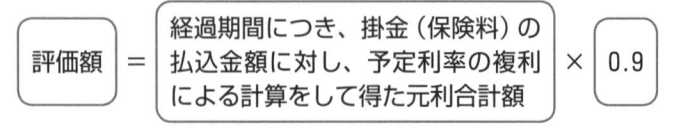

　　評価額 ＝ 経過期間につき、掛金（保険料）の払込金額に対し、予定利率の複利による計算をして得た元利合計額 × 0.9

　・掛金（保険料）が一時払い以外の場合

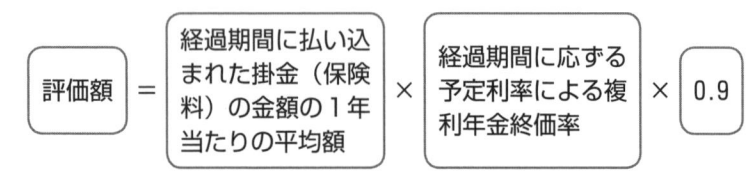

　　評価額 ＝ 経過期間に払い込まれた掛金（保険料）の金額の1年当たりの平均額 × 経過期間に応ずる予定利率による複利年金終価率 × 0.9

ここで、複利年金終価率とは、毎期末に預託された一定金額を一定期間運用した場合に受け取ることができる金額の総額を求める際に用いられる率をいいます。

2．財産評価実施上の留意事項

　平成22年の税制改正による評価方法の適用関係は以下のとおりです。

　次の場合には、「定期金に関する権利の評価明細書（平成22年度改正法適用分）」を相続税等の申告書に添付する必要があります。

(1) **定期金の給付事由が発生しているもの**

① 平成23年4月1日以後の相続若しくは遺贈又は贈与により取得したもの

② 平成22年4月1日から平成23年3月31日までの間に締結された定期金給付契約に関する権利（確定給付企業年金など一定のものを除きます。）で、平成23年3月31日までの間に遺贈又は贈与により取得したもの

(2) **定期金の給付事由が発生していないもの**

① 平成22年4月1日以後の遺贈又は贈与により取得したもの

　また、以下に掲げる事項以外の変更については、軽微な変更として取り扱われる旨が記載されています（平22改相規附則2）。したがって、以下の事項に該当する場合は、新たな契約と見做されるため、契約の見直しには留意が必要です。

- 解約返戻金の金額、定期金に代えて一時金の給付を受けることができる契約に係る当該一時金の金額、給付を受けるべき期間又は金額、予定利率等、契約に関する権利の価額の計算の基礎に影響を及ぼす変更
- 契約者又は定期金受取人の変更
- 当該契約に関する権利を取得する時期の変更及びこの変更に類する変更

　なお、法改正後の定期金に関する権利の評価については、国税庁ホームページ「定期金に関する権利の自動計算」画面で計算することができます。

●評価事例

定期金給付事由が発生している定期金に関する権利の評価について計算例を示します。

イ．有期定期金

1年当たり200万円の給付を5年間受ける権利（予定利率1.5％）を取得した場合

- 解約返戻金の金額　953万円
- 一時金の金額　958万円
- 予定利率による金額　200万円×4.783（予定利率1.5％の5年の複利年金現価率）＝956.6万円

上記のうち、いずれか多い金額が評価金額となるため、958万円で評価が行われることとなります。

ロ．終身定期金

60歳男性が終身年金として1年当たり120万円の給付を受ける権利（予定利率1.5％）を取得した場合

- 解約返戻金の金額　2,241万円
- 一時金の金額　2,245万円
- 予定利率による金額　120万円×18.621（予定利率1.5％の平均余命22年の複利年金現価率）＝2,234万円

上記のうち、いずれか多い金額が評価金額となるため、2,245万円で評価が行われることとなります。

第10章 保証期間付定期金に関する権利

(1) 財産評価のための準備資料

定期金を評価するためには、以下の資料が必要になります。

準備資料	入手場所	目的
個人年金保険に関する関係書類	保険会社（注）	権利関係の把握
一時金の分かる資料	保険会社（注）	評価額の調査

（注）被相続人の生前に確認しておく必要があります。

(2) 評価方法手法

定期金給付契約で定期金受取人に対しその生存中定期金を給付し、かつ、その受取人が死亡したときはその死亡後も遺族その他の人に対して定期金又は一時金を給付するものに関する権利をいいます（相法3①五）。

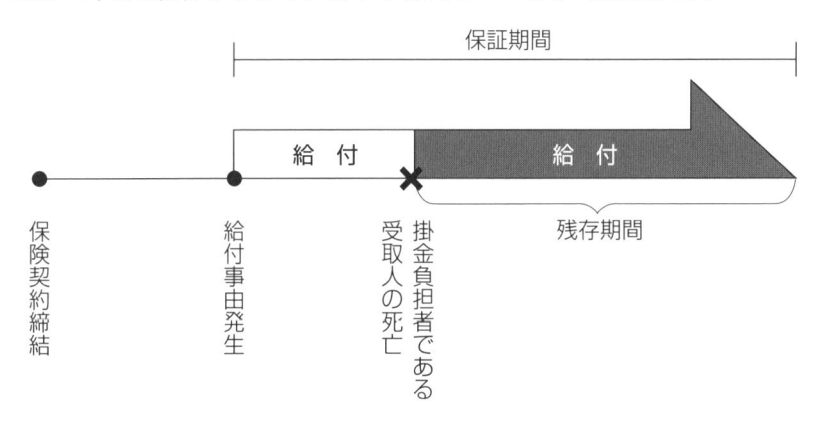

保証期間付定期金に関する権利の評価については、一時金又は定期金の評価額に被相続人が負担した保険料等の割合を乗じて計算します（相法3①五、24④）。

① 一時金の場合

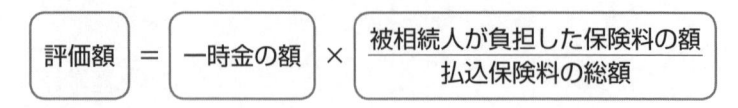

$$評価額 = 一時金の額 \times \frac{被相続人が負担した保険料の額}{払込保険料の総額}$$

② 定期金の場合

$$\left.\begin{array}{l}有期定期金としての評価額\\ 終身定期金としての評価額\end{array}\right\} いずれか多い金額 \times \frac{被相続人が負担した保険料の額}{払込保険料の総額}$$

(3) 評価のポイント

　被相続人の死亡により受ける定期金（定期金に係る一時金を含みます。）に関する権利で、契約に基づかないもの（恩給法の規定による扶助料に関する権利を除きます。）の権利を取得した場合、定期金に関する権利を取得した者のみなし相続財産となります（相法3①六）。

　契約に基づかない定期金に関する権利は、死亡時に被相続人の財産を形成しません。しかし、受取人が亡くなった場合はその相続人などの継続受取人が定期金の受給権を引き継ぎ、定期金が支払われることを考慮し、経済的価値に着目して相続税の課税対象とされています。

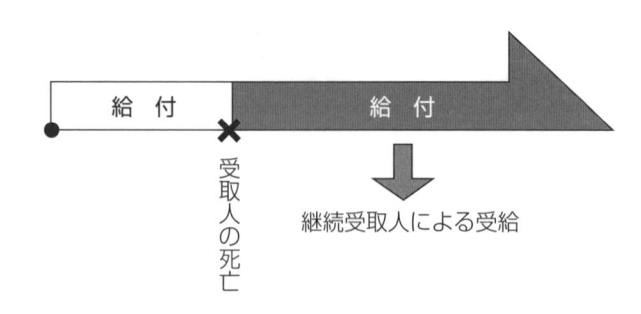

給付　　給付
×
受取人の死亡
↓
継続受取人による受給

　契約に基づかない定期金に関する権利は、次のようなものがありますが、実際に相続税が課税されるのは①の退職年金契約に基づき継続受取人に支払われる退職年金の受給権のみで、他の権利は他の法律にそれぞれ非課税規定が設けられています（相基通3-46）。

①	退職年金契約に基づき継続受取人に支払われる退職年金の受給権	課税
②	国家公務員共済組合法の規定による遺族年金	非課税
③	地方公務員等共済組合法の規定による遺族年金	
④	船員保険法の規定による遺族年金	
⑤	厚生年金保険法の規定による遺族年金	

なお、被相続人の死亡を起因として退職手当金等が定期金で支給された場合は、契約に基づかない定期金に関する権利に該当しないため、退職手当金等として課税されます（相基通3-47）。

第11章 退職金

1．評価手順

(1) **評価対象となる退職金の認識・特定**

相続財産を評価するためには、まず被相続人が所有していた財産を把握することから始めます。相続人が、被相続人の生前に財産について話してあっておくこと、あるいは遺言書を作成しておいてもらうことが望ましいですが、そのような機会が持てない場合には、さまざまな資料を基に相続財産を把握する必要があります。

- 被相続人の銀行の預金通帳の入金の中に、退職金の入金がないかを確認します。
- 被相続人の勤めていた会社に対して、退職金の有無を確認します。

(2) **資料・情報の収集**

退職金を評価するためには、以下の資料が必要になります。

準備資料	入手場所	目的
退職金の支払調書	会社	評価額の調査
退職金の受取口座通帳	—	評価額の調査

(3) 評価方法の検討

　被相続人の死亡により相続人等が支給を受けた「退職手当金、功労金その他これらに準ずる給与」（相法3①二）及び一定の給付（相令1の3）は、みなし相続財産として相続税が課税されます。

　みなし相続財産とされる退職手当金等は、その名目如何にかかわらず、実質上被相続人の生前の職務に対して退職手当金等として支給される金品で被相続人の死亡後3年以内に支給の確定したものをいい、現物退職給与も含まれます（相法3①二、相令1の3、相基通3-18、3-24）。

　なお、3年経過後に支給が確定したものは、相続人の一時所得となり、所得税が課税されます（所基通9-17、34-2）。

　みなし相続財産としての退職手当金等はその支給が被相続人の死亡前に確定しなかったもので、被相続人の死亡後3年以内に支給金額が確定した当該金額により評価します。

　また、被相続人の死亡前に支給金額が確定している場合は、その金額は本来の相続財産に該当することになり、みなし相続財産としての退職手当金等には該当しない点、注意が必要です。

　また、相続人が受取った退職手当金等はその金額の全額が相続税の対象となるわけではありません。すべての相続人が受け取った退職手当金等を合計した額が、非課税限度額以下のときは課税されません。非課税限度額は次の式により計算した額です。

$$\boxed{非課税限度額} = \boxed{500万円} \times \boxed{法定相続人の数}$$

（注） ⅰ）法定相続人の数は、相続の放棄をした人がいても、その放棄がなかったものとした場合の相続人の数をいいます。
　　　ⅱ）法定相続人の中に養子がいる場合の法定相続人の数は、次のとおりとなります。
　　　　・被相続人に実子がいる場合は、養子のうち1人を法定相続人に含めます。

- 被相続人に実子がいない場合は、養子のうち2人を法定相続人に含めます。
なお、相続人以外の人が取得した退職手当金等には、非課税の適用はありません。

相続人が受取った退職手当金等のうち課税される退職手当金等の金額について、次の算式により計算します。

その相続人の課税された退職手当金等の金額 ＝ その相続人が受け取った退職手当金等の金額 － 非課税限度額 × その相続人が受け取った退職手当金等の金額 / すべての相続人が受け取った退職手当金等の合計額

計算事例

被相続人の死亡によって退職手当金等を次のとおり受け取った場合（法定相続人は配偶者、長男、長女の3名であり、そのうち長女は相続の放棄をしている場合）

退職手当金等の受取人	金額
A　配偶者	2,000万円
B　長男	1,000万円
C　長女（相続を放棄）	500万円
（合計）	3,500万円

・非課税限度額の計算

非課税限度額 ＝ 3人（法定相続人の数）＝ 1,500万円

※Cは相続を放棄していますが、非課税限度額算定の場合の法定相続人の数には算入します。ただし、相続を放棄した当事者は非課税規定の適用はありません。

・各人の非課税額の計算

A	1,500万円	×	$\dfrac{2,000万円}{2,000万円 + 1,000万円}$	＝	1,000万円
B	1,500万円	×	$\dfrac{1,000万円}{2,000万円 + 1,000万円}$	＝	500万円
C	相続を放棄していますから、非課税金額はありません。					

- 各人の課税価額に算入される退職手当金等の額

A	2,000万円 － 1,000万円 ＝ 1,000万円
B	1,000万円 －　 500万円 ＝　 500万円
C	500万円 －　　 0万円 ＝　 500万円

2．財産評価実施上の留意事項

(1) 退職手当金等の判定

　退職手当金等については、相続税法上の定義は定められていないので、実質上退職手当金等に該当するかどうかは、社会通念により判断することになります。

　退職手当金等に該当するかどうかの判定は次のように取り扱われています（相基通3-19）。

　　ⅰ）その金品が退職給与規定その他これに準ずるものの定めに基づいて支給される場合はその定めによる。

　　ⅱ）その他の場合は、被相続人の生前の地位、功労等を考慮し、その被相続人の雇用主等が営む事業と類似の事業におけるその被相続人と同様な地位にある者が受け又は受け取ると認められる額等を勘案して判断する。

【死亡後に確定した給与、賞与】

　被相続人に支給されるべきであった給与や賞与が被相続人の死亡した後に確定した場合には、その給与又は賞与は本来の相続財産として相続税の対象となります。したがって、この給与や賞与等の金額は、相続人等の所得とはならず、また、被相続人の死亡による退職手当金等にも該当しないことになります（相基通達3-32）。

　支給期の到来していない俸給、給料やその者の死亡後に確定した給与のベース・アップの差額等も同様に、本来の相続財産となります（相基通3-33）。

　死亡した者に係る給与や賞与等で、その死亡後支給期の到来するものの

うち相続税法の規定により相続税の課税価格の基礎に算入されるものについては、被相続人に係る給与所得としての所得税は課税されません（所基通9-17）。

例えば、退職した使用人の死亡後に行われたベース・アップによる給与等や退職手当等の改定差額、退職した役員の死亡後に行われた支給決議による役員賞与等死亡した者の給与等又は退職手当等で、その死亡後に支給期の到来するものについては、死亡した者の給与等、公的年金等又は退職手当等の所得とはせず、所得税を課税しないこととされています。

（支給金額の確定時期）	死亡前	死亡後3年以内
死亡退職金	本来の相続財産	退職手当金等
被相続人に対する賞与、給与		

（被相続人の死亡）

(2) 退職手当金等を年金その他の定期金によって取得した場合

退職手当金等を一時金として支給される場合には、相続税の課税価格の計算の基礎に算入される価格はその支給金額ですが（相法3①二）、退職手当金等を年金として支給される場合は、一時金の支給と同様に扱うのは妥当でないので、これを定期金に関する権利の評価により評価した額を相続税の課税価格の計算の基礎に算入される退職手当金等とすることとなっています（相基通24-3）。

なお、この退職手当金等には、次に掲げる年金又は一時金に関する権利（これに類するものを含む）が含まれます（相令1の3）。

ⅰ）確定給付企業年金法第3条第1項に規定する確定給付企業年金に係る規約に基づいて支給を受ける年金又は一時金（同法第115条第1項に規定する年金たる給付又は一時金たる給付を含む。）

ⅱ）確定給付企業年金法第91条の2第3項、第91条の3第3項、第91条の4第3項又は第91条の5第5項の規定により企業年金連合会から支給を受ける一時金

ⅲ）確定拠出年金法第4条第3項に規定する企業型年金規約又は同法第56条第3項に規定する個人型年金規定に基づいて支給を受ける一時金

　ⅳ）法人税法附則第20条第3項に規定する適格退職年金契約その他退職給付金に関する信託又は生命保険の契約に基づいて支給を受ける年金又は一時金

　ⅴ）独立行政法人勤労者退職金共済機構若しくは所得税法施行令第73条第1項に規定する特定退職金共済団体が行う退職金共済に関する制度に係る契約その他同項第1号に規定する退職金共済契約又はこれらに類する契約に基づいて支給を受ける年金又は一時金

　ⅵ）独立行政法人中小企業基盤整備機構の締結した小規模企業共済法第2条第2項に規定する共済契約（小規模企業共済第2条第1項第3号ホを除く。）に基づいて支給を受ける一時金

　ⅶ）独立行政法人福祉医療機構の締結した社会福祉施設職員等退職手当共済法第2条第9項に規定する共済契約に基づいて支給を受ける一時金

(3) 同族会社における役員退職金の適正額

　役員退職金は、退職までの職務執行に対する報酬の後払い的性格や功労に対する支払いであると考えられますので、法人税法上は原則として損金に算入されますが、役員退職金のうち不相当に高額な部分の金額は損金に算入されません。不相当に高額か否かの判定は、①その法人の業務に従事した期間、②その退職の事情、③その法人と同種の事業を営む法人で事業規模が類似するものの役員退職給与の支給状況、④その他の要素を基にした実質基準により判定します。

　実務上、役員に対する退職金については、退職時の適正役員報酬月額に勤続年数を乗じて算出した金額に功績倍率を加味した金額が一応の目安になるとされています。この算定方式は「功績倍率方式」といわれています。功績倍率は法令等で定められたものではありませんので、役員の功績に応じて決めることになります。

| 退職時の適正役員報酬月額 | × | 勤続年数 | × | 功績倍率 |

3．節税手法

(1) オーナー会社の場合

　退職金や弔慰金の支払いをした法人は、それが不相当に高額でない限りはそのまま会社の経費となります。したがって、上手に活用することで法人側の節税をすることも可能です。しかしながら、退職金の支給原資があればよいのですが、会社資金が潤沢でない場合も考えられます。その場合には、例えば法人で生命保険契約を締結して退職金の支払いに備えておくことが考えられます。会社が相続開始後スムーズに死亡退職金を支給するためには、事前に支給する退職金の財源を確保しておく必要があります。

　相続発生に際して、一時に多額の資金支出をすることは、会社にとっても資金繰りの面で問題が発生することがあります。

　このため、会社の本業の資金と分けるために、会社が役員の死亡に備えて被保険者を役員、保険金受取人を会社として生命保険に加入しておきます。相続が発生すれば、会社は受け取る生命保険金を原資として、役員退職金を遺族に支払います。

　このような方法により生命保険で死亡退職金の財源を確保しておくことにより、会社の資金繰りには関係させなくてすみます。相続人のみならず、会社も生命保険に加入しておくことは極めて重要な相続対策と考えられます。

(2) 非課税となる弔慰金の利用

　弔慰金は、相続税を課税されませんので弔慰金を節税対策として利用することができます。

　ただし、実質的に退職手当金等に該当するものに関してはみなし相続財産として相続税が課税されます。また、退職手当金等に該当しなくても、社会通念上相当と認められない部分に関しては、所得税、贈与税が課税されます。

もっともこのような実質判断には困難が伴うため、弔慰金等のうち、次の①②に掲げる金額を超える部分の金額を、退職手当金等をして取り扱うものとしていますので、この枠内であれば相続税は課税されません（相基通3-20）。

> ① 被相続人の死亡が業務上の死亡であるとき
> → 被相続人の死亡当時の賞与以外の普通給与の3年分に相当する金額
> ② 被相続人の死亡が業務上の死亡でないとき
> → 被相続人の死亡当時における賞与以外の普通給与の半年分に相当する金額

(注) 普通給与とは、俸給、給料、賃金、扶養手当、勤務地手当、特殊勤務地手当等の合計額で現物により支給されるものも含みます（相基通3-24）。
　「業務」とは遂行すべきものとして割り当てられた仕事をいい、「業務上の死亡」とは、直接業務に起因する死亡又は業務と相当因果関係があると認められる死亡をいいます（相基通3-22）。

【業務上の死亡の判断基準】

業務上の死亡の判断基準について、上記の非課税となる弔慰金において通達では、業務上の死亡に該当するか否かについては、業務遂行性と業務起因性の観点から判断するとされていますが、この判定基準は、労働法の分野における労働者の災害補償の場合と同じ基準であるとされています。

すなわち、労働法の分野における判例および行政解釈では、何が業務上の死亡であるかどうかの判断は、その死亡が労働者の業務遂行中に生じたものであり（業務遂行性）、かつ、死亡と業務との間に相当因果関係があること（業務起因性）により行うこととされています。

相続税の取扱いにおいても、業務上の死亡についての具体的な認定に当たっては、労働者の災害補償に関連して示されている労働省労働基準局の行政上の先例に準拠して取り扱うこととされています。例えば、次のような場合には業務上の死亡に該当することになります。

① 自己の業務遂行中に発生した事故により死亡した場合
② 自己の担当外の業務であっても、雇用主の営む業務の遂行中の事故

により死亡した場合
③ 出張中又は赴任途上において発生した事故により死亡した場合
④ 自己の従事する業務により職業病を誘発して死亡した場合
⑤ 作業の中断中の事故であっても、業務遂行に附随する行為中の事故によって死亡した場合

なお、業務上の死亡であるかどうかを判断する場合には、何が原因で死亡に至ったかが重要であって、どこで死亡したかは何が原因で死亡したかの一部分に含まれることであり判断の要因とはならない点、注意が必要です。

第12章 ゴルフ会員権

1. 財産評価のための準備資料

準備資料	入手場所	目的
会員権証書・預り証	（注）	権利関係の把握 評価額の調査
ゴルフ会員権相場情報	ゴルフ会員権取引業者	評価額の調査

(注) 被相続人の生前に確認しておく必要があります。

2. 財産評価方法

ゴルフ会員権の価額は、次に掲げる区分に従い、それぞれ次に掲げるところにより評価します。

なお、株式の所有を必要とせず、かつ、譲渡できないゴルフ会員権で、返還を受けることができる預託金等（以下「預託金等」といいます。）がなく、ゴルフ場施設を利用して、単にプレーができるだけのものについて

は評価しません（平11課評2-2外追加、平11課評2-12外改正）。
(1) 取引相場のある会員権
　課税時期における通常の取引価格の70％に相当する金額によって評価します。

　この場合において、取引価格に含まれない預託金等があるときは、次に掲げる金額との合計額によって評価します。
① 課税時期において直ちに返還を受けることができる預託金等
　ゴルフクラブの規約等に基づいて課税期間において返還を受けることができる金額
② 課税時期から一定の期間を経過した後に返還を受けることができる預託金等
　ゴルフクラブの規約等に基づいて返還を受けることができる金額の課税時期から返還を受けることができる日までの期間（その期間が１年未満であるとき又はその期間に１年未満の端数があるときは、これを１年とする。）に応ずる基準年金利率による複利現価の額
(2) 取引相場のない会員権
① 株主でなければゴルフクラブの会員（以下「会員」といいます。）となれない会員権
　その会員権に係る株式について、財産評価基本通達の定めにより評価した課税時期における株式としての価額に相当する金額によって評価します。
② 株主であり、かつ、預託金等を預託しなければ会員となれない会員権
　その会員権について、株式と預託金等に区分し、それぞれ次に掲げる金額の合計額によって評価します。
　・株式の評価
　　①に掲げた方法を適用して計算した金額
　・預託金等
　　(1)の①又は②に掲げた方法を適用して計算した金額
③ 預託金等を預託しなければ会員となれない会員権
　　(1)の①又は②に掲げた方法を適用して計算した金額

3．評価のポイント

(1) 追加預託金の支払いがある場合

　ゴルフ会員権の形態として、取得（募集による取得を除きます。）した場合に、名義変更時に名義変更料のほかにゴルフ場運営会社に追加の預託金を支払うことがあります。この追加の預託金には、①ゴルフ会員権を取得し名義変更の都度、新名義人が追加の預託金を支払い、譲渡又は退会の際に返還を受けるものと、②ある時点の取得者が名義変更時に追加の預託金を支払うことにより、当初の預託金と一体になるものとがあります。

　①のゴルフ会員権を売却した場合には、募集時の入会預託金債権のみが取引対象として流通し、名義変更預託金債権は取引債権として流通せず、別途ゴルフ場経営会社から返還を受けることになります。この名義変更預託金は、課税時期において既に措置期限が到来しているものであれば、現在価値は預託金の金額と同額となり、この場合の評価額が次の通りとなります。

　課税時期の通常の取引価額の70％に相当する額 ＋ 追加預託金の金額

　②のゴルフ会員権は、当初の入会預託金債権と追加入会預託金債権とが一体となって取引対象として流通し、新しい取引価格が形成されることになるので、課税時期の通常の取引価格の70％に相当する金額により評価することになります。

(2) ゴルフ会員権が分割されている場合

　通常、分割されたゴルフ会員権については、分割後の取引相場（通常の取引価格）を確認し、その70％に相当する金額によって1口ごとに評価することになります。

　ただ、預託金の当初の約定の措置期間を延長することの代替措置の一つの形態として、ゴルフ会員権が分割されている場合がありますが、会員の了承を取り付けてすべての分割手続きが完了するまでには時間を要することもありますので、そのような場合には、従前の1口に相当する価格と新

しく分割された後の1口に相当する価格の2通りの価格が形成されることがあります。

一般にゴルフ会員権取引業者が店頭又は新聞にて公表する取引相場は、従前の1口に相当する相場と新しく分割された後の1口に相当する相場とのいずれかが公表されることになると考えられますので、確認の上評価する必要があります。

なお、取引相場がない場合には、分割後のそれぞれの会員権について、分割後の預託金の額を基に評価することになります。

4．節税手法

(1) 生前における売却の検討

ゴルフ場の経営は厳しい状況にあり、新聞にも時々民事再生法等を申請する会社もみかけます。したがって、取引相場のないゴルフ会員権を預託金方式で購入している場合に、預託金が契約通り返還されるかどうか不明です。返還されない場合には、相続財産として高い評価をしたにもかかわらず、実際の返還額が大幅に減ることもありえます。したがって、節税対策としては、危ないという評判があるようなゴルフ場であるならば、生前に売却することが考えられます。

(2) 評価の方法

取引相場のあるゴルフ会員権ですが、取引相場あるとはいっても取引業者によっては、取引金額がことになることもよくあります。この場合には、客観的に3社ほどの呈示した価格を平均する方法が用いられています。この場合、できるだけ価格の低い取引業者を選択することも一つの方法です。

第13章 施設会員権（リゾート会員権）

1. 財産評価のための準備資料

準備資料	入手場所	目的
会員権証書・預り証	（注）	権利関係の把握 評価額の調査
リゾート会員権相場情報	リゾート会員権取引業者	評価額の調査

（注）被相続人の生前に確認しておく必要があります。

2. 財産評価方法

　リゾート会員権は、取引市場がない場合にはおもに会員権が売却されるときに返還される預託金で評価されます。

　不動産売買契約（土地及び建物並びに付属施設の共用部分）と施設相互利用契約とが一体として取引される不動産付施設利用権（仲介業者等による取引相場があるもの）の場合には下記のように評価します。

> （前提条件）
> - 当該リゾート会員権は、不動産売買契約（土地及び建物並びに付属施設の共有部分）と施設相互利用契約をその内容としています。
> - 不動産所有権と施設利用権を分離して譲渡することはできません。
> - 課税時期において契約解除する場合には清算金（不動産代金の$\frac{1}{2}$＋償却後の償却補償金）の返還があります。

　取引相場がある本件リゾート会員権については、「取引相場のあるゴルフ会員権の評価方法」に準じて、課税時期における通常の取引価格の70％相当額により評価します。

リゾート会員権の取引は、ゴルフ会員権の取引と同様、上場株式のように公開された市場で行われるわけではなく、①会員権取引業者が仲介して行われる場合や所有権と取得者が直接取引する場合もあり、取引の態様は一様ではないこと②取引業者の仲介の場合の価格形成も業者ごとによりバラツキが生じるのが通常であることから、その取引価額を基礎として評価するにしても、評価上の安全性を考慮して評価する必要があります。ゴルフ会員権の場合に、通常の取引価格の70％相当額により評価することとしているのは、上記①及び②の事情を踏まえて評価上の安全性を考慮したものであり、本件リゾート会員権の取引も同様の事情にあると認められるため、課税時期における通常の取引価額の70％相当額により評価します。

なお、取引相場がある場合においても、契約者の死亡により直ちに契約を解除することは可能であることから、「契約解除する場合の清算金」に基づき評価する方法も考えられますが、会員権に取引価額がある場合には、清算金の価額も結果的に、取引価額に反映されると考えられることから、特段の事情がない限り「取引相場のあるゴルフ会員権の評価方法」に準じて通常の取引価格の70％相当額により評価します。

3．節税手法

リゾート会員権も、ゴルフ場と同様、取引相場がある場合と取引相場のない場合があります。取引相場のない場合には返還される預託金で評価することになりますが、運営会社によっては、預託金が返還されないこともあります。この場合には、生前に売却することを選択することも節税対策になります。また、取引相場のある場合には、取引業者の取引価格で評価することになりますが、可能な限り低い価格の取引業者を選択することも節税対策の一つです。

第14章 貸付金債権等

　貸付金債権等とは、貸付金、売掛金、未収入金、預貯金以外の預け金、仮払金、その他これらに類するもので（評基通204）、その評価に当たり留意することは次のとおりです。

1．財産評価のための準備資料

準備資料	入手場所	目的
決算書・確定申告書	（注）	権利関係の把握 評価額の調査
借用書・金銭消費貸借契約書	（注）	権利関係の把握 評価額の調査

（注）被相続人の生前に確認しておく必要があります。

2．財産評価方法

　貸付金債権等は、返済されるべき元本の価額と課税時期現在の既経過利息として支払を受けるべき金額により評価します（評基通204）。

3．評価のポイント

(1) 利息について

　貸付金債権等の利息は、収入すべき期限の到来により貸付金債権等に含めるか未収法定果実として評価するか取扱いが異なります。

　例として、利払日が3月31日の貸付金で4月20日に相続が発生した場合、3月31日までの利息分を受け取っていなければ、その利息は未収法定果実として評価し、4月1日から4月20日までの利息は、貸付金の一部として評価します。

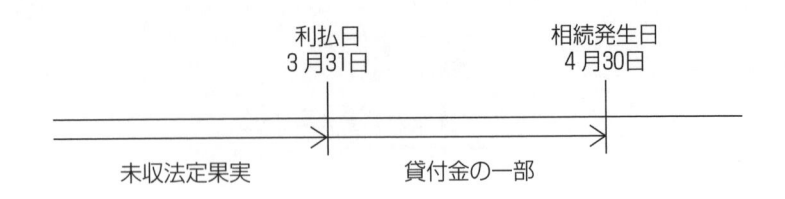

```
        利払日              相続発生日
       3月31日              4月30日
─────────┼─────────────────────┼─────
    未収法定果実        貸付金の一部
```

(2) 回収不能額について

　貸付金債権等のうち、回収不能又は回収が著しく困難であると見込まれる場合の一定金額は評価しないことになります。

　回収不能等の金額に該当するか否かは慎重に判断する必要があり、下記の場合が該当します（評基通205）。

① 債務者に法定整理手続等の開始がある場合

　債務者について次に掲げる事実が発生している場合、その債務者に対して所有する貸付金債権等の金額（その金額のうち、質権及び抵当権によって担保されている部分の金額は除きます。）

イ．手形交換所（これに準ずる機関を含む。）において取引停止処分を受けたとき

ロ．会社更生手続の開始の決定があったとき

ハ．民事再生法（平成11年法律第225号）の規定による再生手続開始の決定があったとき

ニ．会社の整理開始命令があったとき

ホ．特別清算の開始命令があったとき

ヘ．破産の宣告があったとき

ト．業況不振のため又はその営む事業について重大な損失を受けたため、その事業を廃止し又は6か月以上休業しているとき

② 債権者集会の協議による場合

　再生計画認可の決定、整理計画の決定、更生計画の決定又は法律の定める整理手続によらないいわゆる債権者集会の協議により、債権の切捨て、棚上げ、年賦償還等の決定があった場合において、これらの決定のあった日現在におけるその債務者に対して有する債権のうち、その決定により切

り捨てられる部分の債権の金額及び次に掲げる金額
イ．弁済までの据置期間が決定後5年を超える場合におけるその債権の金額
ロ．年賦償還等の決定により割賦弁済されることとなった債権の金額のうち、課税時期後5年を経過した日後に弁済されることとなる部分の金額
ハ．当事者間の契約により債権の切捨て、棚上げ、年賦償還等が行われた場合において、それが金融機関のあっせんに基づくものであるなど真正に成立したものと認めるものであるときにおけるその債権の金額のうち(2)に掲げる金額に準ずる金額

4．節税手法

　貸付金債権は、同族会社がオーナー経営者から資金繰りのために私財の資金を貸し付けることによって、発生こともしばしばあります。

　この資金は、オーナー経営者から見ると評価会社に対する貸付金となり相続財産となります。しかし、これが返済できれば問題はないのですが、返済できない場合には、相続財産にはなりますが、現金化できないということも考えられます。そこで、債務免除して相続財産から外すということも相続対策の一つになります。

　この場合、会社には受贈益が発生しますが、資金繰りが悪化している会社は、繰越欠損金がある場合が多く、繰越欠損金の金額より少なければ、法人税は発生することはありません。

　ただし、債務免除によって、他の同族株主の株式の価値が増加した時は贈与に当たりますので、注意する必要があります。

第15章 一般動産

　一般動産とは、事業者が所有する車両や機械及び装置等、又は個人で所有する一般家庭用の家具や什器等をいい、その評価にあたり留意することは下記のとおりです。

1．財産評価のための準備資料

準備資料	入手場所	目的
決算書・確定申告書	（注）	権利関係の把握 評価額の調査

(注) 被相続人の生前に確認しておく必要があります。

2．財産評価方法

(1) **原則的評価**

　原則として、売買実例価額、精通者意見価格等を参酌して評価します（評基通129）。

(2) **売買実例価額等が明らかでない場合**

　売買実例価額、精通者意見価格等が明らかでない動産については、その動産と同種及び同規格の新品の課税時期における小売価額から、その動産の製造の時から課税時期までの期間（その期間に1年未満の端数があるときは、その端数は1年とします。）の償却費の額の合計額又は減価の額を控除した金額によって評価します（評基通129）。

　償却費の額を計算する場合における耐用年数等は、下記のとおりです（評基通130）。

① **耐用年数**

　耐用年数は、「減価償却資産の耐用年数等に関する省令」に規定する耐

用年数によります。なお規定にないものについては適正に見積もった耐用年数により計算します。
② 償却方法
償却方法は、定率法によります。

3．評価のポイント

(1) 評価単位について

　原則として、1個又は1組ごとに評価します。ただし、家庭用動産、農耕用動産、旅館用動産等で1個又は1組の価額が5万円以下のものについては、それぞれ一括して一世帯、一農家、一旅館等ごとに評価することができます（評基通128）。

(2) 暖房装置等について

　構造上家屋と一体となっている暖房装置、冷房装置、昇降装置、昇降設備、電気設備、給排水設備、消火設備、浴そう設備等の附属設備は家屋の価額に含めて評価するので、動産としての評価は不要です。

4．節税手法

　家庭用動産については、家具、家電製品、自動車等種々の物がありますので、その評価が困難で煩雑になります。例えば、自動車ならば売買実例価額として、中古車市場の価格がありますので、インターネットで確認する方法もあります。また、最近は家電製品等でも中古品の取扱業者がインターネットで価格を呈示しています。売買実例価額がないということで償却費の計算をするよりも、これらの情報を活用する方が、評価を低くできる可能性が高いので、これも節税対策の一つの方法です。

第16章 棚卸商品等

　棚卸商品等とは、商品、原材料、半製品、仕掛品、製品、生産品その他これらに準ずる動産をいい（評基通132）、その評価に当たり留意することは次のとおりです。

1．財産評価のための準備資料

準備資料	入手場所	目的
決算書・確定申告書	（注）	権利関係の把握 評価額の調査
棚卸資産明細	（注）	現況の調査 評価額の調査

(注) 被相続人の生前に確認しておく必要があります。

2．財産評価方法

　原則として、下記の区分に従い、それぞれ次に掲げるところによります（評基通133）。

(1) **商品**

　商品の価額は、その商品の販売業者が課税時期において販売する場合の価額から、その価額のうちに含まれる販売業者に帰属すべき適正利潤の額、課税時期後販売までにその販売業者が負担すると認められる経費（以下「予定経費」といいます。）の額及びその販売業者がその商品につき納付すべき消費税額（地方消費税額を含みます。以下同じです。）を控除した金額によって評価します。

(2) **原材料**

　原材料の価額は、その原材料を使用する製造業者が課税時期においてこ

れを購入する場合の仕入価額に、その原材料の引取り等に要する運賃その他の経費の額を加算した金額によって評価します。

(3) **半製品及び仕掛品**

　半製品及び仕掛品の価額は、製造業者がその半製品又は仕掛品の原材料を課税時期において購入する場合における仕入価額に、その原材料の引取り、加工等に要する運賃、加工費その他の経費の額を加算した金額によって評価します。

(4) **製品及び生産品**

　製品及び生産品の価額は、製造業者又は生産業者が課税時期においてこれを販売する場合における販売価額から、その販売価額のうちに含まれる適正利潤の額、予定経費の額及びその製造業者がその製品につき納付すべき消費税額を控除した金額によって評価します。

3．評価のポイント

個々の価額を算定し難い棚卸商品等の評価について

　個々の価額を算定し難い棚卸商品等の評価は、税務署へ届け出た評価方法により評価することができます。なお評価方法を税務署に届けてなかった場合は、最終仕入原価法により評価することができます（評基通133）。

4．節税手法

　原材料と半製品及び仕掛品については、製造の途中のため評価は、費用の積み上げになっています。したがって、製品に加工した場合に売価より原価が上回っていたとしても評価は、原価となってしまいます。したがって、早めに売却することが節税につながります。また、既に製品が廃番で加工しない原材料を保有している場合には、それを処分して在庫からおとすことが節税に繋がります。

第17章 牛馬等

　牛馬等とは、牛、馬、犬、鳥、魚等をいいます（評基通134）。その評価にあたり留意することは下記のとおりです。

1．財産評価のための準備資料

準備資料	入手場所	目的
決算書・確定申告書	（注）	権利関係の把握 評価額の調査
牛馬等明細	（注）	現況の調査 評価額の調査
競走馬の登録証明書等	（注）	権利関係の把握 現況の調査 評価額の調査

（注）被相続人の生前に確認しておく必要があります。

2．財産評価方法

　原則として、下記の区分に従い、それぞれ次に掲げるところによります（評基通134）。

(1) 販売目的で所有する場合

　牛馬等の販売業者が販売の目的をもって有するものの価額は、棚卸資産等の評価に従って評価します。

(2) 販売目的以外の場合

　(1)に掲げるもの以外のものの価額は、売買実例価額、精通者意見価格等を参酌して評価します。

3．節税手法

販売目的以外の牛馬については、売買実例価額や取引業者等の精通者意見価格等を参酌することになっていますので、多数の意見を取り入れ合理的な範囲で低い価格で評価することが節税対策となります。

第18章 書画骨董・貴金属

1．財産評価のための準備資料

準備資料	入手場所	目的
書画・骨とう品・貴金属等明細	（注）	現況の調査 評価額の調査
美術年鑑等	書店	評価額の調査
鑑定評価証明書・意見書等	鑑定業者	評価額の調査

（注）被相続人の生前に確認しておく必要があります。

2．財産評価方法

書画骨とう品の評価は、次に掲げる区分に従い、それぞれの評価方法により評価します。

(1) **販売目的で所有する場合**

棚卸商品等の評価方法に従って評価します。

(2) **販売目的以外の場合**

売買実例価額、精通者意見価格等を参酌して評価します。

3．評価のポイント

　書画・骨とう品の評価は、通常売買事例価額や精通者意見価格等を参考にしますが、国税局の資産税課にも評価係があるため、専門的に調査してもらうと確実です。また、美術年鑑における評価価格は、市場の動向、制作内容等を総合的に検討して算出されているため、基準の一つとして利用できると考えられます。

4．節税手法

　販売目的以外の骨董品については、売買実例価額や取引業者等の精通者意見価格等を参酌することになっていますので、多数の意見を取り入れ合理的な範囲で低い価格で評価することが節税対策となります。また、美術的な価値が高いものについては、個人で保管するより美術館などの寄付することも節税対策の一つといってもよいでしょう。

第19章　船舶

1．財産評価のための準備資料

準備資料	入手場所	目的
決算書・確定申告書	（注）	権利関係の把握 評価額の調査
船舶検査証	（注）	現況の調査 権利関係の把握 評価額の調査

（注）被相続人の生前に確認しておく必要があります。

2．財産評価方法

　原則として、売買実例価額、精通者意見価格等を参酌して評価します。

　ただし、売買実例価額、精通者意見価格等が明らかでない船舶については、その船舶と同種同型の船舶（同種同型の船舶がない場合においては、その評価する船舶に最も類似する船舶とします。）を課税時期において新造する場合の価額から、その船舶の建造の時から課税時期までの期間（その期間に1年未満の端数があるときは、その端数は1年とします。）の償却費の額の合計額又は減価の額を控除した価額によって評価します。この場合における償却方法は、定率法によるものとし、その耐用年数は「減価償却資産の耐用年数等に関する省令」に規定する耐用年数によります。

3．節税手法

　一般動産と同じように船舶の中古品の取扱業者がインターネットで価格を呈示しています。売買実例価額がないということで償却費の計算をするよりも、これらの情報を活用する方が、評価を低くできる可能性が高いので、これも節税対策の一つの方法です。

第20章 受取手形

1. 財産評価のための準備資料

準備資料	入手場所	目的
決算書・確定申告書	(注)	権利関係の把握 評価額の調査
受取手形明細・受取手形記入帳	(注)	現況の調査 権利関係の把握 評価額の調査

(注) 被相続人の生前に確認しておく必要があります。

2. 財産評価方法

受取手形の評価は、次に掲げる区分に従い、それぞれの評価方法により評価します（評基通206）。

(1) 支払期限が到来している場合

支払期限の到来している受取手形等又は課税時期から6か月を経過する日までの間に支払期限の到来する受取手形等の価額は、その券面額によって評価します。

(2) 支払期限が未到来の場合

(1)以外の受取手形等については、課税時期において銀行等の金融機関において割引を行った場合に回収し得ると認める金額によって評価します。

3. 評価のポイント

(1) 手形期日について

受取手形の評価は手形期日によってその方法が異なるため注意が必要で

す。

(2) 回収不能額について

　貸付金債権の評価と同様に、課税時期において回収不能又は著しく困難であると見込まれる金額は元本の価額に算入しないことになります。

4．節税手法

　手形については、手形の売り出し先が、法定整理手続等の開始や債権者集会の協議がない場合かを確認する必要があります。この場合には弁護士などの代理人から書類が郵送されてきていますので、その有無を確認し、回収不能額を算出し評価を下げることが可能です。

　また、支払期限が未到来の受取手形は、課税時期において銀行等の金融機関において割引を行った場合に回収し得ると認める金額によって評価しますので、簿価ではなく、適切に計算することが節税に繋がります。

第21章 未収法定果実・未収天然果実

　未収法定果実とは、課税時期において既に収入すべき期限が到来しているもので同時期においてまだ収入していない地代、家賃その他の賃貸料、貸付金の利息等をいいます（評基通208）。また未収天然果実とは、課税時期において、その後3か月以内に収穫することが予想される果実、立毛等をいいます（評基通209）。これらの評価に当たり留意することは下記のとおりです。

1．財産評価のための準備資料

準備資料	入手場所	目的
決算書・確定申告書	（注）	権利関係の把握 評価額の調査
不動産賃貸借契約書・金銭消費貸借契約書等	（注）	現況の調査 権利関係の把握 評価額の調査
配当金支払通知書等	（注）	権利関係の把握 評価額の調査

（注）被相続人の生前に確認しておく必要があります。

2．財産評価方法

(1) 未収法定果実の評価

未収法定果実は、その収入すべき法定果実の金額によって評価します（評基通208）

(2) 未収天然果実の評価

未収天然果実は、課税時期における現況に応じ、収穫時において予想されるその天然果実の販売価額の$\frac{70}{100}$に相当する金額の範囲内で相当と認める価額によって評価します（評基通209）。

3．評価のポイント

これらは、非常に見落としやすいものなので、収入すべき期日においてきちんと収受しているか、契約書及び通帳等を利用して確認する必要があります。

4．節税手法

未収法定果実の評価は、契約上の金額を算定し、評価することになりますので、回収可能性を検討して、回収可能ではない金額については減額するなどの方法があります。

第22章 訴訟中の権利

1. 財産評価のための準備資料

準備資料	入手場所	目的
当該訴訟に関する資料	弁護士	現況の調査 権利関係の把握 評価額の調査
裁判調書	弁護士	現況の調査 権利関係の把握 評価額の調査
判決文等	弁護士	現況の調査 権利関係の把握 評価額の調査

(注) 被相続人の生前に確認しておく必要があります。

2. 財産評価方法

　訴訟中の権利は、課税時期の現況により係争関係の真相を調査し、訴訟進行の状況をも参酌して原告と被告との主張を公平に判断して適正に評価します（評基通210）。

3. 節税手法

　訴訟中の権利については、訴訟を起こされる側すなわち被告になり賠償請求がある場合にも相続は発生します。この場合には、負の遺産が発生しますので相続放棄を行う必要があります。相続放棄は、課税時期から３か月以内に相続放棄の申述書を提出する必要があります。３か月以内と期間が短いですので、被相続人が生前からもし訴訟を受けていたらこれらの内

容を確認しておく必要があります。

第23章 特許権及びその実施権

特許権は、発明を保護するため特許法に規定さている権利であり、権利の存続期間は出願日から20年をもって終了します（特許法67条）。その評価に当たり留意することは下記のとおりです。

1. 財産評価のための準備資料

準備資料	入手場所	目的
特許証等	（注）	現況の調査 権利関係の把握 評価額の調査
契約書等	（注）	現況の調査 権利関係の把握 評価額の調査

（注）被相続人の生前に確認しておく必要があります。

2. 財産評価方法

特許権は、その権利に基づき将来受ける補償金の額の基準年利率による複利現価の額の合計額によって評価します（評基通140）。「複利現価の額の合計額」は、次の算式によって計算した金額となります（評基通141）。

- 第1年目の補償金年額×1年後の基準年利率による複利現価率＝A
  第2年目の補償金年額×2年後の基準年利率による複利現価率＝B
  第n年目の補償金年額×n年後の基準年利率による複利現価率＝N
- A＋B＋…………＋N＝特許権の価額

上の算式中の「第１年目」及び「１年後」とは、それぞれ、課税時期の翌日から１年を経過する日まで及びその１年を経過した日の翌日をいいます。また、基準年利率は、短期（１～２年）、中期（３～６年）、長期（７年以上）に分けて設定されている指標であり、平成24年度の基準年金利及び各基準金利による複利現価率も以下の表のとおりです。

◎**基準年利率** (単位：％)

区分	年数又は期間	平成24年1月	2月	3月	4月	5月	6月	7月	8月	9月	10月	11月	12月
短期	1年	0.1	0.1	0.1	0.1	0.1	0.1	0.1	0.1	0.1	0.1	0.1	0.1
	2年												
中期	3年	0.25	0.25	0.25	0.25	0.25	0.25	0.25	0.25	0.25	0.25	0.25	0.1
	4年												
	5年												
	6年												
長期	7年以上	1.5	1.0	1.0	1.5	1.0	1.0	1.0	1.0	1.0	1.0	1.0	1.0

(出典：国税庁HPより)

第3部 相続財産別の節税手法

〔参考1〕

複　利　表 （平成24年1・4月分）

区分	年数	年0.1%の複利年金現価率	年0.1%の複利現価率	年0.1%の年賦償還率	年2%の複利終価率	区分	年数	年1.5%の複利年金現価率	年1.5%の複利現価率	年1.5%の年賦償還率	年2%の複利終価率
短期	1	0.999	0.999	1.001	1.020		36	27.661	0.585	0.036	2.039
	2	1.997	0.998	0.501	1.040		37	28.237	0.576	0.035	2.080
							38	28.805	0.568	0.035	2.122
区分	年数	年0.25%の複利年金現価率	年0.25%の複利現価率	年0.25%の年賦償還率	年2%の複利終価率		39	29.365	0.560	0.034	2.164
							40	29.916	0.551	0.033	2.208
	3	2.985	0.993	0.335	1.061						
中期	4	3.975	0.990	0.252	1.082		41	30.459	0.543	0.033	2.252
	5	4.963	0.988	0.202	1.104		42	30.994	0.535	0.032	2.297
	6	5.948	0.985	0.168	1.126		43	31.521	0.527	0.032	2.343
							44	32.041	0.519	0.031	2.390
区分	年数	年1.5%の複利年金現価率	年1.5%の複利現価率	年1.5%の年賦償還率	年2%の複利終価率		45	32.552	0.512	0.031	2.437
	7	6.598	0.901	0.152	1.148		46	33.056	0.504	0.030	2.486
	8	7.486	0.888	0.134	1.171		47	33.553	0.497	0.030	2.536
	9	8.361	0.875	0.120	1.195		48	34.043	0.489	0.029	2.587
	10	9.222	0.862	0.108	1.218		49	34.525	0.482	0.029	2.638
							50	35.000	0.475	0.029	2.691
	11	10.071	0.849	0.099	1.243						
	12	10.908	0.836	0.092	1.268		51	35.468	0.468	0.028	2.745
	13	11.732	0.824	0.085	1.293		52	35.929	0.461	0.028	2.800
	14	12.543	0.812	0.080	1.319	長	53	36.383	0.454	0.027	2.856
	15	13.343	0.800	0.075	1.345		54	36.831	0.448	0.027	2.913
							55	37.271	0.441	0.027	2.971
	16	14.131	0.788	0.071	1.372						
	17	14.908	0.776	0.067	1.400		56	37.706	0.434	0.027	3.031
長	18	15.673	0.765	0.064	1.428	期	57	38.134	0.428	0.026	3.091
	19	16.426	0.754	0.061	1.456		58	38.556	0.422	0.026	3.153
	20	17.169	0.742	0.058	1.485		59	38.971	0.415	0.026	3.216
							60	39.380	0.409	0.025	3.281
	21	17.900	0.731	0.056	1.515						
	22	18.621	0.721	0.054	1.545		61	39.784	0.403	0.025	3.346
期	23	19.331	0.710	0.052	1.576		62	40.181	0.397	0.025	3.413
	24	20.030	0.700	0.050	1.608		63	40.572	0.391	0.025	3.481
	25	20.720	0.689	0.048	1.640		64	40.958	0.386	0.024	3.551
							65	41.338	0.380	0.024	3.622
	26	21.399	0.679	0.047	1.673						
	27	22.068	0.669	0.045	1.706		66	41.712	0.374	0.024	3.694
	28	22.727	0.659	0.044	1.741		67	42.081	0.369	0.024	3.768
	29	23.376	0.649	0.043	1.775		68	42.444	0.363	0.024	3.844
	30	24.016	0.640	0.042	1.811		69	42.802	0.358	0.023	3.921
							70	43.155	0.353	0.023	3.999
	31	24.646	0.630	0.041	1.847						
	32	25.267	0.621	0.040	1.884						
	33	25.879	0.612	0.039	1.922						
	34	26.482	0.603	0.038	1.960						
	35	27.076	0.594	0.037	1.999						

(注) 1 　複利年金現価率、複利現価率及び年賦償還率は小数点以下第4位を四捨五入により、複利終価率は小数点以下第4位を切捨てにより作成している。
　　 2 　複利年金現価率は、定期借地権等、著作権、営業権、鉱業権等の評価に使用する。
　　 3 　複利現価率は、定期借地権等の評価における経済的利益（保証金等によるもの）の計算並びに特許権、信託受益権、清算中の会社の株式及び無利息債務等の評価に使用する。
　　 4 　年賦償還率は、定期借地権等の評価における経済的利益（差額地代）の計算に使用する。
　　 5 　複利終価率は、標準伐期齢を超える立木の評価に使用する。

第23章　特許権及びその実施権

〔参考2〕

複　利　表　（平成24年2・3・5～9月分）

区分	年数	年0.1％の複利年金現価率	年0.1％の複利現価率	年0.1％の年賦償還率	年2％の複利終価率	区分	年数	年1％の複利年金現価率	年1％の複利現価率	年1％の年賦償還率	年2％の複利終価率
短期	1	0.999	0.999	1.001	1.020		36	30.108	0.699	0.033	2.039
	2	1.997	0.998	0.501	1.040		37	30.800	0.692	0.032	2.080
区分	年数	年0.25％の複利年金現価率	年0.25％の複利現価率	年0.25％の年賦償還率	年2％の複利終価率		38	31.485	0.685	0.032	2.122
							39	32.163	0.678	0.031	2.164
	3	2.985	0.993	0.335	1.061		40	32.835	0.672	0.030	2.208
中期	4	3.975	0.990	0.252	1.082		41	33.500	0.665	0.030	2.252
	5	4.963	0.988	0.202	1.104		42	34.158	0.658	0.029	2.297
	6	5.948	0.985	0.168	1.126		43	34.810	0.652	0.029	2.343
区分	年数	年1％の複利年金現価率	年1％の複利現価率	年1％の年賦償還率	年2％の複利終価率		44	35.455	0.645	0.028	2.390
							45	36.095	0.639	0.028	2.437
	7	6.728	0.933	0.149	1.148		46	36.727	0.633	0.027	2.486
	8	7.652	0.923	0.131	1.171		47	37.354	0.626	0.027	2.536
	9	8.566	0.914	0.117	1.195		48	37.974	0.620	0.026	2.587
	10	9.471	0.905	0.106	1.218		49	38.588	0.614	0.026	2.638
	11	10.368	0.896	0.096	1.243		50	39.196	0.608	0.026	2.691
	12	11.255	0.887	0.089	1.268		51	39.798	0.602	0.025	2.745
	13	12.134	0.879	0.082	1.293		52	40.394	0.596	0.025	2.800
	14	13.004	0.870	0.077	1.319	長	53	40.984	0.590	0.024	2.856
	15	13.865	0.861	0.072	1.345		54	41.569	0.584	0.024	2.913
							55	42.147	0.579	0.024	2.971
	16	14.718	0.853	0.068	1.372		56	42.720	0.573	0.023	3.031
	17	15.562	0.844	0.064	1.400	期	57	43.287	0.567	0.023	3.091
長	18	16.398	0.836	0.061	1.428		58	43.849	0.562	0.023	3.153
	19	17.226	0.828	0.058	1.456		59	44.405	0.556	0.023	3.216
	20	18.046	0.820	0.055	1.485		60	44.955	0.550	0.022	3.281
	21	18.857	0.811	0.053	1.515		61	45.500	0.545	0.022	3.346
期	22	19.660	0.803	0.051	1.545		62	46.040	0.540	0.022	3.413
	23	20.456	0.795	0.049	1.576		63	46.574	0.534	0.021	3.481
	24	21.243	0.788	0.047	1.608		64	47.103	0.529	0.021	3.551
	25	22.023	0.780	0.045	1.640		65	47.627	0.524	0.021	3.622
	26	22.795	0.772	0.044	1.673		66	48.145	0.519	0.021	3.694
	27	23.560	0.764	0.042	1.706		67	48.659	0.513	0.021	3.768
	28	24.316	0.757	0.041	1.741		68	49.167	0.508	0.020	3.844
	29	25.066	0.749	0.040	1.775		69	49.670	0.503	0.020	3.921
	30	25.808	0.742	0.039	1.811		70	50.169	0.498	0.020	3.999
	31	26.542	0.735	0.038	1.847						
	32	27.270	0.727	0.037	1.884						
	33	27.990	0.720	0.036	1.922						
	34	28.703	0.713	0.035	1.960						
	35	29.409	0.706	0.034	1.999						

(注) 1　複利年金現価率、複利現価率及び年賦償還率は小数点以下第4位を四捨五入により、複利終価率は小数点以下第4位を切捨てにより作成している。
　　 2　複利年金現価率は、定期借地権等、著作権、営業権、鉱業権等の評価に使用する。
　　 3　複利現価率は、定期借地権等の評価における経済的利益（保証金等によるもの）の計算並びに特許権、信託受益権、清算中の会社の株式及び無利息債務等の評価に使用する。
　　 4　年賦償還率は、定期借地権等の評価における経済的利益（差額地代）の計算に使用する。
　　 5　複利終価率は、標準伐期齢を超える立木の評価に使用する。

第3部　相続財産別の節税手法

〔参考3〕

複　利　表（平成24年12月分）

区分	年数	年0.1%の複利年金現価率	年0.1%の複利現価率	年0.1%の年賦償還率	年2%の複利終価率	区分	年数	年1%の複利年金現価率	年1%の複利現価率	年1%の年賦償還率	年2%の複利終価率
短期	1	0.999	0.999	1.001	1.020		36	30.108	0.699	0.033	2.039
	2	1.997	0.998	0.501	1.040		37	30.800	0.692	0.032	2.080
							38	31.485	0.685	0.032	2.122
区分	年数	年0.1%の複利年金現価率	年0.1%の複利現価率	年0.1%の年賦償還率	年2%の複利終価率		39	32.163	0.678	0.031	2.164
							40	32.835	0.672	0.030	2.208
中期	3	2.994	0.997	0.334	1.061						
	4	3.990	0.996	0.251	1.082		41	33.500	0.665	0.030	2.252
	5	4.985	0.995	0.201	1.104		42	34.158	0.658	0.029	2.297
	6	5.979	0.994	0.167	1.126		43	34.810	0.652	0.029	2.343
							44	35.455	0.645	0.028	2.390
区分	年数	年1%の複利年金現価率	年1%の複利現価率	年1%の年賦償還率	年2%の複利終価率		45	36.095	0.639	0.028	2.437
	7	6.728	0.933	0.149	1.148		46	36.727	0.633	0.027	2.486
	8	7.652	0.923	0.131	1.171		47	37.354	0.626	0.027	2.536
	9	8.566	0.914	0.117	1.195		48	37.974	0.620	0.026	2.587
	10	9.471	0.905	0.106	1.218		49	38.588	0.614	0.026	2.638
							50	39.196	0.608	0.026	2.691
	11	10.368	0.896	0.096	1.243						
	12	11.255	0.887	0.089	1.268		51	39.798	0.602	0.025	2.745
	13	12.134	0.879	0.082	1.293		52	40.394	0.596	0.025	2.800
	14	13.004	0.870	0.077	1.319	長	53	40.984	0.590	0.024	2.856
	15	13.865	0.861	0.072	1.345		54	41.569	0.584	0.024	2.913
							55	42.147	0.579	0.024	2.971
	16	14.718	0.853	0.068	1.372						
	17	15.562	0.844	0.064	1.400		56	42.720	0.573	0.023	3.031
	18	16.398	0.836	0.061	1.428	期	57	43.287	0.567	0.023	3.091
	19	17.226	0.828	0.058	1.456		58	43.849	0.562	0.023	3.153
	20	18.046	0.820	0.055	1.485		59	44.405	0.556	0.023	3.216
長							60	44.955	0.550	0.022	3.281
	21	18.857	0.811	0.053	1.515						
	22	19.660	0.803	0.051	1.545		61	45.500	0.545	0.022	3.346
	23	20.456	0.795	0.049	1.576		62	46.040	0.540	0.022	3.413
	24	21.243	0.788	0.047	1.608		63	46.574	0.534	0.021	3.481
	25	22.023	0.780	0.045	1.640		64	47.103	0.529	0.021	3.551
							65	47.627	0.524	0.021	3.622
期	26	22.795	0.772	0.044	1.673						
	27	23.560	0.764	0.042	1.706		66	48.145	0.519	0.021	3.694
	28	24.316	0.757	0.041	1.741		67	48.659	0.513	0.021	3.768
	29	25.066	0.749	0.040	1.775		68	49.167	0.508	0.020	3.844
	30	25.808	0.742	0.039	1.811		69	49.670	0.503	0.020	3.921
							70	50.169	0.498	0.020	3.999
	31	26.542	0.735	0.038	1.847						
	32	27.270	0.727	0.037	1.884						
	33	27.990	0.720	0.036	1.922						
	34	28.703	0.713	0.035	1.960						
	35	29.409	0.706	0.034	1.999						

（注）
1　複利年金現価率、複利現価率及び年賦償還率は小数点以下第4位を四捨五入により、複利終価率は小数点以下第4位を切捨てにより作成している。
2　複利年金現価率は、定期借地権等、著作権、営業権、鉱業権等の評価に使用する。
3　複利現価率は、定期借地権等の評価における経済的利益（保証金等によるもの）の計算並びに特許権、信託受益権、清算中の会社の株式及び無利息債務等の評価に使用する。
4　年賦償還率は、定期借地権等の評価における経済的利益（差額地代）の計算に使用する。
5　複利終価率は、標準伐期齢を超える立木の評価に使用する。

3. 評価のポイント

(1) 未確定の補償金について

　その将来受ける補償金の額が確定していないものについては、課税時期前の相当の期間内に取得した補償金の額のうち、その特許権の内容等に照らし、その特許権に係る経常的な収入と認められる部分の金額を基とし、その特許権の需要及び持続性等を参酌して推算した金額をもってその将来受ける補償金の額とします（評基通142）。

(2) 「その権利に基づき将来受ける」期間について

　「その権利に基づき将来受ける」期間は、課税時期から特許法（昭和34年法律第121号）第67条《存続期間》に規定する特許権の存続期間が終了する時期までの年数（その年数に１年未満の端数があるときは、その端数は切り捨てます。）の範囲内において推算した年数とする（評基通143）。

(3) 金額が僅少な補償金について

　課税時期後において取得すると見込まれる補償金の額の合計額が50万円に満たないと認められる特許権については、評価しません（評基通144）。

(4) 特許権者自ら特許発明を実施する場合

　特許権又はその実施権の取得者が自らその特許発明を実施している場合におけるその特許権又はその実施権の価額は、その者の営業権の価額に含めて評価します（評基通145）。

4. 節税手法

　特許権は、保証金の金額が僅少な場合（課税時期後に取得する合計額が50万円に満たない場合）には、評価の必要がありませんので、この点を失念しないようにする必要があります。また、未確定な保証金については、その算定が非常に難しいといえます。合理的な範囲内で、評価を低くすることも可能であれば、実施します。

第24章 実用新案権及びその実施権

　実用新案権は、物品の形状・構造等に関する考案を保護するために実用新案権法に規定されている権利で、権利の存続期間は出願日から10年をもって終了します（実用新案権法15）。その評価に当たり留意することは下記のとおりです。

1．財産評価のための準備資料

準備資料	入手場所	目的
実用新案権登録証等	（注）	現況の調査 権利関係の把握 評価額の調査
契約書等	（注）	現況の調査 権利関係の把握 評価額の調査

（注）被相続人の生前に確認しておく必要があります。

2．財産評価方法

　特許権及びその実施権の評価に準じて評価します（評基通146）。

3．節税手法

　実用新案権は、保証金の金額が僅少な場合（課税時期後に取得する合計額が50万円に満たない場合）には、評価の必要がありませんので、この点を失念しないようにする必要があります。また、未確定な保証金については、その算定が非常に難しいといえます。合理的な範囲内で、評価を低くすることも可能であれば、実施します。

第25章 意匠権及びその実施権

　意匠権は、物品のデザインを保護するために意匠法に規定されている権利で、権利の存続期間は設定の登録日から20年をもって終了します（意匠法21条）。その評価に当たり留意することは下記のとおりです。

1．財産評価のための準備資料

準備資料	入手場所	目的
意匠登録証等	（注）	現況の調査 権利関係の把握 評価額の調査
使用承諾書等	（注）	現況の調査 権利関係の把握 評価額の調査

（注）被相続人の生前に確認しておく必要があります。

2．財産評価方法

　特許権及びその実施権の評価に準じて評価します（評基通146）。

3．節税手法

　意匠権は、保証金の金額が僅少な場合（課税時期後に取得する合計額が50万円に満たない場合）には、評価の必要がありませんので、この点を失念しないようにする必要があります。また、未確定な保証金については、その算定が非常に難しいといえます。合理的な範囲内で、評価を低くすることも可能であれば、実施します。

第26章 商標権及びその使用権

　商標権は、商品や役務に使われるネーミングやマーク（標章）を保護するため商標法に規定されている権利で、権利の存続期間は設定の登録の日から10年をもって終了します。ただし、更新登録の出願により更新することができます（商標法19条）その評価に当たり留意することは下記のとおりです。

1．財産評価のための準備資料

準備資料	入手場所	目的
商標登録証又は防護標章登録証等	（注）	現況の調査 権利関係の把握 評価額の調査
使用承諾書等	（注）	現況の調査 権利関係の把握 評価額の調査

（注）被相続人の生前に確認しておく必要があります。

2．財産評価方法

　特許権及びその実施権の評価に準じて評価します（評基通147）。

3．節税手法

　商標権は、保証金の金額が僅少な場合（課税時期後に取得する合計額が50万円に満たない場合）には、評価の必要がありませんので、この点を失念しないようにする必要があります。また、未確定な保証金については、その算定が非常に難しいといえます。合理的な範囲内で、評価を低くすることも可能であれば、実施します。

第27章 著作権

著作権は、著作者等の権利を保護するため著作権法に規定されている権利で、権利の存続期間は下表のとおりです。

著作権の種類	著作権の存続期間
原則	著作物の創作の時から著作者の死後50年（共同著作物にあっては、最終に死亡した著作者の死後50年）（著作権法51）
無名又は変名の著作物	著作物の公表後50年（ただし、その存続期間の満了前にその著作権者の死後50年を経過していると認められる無名又は変名の著作物の著作権は、その著作者の死後50年）（著作権法52）
団体名義の著作物	著作物の公表後50年（その著作物がその創作後50年以内に公表されなかったときは、その創作後50年）（著作権法53）
映画の著作物	その著作物の公表後70年（その著作物がその創作後70年以内に公表されなかったときは、その創作後70年）（著作権法54）

また、その評価に当たり留意することは下記のとおりです。

1．財産評価のための準備資料

準備資料	入手場所	目的
決算書・確定申告書	（注）	現況の調査 権利関係の把握 評価額の調査
著作権登録原簿	文化庁	権利関係の把握

（注）被相続人の生前に確認しておく必要があります。

2．財産評価方法

著作権の価額は、著作者の別に一括して次の算式によって計算した金額によって評価します。ただし、個々の著作物に係る著作権について評価す

る場合には、その著作権ごとに次の算式によって計算した金額によって評価します。

$$\boxed{年平均印税収入の額} \times \boxed{0.5} \times \boxed{評価倍率}$$

　上の算式中の「年平均印税収入の額」等は、次によります。

(1)　**年平均印税収入の額**

　課税時期の属する年の前年以前3年間の印税収入の額の年平均額とします。ただし、個々の著作物に係る著作権について評価する場合には、その著作物に係る課税時期の属する年の前年以前3年間の印税収入の額の年平均額とします。

(2)　**評価倍率**

　課税時期後における各年の印税収入の額が「年平均印税収入の額」であるものとして、著作物に関し精通している者の意見等を基として推算したその印税収入期間に応ずる基準年利率による複利年金現価率とします。平成24年分の基準年利率における複利年金現価率は第23章の表のとおりです。

3．節税手法

　著作権の評価額を計算する場合、著作物に関し精通している者の意見書等を基にして推算したその印税収入期間に基づいて評価倍率を決定することになりますので、印税収入期間を適切に判断することが、結果的には節税に繋がる可能性があります。

第28章　著作隣接権

　著作隣接権は、実演家、レコード製作者、放送事業者に認められる権利で、著作物を実演する場合でも、表現者の個性が表現されることに注目し

て、録音録画、放送、送信、貸与等をコントロールできる権利です。

著作隣接権の存続期間は、次に掲げるときに始まり、それぞれの行為が行われた日に属する年の翌年から起算して50年を経過したときを持って消滅します（著作権法101）。

- 実演に関しては、その実演を行った時
- レコードに関しては、その音を最初に固定した時
- 放送に関しては、その放送を行った時
- 有線放送に関しては、その有線放送を行った時

1．財産評価のための準備資料

準備資料	入手場所	目的
決算書・確定申告書	（注）	現況の調査 権利関係の把握 評価額の調査
著作隣接権登録原簿	文化庁	権利関係の把握

（注）被相続人の生前に確認しておく必要があります。

2．財産評価方法

著作権の評価に準じて評価します（評基通154-2）。

3．節税手法

著作隣接権の評価額を計算する場合、著作隣接物に関し精通している者の意見書等を基にして推算したその印税収入期間に基づいて評価倍率を決定することになりますので、印税収入期間を適切に判断することが、結果的には節税に繋がる可能性があります。

第29章 営業権

　営業権とは、企業の社会的信用、特殊技術及び特殊の取引関係の存在ならびにそれらの独占性等を総合した、他の企業を上回る企業収益を稼得することができる無形の財産的価値を有する事実関係をいい、のれんともいいます。その評価に当たり留意することは次のとおりです。

1．財産評価のための準備資料

準備資料	入手場所	目的
決算書・確定申告書	（注）	現況の調査 権利関係の把握 評価額の調査

（注）被相続人の生前に確認しておく必要があります。

2．財産評価方法

　営業権の評価額は、次の算式となります（評基通165）。

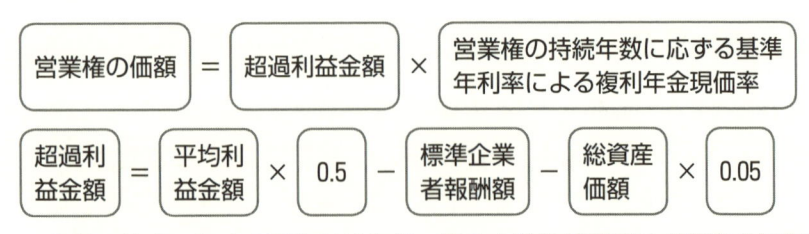

$$\text{営業権の価額} = \text{超過利益金額} \times \text{営業権の持続年数に応ずる基準年利率による複利年金現価率}$$

$$\text{超過利益金額} = \text{平均利益金額} \times 0.5 - \text{標準企業者報酬額} - \text{総資産価額} \times 0.05$$

　上記の算式のおける平均利益金額、標準企業社報酬額及び総資産価額は以下のとおりです。

(1) **平均利益金額**

　平均利益金額は、課税時期の属する年の前年以前3年間の所得金額を基に以下の算式により計算します。ただし、この算式により計算した金額が

「課税時期の前年の所得金額」を超える場合には、「課税時期の前年の所得金額」が「平均利益金額」となります（評基通166）。

① 前年1年間の所得金額×課税時期の企業物価指数÷前年平均企業物価指数
② 前々年1年間の所得金額×課税時期の企業物価指数÷前々年平均企業物価指数
③ 前々々年1年間の所得金額×課税時期の企業物価指数÷前々々年平均企業物価指数

（①＋②＋③）×$\frac{1}{3}$＝平均利益金額

また、上記算式における所得金額には、非経常的な損益の額、借入金等に対する支払利子の額及び社債発行差金の償却費の額及び青色事業専従者給与額又は事業専従者控除額（法人にあっては、損金に算入された役員給与の額）は含まれません。

(2) 標準企業者報酬額

標準企業者報酬額は、下記の区分に応じそれぞれの金額とします。

平均利益金額の区分	標準企業者報酬額
1億円以下	平均利益金額×0.3＋1,000万円
1億円超　3億円以下	平均利益金額×0.2＋2,000万円
3億円超　5億円以下	平均利益金額×0.1＋5,000万円
5億円超	平均利益金額×0.05＋7,500万円

(注) 平均利益金額が5,000万円以下の場合は、標準企業者報酬額が平均利益金額の$\frac{1}{2}$以上の金額となるので、上記の営業権の評価の算式によると、営業権の価額は算出されないことに留意する。

(3) 総資産価額

総資産価額は、財産評価基本通達に定めるところにより評価した課税時期（法人にあっては、課税時期直前に終了した事業年度の末日とします。）における企業の総資産の価額とします。

3．評価のポイント

評価対象外の営業権について

事業者の技術、手腕、才能等を主とする事業で、その事業者の死亡により消滅すると認められる営業権（例：医師・弁護士等）は評価する必要はありません（評基通165）。

4．節税手法

営業権は、会計上は他から買い入れた場合に限って資産に計上することとされていますが、相続税では、財産評価の客観性から他から買い入れたものであるか自家創設のものであるかを問わず評価の対象となります。会計上の貸借対照表にないため相続税の財産評価で計上を失念する可能性あります。この場合、税務調査で指摘され、加算税や延滞税を納税しなければならなくなることもあり、営業権を確実に計上することにより、不要な加算税等の支払を抑えることができます。

第30章
出版権

出版権は、著作財産権の一種であり、複製のうち出版行為をコントロールできる権利です（著作権法83）。出版権の存続期間は、その設定行為において定めるところによるものとされています。ただし、その定めがない時には、その設定後最初の出版があった日から3年間で消滅するものとされています（著作権法83）。また、その評価に当たり留意することは次のとおりです。

1．財産評価のための準備資料

準備資料	入手場所	目的
決算書・確定申告書	（注）	現況の調査 権利関係の把握 評価額の調査
出版権登録原簿	文化庁	権利関係の把握
契約書等	（注）	現況の調査 権利関係の把握 評価額の調査

（注）被相続人の生前に確認しておく必要があります。

2．財産評価方法

(1) **出版業を営んでいる場合**

出版業を営んでいるものは、営業権に含めて評価します。

(2) **出版業を営んでいない場合**

出版業を営んでいるもの以外は、評価の対象としません。

3．節税手法

　出版権は、出版業を営んでいる場合には営業権に含めて評価することになりますので、節税手法は、営業権を参照してください。

第31章 電話加入権

1. 財産評価のための準備資料

準備資料	入手場所	目的
決算書・確定申告書	(注)	現況の調査 権利関係の把握 評価額の調査
電話会社からの請求書等	(注)	現況の調査 権利関係の把握

(注) 被相続人の生前に確認しておく必要があります。

2. 財産評価方法

(1) 取引相場がある場合

取引相場のある電話加入権については、課税時期における通常取引価額により評価します。

(2) 取引相場がない場合

その他の電話加入権の価額は、電話取扱局ごとに、国税局長の定める標準価額によって評価します（評基通161）。

3. 評価のポイント

電話加入権の権利を証明するための権利書は存在しないため、ＮＴＴ営業所・ＮＴＴ116番に問い合わせ「名前」「電話番号」等を伝え、ＮＴＴ担当者に確認してもらうこととなります。

4．節税手法

　電話加入権については、家庭で使用しているものでも標準価額によって評価し、相続財産とする必要があります。電話加入権は、通常どの家庭にもありますので、計上を失念しないことにより、不要な加算税等の支払を抑えることができます。

第32章 果樹等

　果樹その他これに類するもの（以下「果樹等」といいます。）の価額は、樹種ごとに、幼齢樹（成熟樹に達しない樹齢のもの）及び成熟樹（その収穫物による収支が均衡する程度の樹齢に達したもの）に区分し、それらの区分に応ずる樹齢ごとに評価し（評基通98）、その留意することは下記のとおりです。

1．財産評価のための準備資料

準備資料	入手場所	目的
決算書・確定申告書	（注）	現況の調査 権利関係の把握 評価額の調査

（注）被相続人の生前に確認しておく必要があります。

2．財産評価方法

　評価額の算出方法は、以下のとおりです（評基通99）。

(1) **幼齢樹**

　植樹の時から課税時期までの期間に要した苗木代、肥料代、薬剤費等の

現価の合計額の$\frac{70}{100}$に相当する金額によって評価します。

(2) **成熟樹**

　植樹の時から成熟の時までの期間に要した苗木代、肥料代、薬剤費等の現価の合計額から、成熟の時から課税時期までの期間（その期間に1年未満の端数があるときは、その端数は1年とする。）の償却費の額の合計額を控除した金額の$\frac{70}{100}$に相当する金額により評価します。

3．評価のポイント

　評価対象外の果樹等について

　屋敷内にある果樹等及び畑の境界にある果樹等でその数量が少なく、かつ収益を目的として所有するものでないものについては、評価しません（評基通110）。

4．節税手法

　成熟樹は、適切に償却を行うことが節税に繋がります。たとえば、成熟の時から課税時期までの期間に端数があった場合には、その場合は切り上げられ1年となりますので、誤って切り捨てにすると1年間の償却費を計上できなくなります。このような点を確認しながら評価をする必要があります。

第33章 立竹木の評価

1．財産評価のための準備資料

準備資料	入手場所	目的
立木証明書・森林組合等の精通者意見書・森林施業計画書・森林簿	森林組合	現況の調査 権利関係の把握
地味級判定表・立木度判定表・地利級判定表・標準立木材積表・総合等級表・立木の伐採制限に応ずる控除割合表	国税庁のHP	現況の調査 権利関係の把握
森林の立木の標準価額表	国税庁のHP	評価額の調査

2．財産評価方法

(1) 森林の立木

① 森林の主要樹種（杉、ひのき、松、くぬぎ及び雑木）の立木

「主要樹種の森林の立木の標準価額表等」に掲げる価額に基づく標準価額にその森林について地味級（地味の肥せき）、立木度（立木の密度）及び地利級（立木の搬出の便否）に応じてそれぞれに定める割合を連乗して求めた金額に、その森林の地積を乗じて計算した金額によって評価します（評基通113）。

② 樹齢15年以上で立木の材積が明らかな森林

「主要樹種の森林の立木の標準価額表等」に掲げる価額に基づく標準価額にその森林の1ヘクタール当たりの立木材積を標準立木材積表のうち該当する標準立木材積で除して得た数値をもって、その森林の地味級の割合に立木度の割合を乗じて計算した数値として評価します（評基通120）。

③　森林の主要樹種以外の立木の評価

　①の森林の主要樹種の立木の評価方法を基として国税局長の定める標準価額に、その森林について地味級、立木度及び地利級に応じてそれぞれ別に定める割合を連乗して求めた金額にその森林の地積を乗じて計算した金額によって評価します。この場合において、岩石、がけ崩れ等による不利用地があるときは、その不利用地の地積を除外した地積をもってその森林の地積とします（評基通117）。

(2)　**森林以外にある立木**

　売買実例価額、精通者意見価格等を参酌して評価します（評基通122）。

(3)　**庭園以外にある立木**

　売買実例価額、精通者意見価格等を参酌して評価します（評基通124）。

(4)　**庭園にある立木及び立竹**

　庭園にある立木及び立竹の価額は、庭園設備と一括して、附属設備等として評価します（評基通125）。

3．節税手法

　立木の評価では、場所等によってその評価方法が変わってきますので、その評価方法を誤りなく選択することが必要です。誤った方法により評価し、評価額が高くなることもあり得ますので慎重に行うことが節税に繋がります。

おわりに

　相続が発生した場合、相続税の主な課税財産として、不動産（土地、家屋・構築物）、有価証券等（株式・投資信託・債券・出資）、預金・貯金、生命保険、退職金などが挙げられます。これらの課税財産の多くは、手続き書類を役所や金融機関等に提出しなければ相続人としての権利を十分に行使できません。にもかかわらず、相続人は相続のために必要な手続きや添付書類にどういったものがあるのかを知らないのが普通です。そこで「おわりに」では、相続発生時の参考になるように、相続にまつわる手続きの中で代表的なものを述べます。なお、この手続きについては、目安となるよう時系列で記載しております。相続財産別の評価及びその節税対策については、次項以降を参照してください。

1．相続にまつわる手続き

(1) 相続人調査

　相続が発生した場合、相続財産について相続人間で話し合う必要があります。相続財産の内容の把握も重要ですが、相続人の中に想定外の人が含まれる場合や本来権利のない人が相続人であることを主張する場合があり、話し合いが難航する場合がありますので、相続人の十分な調査が必要です。一般的な手順としては、次のようになります。

　①　被相続人の戸籍謄本、除籍謄本、改製原戸籍等を被相続人の出生から死亡までの全期間について取得する。これにより被相続人の両親・配偶者・子供が確認できます。

　②　子供や代襲者がいない場合、両親などの直系尊属が相続人になりますので、その者の戸籍謄本等を集めます。

　③　直系尊属が全員死亡している場合には、兄弟姉妹の戸籍謄本等を

集めます。

(2) 相続財産内容のおおまかな把握

遺産分割自体には、期限がありません。しかし相続税の申告が必要な場合には、申告期限があります。そのため、申告期限を過ぎれば延滞税が課されます。相続財産の内容をおおまかに把握し、相続税の申告が必要か否かを検討する必要があります。通帳、残高証明書、納税通知書、権利書などから相続財産を見積もり、基礎控除を差し引いた概算を算定することで、申告の必要性が分かります。微妙な判断が必要なケースでは、専門家のアドバイスを求めることが賢明です。

(3) 遺言書・遺産分割協議書

相続が発生した場合において、被相続人が遺言書を作成していなかった場合と遺言書を作成していた場合で、手続きが少し異なります。なぜなら、被相続人の意思である遺言書の内容が「法定相続」のルールより優先されるからです。そのため、相続が発生した場合には、遺言書の存否を十分に確認する必要があります。

① 被相続人が遺言書を作成していなかった場合

被相続人が遺言書を作成していなかった場合、民法に定める法定相続人が法定相続割合に従って、相続財産を分割することになります。これを「法定相続分」といいます。（ただし、この「法定相続分」とは、相続人の間で遺産分割の合意ができなかったときの遺産の取り分であり、法定相続人間の合意があれば、相続財産を自由に分割することができます。）なお、相続人間の話し合いが上手く纏らない場合には、家庭裁判所に遺産分割の調停を申し立てることができます。

② 被相続人が遺言書を作成していた場合

被相続人が遺言書を作成している場合には、原則として被相続人の意思である遺言書の内容が「法定相続分」よりも優先されます。この遺言書には、自筆証書遺言、秘密証書遺言、公正証書遺言の3種類があります。それぞれの長所・短所は次のとおりです。

◎遺言書の種類と長所・短所

遺言書の種類	主な特徴	長所	短所
自筆証書遺言	遺言者がすべて手書きで作成（ワープロの使用不可）	費用が殆どかからない。遺言の存在を知られないで済む。手軽である。	後日、有効性が争われる可能性がある。遺言の存在が分からなくなる可能性がある。裁判所の検認必要
秘密証書遺言	遺言書は自分で作成し、封印。公証人と証人2人の前で遺言書であることを申述し、署名押印	公証人や証人にも内容を知られる恐れがない。遺言書の存在が確認されている。	内容について、公証人のチェックもないため、不備がそのままになる可能性がある。裁判所の検認が必要
公正証書遺言	証人2人の立会のもと、公証人が筆記して作成し、署名押印する。遺言書の原本は、公証人役場で保管	紛失のリスクがない。不備がなく、有効性が争われる可能性が低い。裁判所の「検認」が不要	費用がかかる。公証人と証人の立会が必要

　被相続人が作成した遺言書が自筆証書遺言又は秘密証書遺言であり、封印したものである場合には勝手に開封せず、家庭裁判所の『検認の手続き』を受けなければなりません。（検認の手続きとは、相続人に対し遺言の存在及びその内容を知らせるとともに、遺言書の形状、加除訂正の状態、日付、署名など検認の日現在における遺言書の内容を明確にして遺言書の偽造・変造を防止するための手続です。違反者には5万円以下の過料が課されます。）

　検認の手続きのためには、被相続人の最後の住所地の家庭裁判所に申述しなければなりません。申述先に提出するために必要な書類は、申述書以外に下記添付書類などがあります。

　ア．被相続人の出生時から死亡時までのすべての戸籍（除籍、改製原戸籍）謄本
　イ．被相続人の住民票除票又は戸籍附票
　ウ．申述人全員の戸籍謄本

ただし、遺言書の内容が相続人の遺留分を侵している場合には、遺留分権利者等は遺留分の減殺請求をすることができます。(申立期間は、遺留分を侵されているのを知った日から1年以内又は相続発生日後10年以内です。)

③ 遺産分割協議書

遺産分割協議書とは、相続人間で遺産分割内容に合意がなされた場合に、後日に相続人間でトラブルが生じないように作成される書類です。遺言書がなく、相続人間で協議がなされた場合のみならず、遺言書があっても分割内容を相続人間の合意のもと、変更した場合に作成されます。遺産分割協議書には、相続人全員が自署し、実印を押印します。添付書類として一般的に印鑑証明が必要になります。

資産分割自体には、期限はありませんので、遺産分割協議書にも作成期限はありません。しかし、相続を申告する必要がある場合、相続税の軽減特例である小規模宅地の評価減などの適用をするには、遺産分割協議が成立していることが適用条件となっています。そのため、軽減特例を受けた相続税申告をするためには、相続開始日から10か月以内に行う必要があります。(ただし、相続開始日から3年10か月以内に合意がなされれば、申告内容に訂正ができます。)

(4) **相続放棄・限定承認**(相続の開始があったことを知った日から3か月以内)

相続財産の内容が、正の財産より負の財産の方が多く場合などのケースでは、相続人は下記の①相続放棄や②限定承認をすることができます。

① 相続放棄とは、負の相続財産のみならず、正の相続財産(相続債務)も全面的に拒否することをいいます。相続人単独で行うことができます。

② 限定承認とは、相続人が相続によって得た財産を限度として、被相続人の負の相続財産を受け継ぐことをいいます。ただし、相続人全員が共同で行わなければなりません。

相続放棄や限定承認の申述先は、被相続人の最後の住所地の家庭裁判所

です。①と②のいずれを選択する場合であっても、自己のために相続の開始があったことを知った日から3か月以内に行わなければなりません。
- 相続放棄の申述のために必要となる主な申述書の添付書類は、下記書類になります。
  - ア．被相続人の住民票除票又は戸籍附票
  - イ．申述人（放棄する方）の戸籍謄本
  - ウ．被相続人の死亡の記載のある戸籍（除籍、改製原戸籍）謄本
- 限定承認の申述のために必要となる主な申述書の添付書類は、下記書類になります。
  - ア．被相続人の出生時から死亡時までのすべての戸籍（除籍、改製原戸籍）謄本
  - イ．被相続人の住民票除票又は戸籍附票
  - ウ．申述人全員の戸籍謄本

(5) **準確定申告**（相続の開始があったことを知った日の翌日から4か月以内）

　1月1日から相続開始日までの被相続人の所得について、相続人は相続開始の日から4か月以内に準確定申告をしなければなりません。準確定申告は、準確定申告書の付表を添付して、被相続人の死亡当時の納税地を管轄する税務署長に提出します。

　なお、準確定申告の義務がない相続人であっても、多額の医療費支払いなどがあるために、準確定申告をすることによって、税金の還付を受けることができる場合があります。

(6) **相続税の申告**（被相続人が死亡したことを知った日の翌日から10か月以内）

　相続税の申告が必要な場合には、相続税の申告書を死亡した人の住所地を所轄する税務署に提出しなければなりません。もし、遺産分割が決まっていなくても、法定相続分で相続財産を取得したものとして、申告しなければなりません。

2．名義変更手続き

　相続財産の分割協議が成立した場合には、不動産、株式・出資・投資信託・債券、預金・貯金、生命保険などについて、名義変更手続きが行われます。これらの名義変更には、期限はありませんが、名義変更手続きを行わないと相続人としての正当な権利を自由に行使できない場合があり、後日トラブルにならないように、名義変更をできるだけ速やかに行うのが一般的です。ここでは具体的な名義変更手続きとして、下記に述べる代表的な5つについて、その手続き及び必要添付書類を説明します。なお、この名義変更は原則として、相続人自身が行うことが出来ます。しかし、権利関係が複雑な場合や遠方に届け出が必要な場合には、素人には難しく、専門家に依頼する一般的です。

(1)　**不動産の所有権移転登記（不動産の名義変更）**

　相続による不動産の所有権移転登記は、①法定相続の場合と②遺産分割による場合で、必要となる書類が少し異なります。

① 　法定相続による所有権移転登記をする場合
- 被相続人の出生から死亡までの経過の記載が分かる戸籍謄本・除籍謄本等
- 法定相続人の戸籍謄本
- 法定相続人の住民票
- 所有権移転登記する不動産の固定資産税評価証明書
- （相続関係説明図）

② 　遺産分割による所有権移転登記をする場合
- 被相続人の出生から死亡までの経過の記載が分かる戸籍謄本・除籍謄本等
- 法定相続人の戸籍謄本
- 法定相続人の住民票
- 所有権移転登記する不動産の固定資産税評価証明書
- 法定相続人の印鑑証明書（作成後3か月以内のものでなくてもOK）

- 遺産分割協議書
- （相続関係説明書）

戸籍謄本・除籍謄本などの集め方が分からない場合には、本籍地又は最寄りの市区町村役場にお問い合わせください。なお、所有権移転登記には、固定資産税評価証明書に記載されている金額の0.4％の登録免許税が必要です。

(2) **株式・出資・投資信託・債券などの名義変更**

株式・出資・投資信託・債券にも名義変更が必要です。そして、それらは証券会社を通じて取引をして、その証券会社に預けていることが一般的です。証券会社に預けている場合に必要となる一般的な書類は、以下のものになります。（非上場株式など、証券会社を通じて取得したものでない場合は、発行会社に直接問い合わせ下さい。発行会社ごとに規定が異なります。）

- 名義書換請求書
- 証券会社所定の相続手続き書類等
- 被相続人の出生から死亡までの経過の記載が分かる戸籍謄本・除籍謄本等
- 相続人全員の印鑑証明書
- 相続人全員の戸籍謄本
- 遺産分割協議書
- （遺言書の写し・検認調書の写し）

(3) **預金・貯金の名義変更**

- 金融機関所定の相続手続き書類等
- 被相続人の出生から死亡までの経過の記載が分かる戸籍謄本・除籍謄本等
- 相続人全員の印鑑証明書
- 相続人全員の戸籍謄本
- 被相続人の通帳、キャッシュカード
- 遺産分割協議書

・（遺言書の写し・検認調書の写し）

被相続人の死亡を知った段階で、金融機関は口座を凍結します。そのため、借入金やクレジットカードの引落しができなくなっていますので、相続人代表口座からの振替や凍結解除などのための届出の手続きが必要になりますので、注意してください。

(4) 生命保険の受取り

保険金については、受取人の指定によって相続財産に含まれるか否か異なります。

① 保険金の受取人を相続人など特定の者にしている場合

生命保険金の受取は、受取に指定された者の個別の権利になります。そのため原則として相続財産に含まれません。したがって遺産分割の対象にはなりません。しかし、みなし相続財産に当たりますので申告の対象となります。

② 保険金の受取人を被相続人自身にしている場合

保険金請求権を被相続人から相続人が受取ることになるため、保険金請求権は相続財産に含まれます。

保険金を請求するために必要となる主な書類は、下記になります。

・保険金請求書
・保険証券
・死亡診断書・事故証明書
・被相続人の出生から死亡までの経過の記載が分かる戸籍謄本・除籍謄本等
・保険金受取人の印鑑証明書

(5) 遺族年金の受給

住所地を管轄する区市町村又は年金事務所において、所定の裁定請求書に必要書類を添付して請求します。必要となる代表的な添付書類は下記になります。

・被相続人の年金手帳・年金証書
・死亡診断書

- 被相続人の住民票・謄本等
- 遺族年金受取人の所得証明書
- 遺族年金受取人の印鑑・受取口座の通帳

なお、名義変更に係る提出書類は、提出先の機関ごとに異なる場合がありますので、よくお確かめください。

(参考) 相続に伴う名義変更に必要な主要な添付書類の一覧

名義変更手続き	被相続人 除籍謄本	被相続人 改製原戸籍等	被相続人 住民票	被相続人 年金手帳or診断書	相続人 戸籍	相続人 印鑑証明書	相続人 印鑑	相続人 住民票
不動産の所有権移転登記	○	○	○	―	○	○	○	○
株式などの名義変更	○	○	○	―	○	○	○	○
預金・貯金の名義変更	○	○	○	―	○	○	○	○
生命保険等の受取	○	―	△	△	―	―	○	―
(参考) 遺族年金の受給	○	―	○	○	○	―	○	○

※添付書類は提出先の機関によって、異なる場合がありますので、詳細は各機関にご確認下さい。
　○…必要
　△…必要な場合あり
　―…不要

編著者紹介

【編著者】

> **相続・事業承継、相談プラザ**
> 無料相談から相続・事業承継コンサルティング、相続税申告、遺産整理、セカンドオピニオンサービスを実施
> http://www.souzoku-sodanplaza.com

● **中津　幸信**（なかつ・ゆきのぶ）
公認会計士・税理士
早稲田大学第一政治経済学部経済学科卒業後、監査法人朝日会計社（現：有限責任あずさ監査法人）を経て、現在、「相続・事業承継、相談プラザ」所長、中津公認会計士・税理士事務所所長、監査法人アイ・ピー・オー代表社員
『新会社法下における　企業再編の実務』（清文社）、『事業譲渡・会社分割・株式譲渡・合併・更生再生清算』（第一法規）、『新訂版　Q&A圧縮記帳の税務と会計』（清文社）、『実務解説「グループ法人税制」のすべて』（清文社）　その他
［事務所］
中津公認会計士・税理士事務所
兵庫県神戸市中央区江戸町95　井門神戸ビル7F
http://www.nakatsu-kaikei.com/

● **田中　伸治**（たなか・のぶはる）
公認会計士・税理士
関西学院大学商学部卒業後、朝日監査法人（現：有限責任あずさ監査法人）を経て、現在、田中会計事務所所長、「相続・事業承継、相談プラザ」にも参画
『非常勤社外監査役の理論と実務』（商事法務・共著）、『ベンチャー企業の成長戦略と株式公開』（清文社・共著）　その他
［事務所］
田中会計事務所
大阪府大阪市西区阿波座1丁目5番2号　第四富士ビル9階
http://tanaka-cpa.jp/

● **伊藤　明裕**（いとう・あきひろ）
公認会計士・税理士
同志社大学工学部電子工学科卒業後、センチュリー監査法人（現：新日本有限責任監査法人）に入所。その後大手、中堅の監査法人を経て、現在、伊藤公認会計士事務所所長、「相続・事業承継、相談プラザ」にも参画
『SPVの会計・税務・監査』（中央経済社・共著）

［事務所］
伊藤公認会計士事務所
大阪府大阪市中央区南船場１丁目３番14号　ストークビル南船場８階

【共著者】

・小豆澤　弘人（あずきざわ・ひろひと）
公認会計士・税理士
［事務所］
小豆澤会計事務所
大阪府大阪市中央区久太郎町４丁目２番10号　大西ビルディング６階

・坂本　和則（さかもと・かずのり）
公認会計士・税理士
［事務所］
靱会計事務所
大阪府大阪市西区靱本町2-2-22　ウツボパークビル４階

・鳥越　明（とりこし・あきら）
公認会計士・税理士・行政書士
［事務所］
鳥越明公認会計士税理士事務所
兵庫県西宮市産所町４番８号　村井ビル

・松岡　宏治（まつおか・こうじ）
公認会計士・税理士
［事務所］
松岡会計事務所
大阪府大阪市淀川区西中島7-7-3　エフベースミュゼオ202号

・松下　洋之（まつした・ひろゆき）
公認会計士・税理士
［事務所］
松下洋之公認会計士・税理士事務所
大阪府大阪市北区芝田２丁目４番１号　東洋ビルディング新館２階

・松本　勝幸（まつもと・かつゆき）
公認会計士・税理士
［事務所］
松本公認会計士事務所
大阪府大阪市北区与力町１番５号　与力町パークビル８階

・三田　与志雄（みた・よしお）
公認会計士・税理士
［事務所］
三田公認会計士事務所
大阪府大阪市北区梅田２丁目４番９号　ブリーゼタワー15階

・三宅　幸造（みやけ・こうぞう）
公認会計士・税理士
［事務所］
監査法人アイ・ピー・オー
大阪府大阪市北区梅田１丁目１番3-2800号　大阪駅前第三ビル28階

・渡邊　功（わたなべ・いさお）
公認会計士・税理士
［事務所］
監査法人アイ・ピー・オー
大阪府大阪市北区梅田１丁目１番3-2800号　大阪駅前第三ビル28階

・渡邉　直樹（わたなべ・なおき）
公認会計士・税理士
［事務所］
渡邉直樹公認会計士・税理士事務所
兵庫県尼崎市東園田町５丁目59番４号　髙木建設第２ビル２階Ａ号室

(参考文献)
・長谷川昭男編『図解　財産評価〈平成24年版〉』（大蔵財務協会）
・長谷川昭男編『土地評価の実務〈平成24年版〉』（大蔵財務協会）
・肥後治樹編『財産評価基本通達逐条解説〈平成22年版〉』（大蔵財務協会）
・清田幸弘著『相続人・相続財産調査マニュアル』（新日本法規出版）
・岩下忠吾著『詳細　相続税　資料収集・財産評価・申告書作成の実務』（日本法令）
・笹岡宏保著『相続税の実務Ｑ＆Ａ』（清文社）
・笹岡宏保著『財産評価の実務』（清文社）
・『相続税の申告のしかた』（パンフレット）（国税庁）
・『税務大学校講本　相続税法』（税務大学校）
・青木公治編『図解　相続税・贈与税〈平成24年版〉』（大蔵財務協会）
・高橋俊彰・宮澤克浩編『相続税・贈与税の実務と申告〈平成24年版〉』（大蔵財務協会）
・高橋敏則著『相続・贈与でトクする100の節税アイデア』（ダイヤモンド社）

〈財産別〉相続税の節税対策
―準備資料の作成から評価上のポイントまで―

2013年3月29日　発行

編著者	中津　幸信／田中　伸治／伊藤　明裕　Ⓒ
発行者	小泉　定裕
発行所	株式会社　清文社　東京都千代田区内神田1-6-6（MIFビル） 〒101-0047　電話 03(6273)7946　FAX 03(3518)0299 大阪市北区天神橋2丁目北2-6（大和南森町ビル） 〒530-0041　電話 06(6135)4050　FAX 06(6135)4059 URL http://www.skattsei.co.jp/

印刷：大村印刷㈱

■著作権法により無断複写複製は禁止されています。落丁本・乱丁本はお取り替えします。
■本書の内容に関するお問い合わせは編集部までFAX（06-6135-4056）でお願いします。

ISBN978-4-433-52702-0

税理士が本当に知りたい
相続相談[頻出]ケーススタディ Q&A

税理士法人チェスター 著

相続専門の税理士法人である著者が、1,000件を超える相談実績から得た経験やノウハウを活かし、相続税申告業務をスムーズに進めるための実務ポイントを解説。初回面談から各種手続、財産の評価、特例、申告・納税、遺産分割・税務調査、還付までを網羅。補足Q&Aや各種書式など、すぐに使える資料を多数掲載。

■A5判304頁/定価 2,520円(税込)

平成24年11月改訂

図解と個別事例による
株式評価実務必携

谷内由美子 編

相続税及び贈与税の申告にあたっての株式の評価方法を定めた「財産評価基本通達」において、特に難解な取引相場のない株式の評価方法を中心に、具体的な図解と事例の構成で詳細解説。

■B5判344頁/定価 2,520円(税込)

平成25年2月改訂 具体事例による
財産評価の実務
相続税・贈与税

税理士 笹岡宏保 著

相続税・贈与税の実務処理に必要な財産評価のすべてについて、財産評価基本通達等の内容を可能な限り図や表を駆使してわかりやすく解説。

■B5判①1,256頁②1,232頁(箱入・2分冊)/定価 7,140円(税込)